法学课程思政案例系列教材

丛书主编 夏锦文 李炳烁

刑事法学
课程思政案例教程

刘春花　张　健　主编

江苏大学出版社

JIANGSU UNIVERSITY PRESS

镇　江

图书在版编目(CIP)数据

刑事法学课程思政案例教程 / 刘春花,张健主编
. -- 镇江：江苏大学出版社,2024.7
ISBN 978-7-5684-2132-4

Ⅰ.①刑… Ⅱ.①刘… ②张… Ⅲ.①高等学校－思
想政治教育－教案(教育)－中国 Ⅳ.①G641

中国国家版本馆 CIP 数据核字(2024)第 054437 号

刑事法学课程思政案例教程
Xingshifaxue Kecheng Sizheng Anli Jiaocheng

主　　编/刘春花　张　健
责任编辑/米小鸽
出版发行/江苏大学出版社
地　　址/江苏省镇江市京口区学府路 301 号(邮编：212013)
电　　话/0511-84446464(传真)
网　　址/http://press.ujs.edu.cn
排　　版/镇江文苑制版印刷有限责任公司
印　　刷/镇江文苑制版印刷有限责任公司
开　　本/718 mm×1 000 mm　1/16
印　　张/19.25
字　　数/342 千字
版　　次/2024 年 7 月第 1 版
印　　次/2024 年 7 月第 1 次印刷
书　　号/ISBN 978-7-5684-2132-4
定　　价/73.00 元

如有印装质量问题请与本社营销部联系(电话：0511-84440882)

丛书序言

夏锦文

  "课程思政"的理念主要起源于 2016 年 12 月召开的全国高校思想政治工作会议。习近平总书记在这次会议上高瞻远瞩地指出："要用好课堂教学这个主渠道，思想政治理论课要坚持在改进中加强，提升思想政治教育亲和力和针对性，满足学生成长发展需求和期待，其他各门课都要守好一段渠、种好责任田，使各类课程与思想政治理论课同向同行，形成协同效应。"这段论述深刻地阐明了思想政治理论课与其他专业课程在高校思想政治教育工作中的任务分工，改变了人们长期存在的刻板印象——思想政治教育仅仅是马克思主义学院思政课的功能，仅仅是思政教师的职责。自此，"课程思政"理论逐步被高等教育界广泛接纳，课程思政实践逐步演化成专业课教师的自觉行动，包括法学在内的课程思政实践探索在全国各大高校如火如荼地展开。2020 年 5 月，教育部出台《高等学校课程思政建设指导纲要》，为课程思政建设和实践提供了指引。

  法学专业承担着非常重要的课程思政任务，即以习近平法治思想为指引，从"培养什么人、怎样培养人、为谁培养人"这一根本问题出发，以新时代高素质法治人才培养为导向，将思想政治教育有机地融入法学专业课程的知识讲解和技能传授。法学专业也具有丰富的课程思政资源，例如法理学中的社会主义法治理念、中国法律史中的中华优秀传统法律文化、宪法中的时代精神和民族精神、民法中的诚实守信和意思自治原则、刑法中的实体正义和平等原则、刑事诉讼法中的程序正义和人权保障理念等。法学专业的教

序言作者为中国法学会法理学研究会副会长、江苏省法学会法学教育研究会会长、江苏省社科名家、国家教学名师。

师需要运用科学的方法，把这些课程思政资源发掘好、整理好、运用好。

近年来，江苏大学法学院在课程思政方面做了大量的工作，成果先后入选江苏省高校课程思政示范课程名单、江苏普通本科高校课程思政典型案例名单，承担江苏省教育科学"十四五"规划课题、江苏高校新文科研究与改革实践省级重点培育项目等课程思政研究课题。在此基础上，江苏大学法学院策划出版了"法学课程思政案例系列教材"。这套教材共 5 册，分别为《理论法学课程思政案例教程》《经济法学课程思政案例教程》《民商法学课程思政案例教程》《刑事法学课程思政案例教程》《纪检监察学课程思政案例教程》，共 122 个主讲案例。其中，《理论法学课程思政案例教程》涉及法理学、法史学、行政法与行政诉讼法等内容，《经济法学课程思政案例教程》涉及消费者权益保护法、反垄断法、劳动法、证券法、税法等内容，《民商法学课程思政案例教程》涉及《中华人民共和国民法典》中的总则、物权、合同、婚姻家庭、继承部分，以及公司法、破产法、保险法、票据法等内容，《刑事法学课程思政案例教程》涉及刑法总则和分则中的危害国家安全罪、危害公共安全罪、走私罪、金融诈骗罪、侵犯财产罪、贪污贿赂罪等内容。由以上内容可见，这套教材涵盖了目前法学专业教学中的大部分课程和大部分常见、常用的部门法，为其广泛应用奠定了坚实的基础。此外，江苏大学法学院基于近年来在纪检监察学领域的实践探索，组织编写了《纪检监察学课程思政案例教程》，该教材作为"法学课程思政案例系列教材"的分册之一，包含违反中央八项规定精神、违反党的六大纪律、职务违法、职务犯罪等方面的案例，是全国范围内具有首创意义的纪检监察学教材。

这套教材具有较强的实用性。体例上，主要以案例为单元，将法学知识与思政教育融入案例，每个篇章大体上分为"知识点提要""案例介绍""案例分析""课程思政解读""问题拓展讨论""阅读文献推荐"等部分。内容严格按照"马工程"教材所列知识点展开，既有根据核心知识点进行的课程思政案例解读及分析讨论，又有关于知识点的课外拓展。所以，这套教材能够与现在普遍使用的"马工程"教材配套使用。

前述内容即为"法学课程思政案例系列教材"出版之背景、理念、宗旨和丛书的内容、特点。我们将进一步致力于法学课程思政的理论研究和实践探索，不断挖掘法学教育中的课程思政资源，创新法学人才培养中课程思政的教学方法，为我国法学教育汇聚智慧和力量，为高水平法治人才培养拓展更广阔的发展空间。

前言

PREFACE

我国高校法学专业思想政治教育，在较长一段时期内是依赖于专门的"思政课程"来完成的，以致包括刑法课在内的绝大多数法律课程偏重法学专业知识的传授，对于学生的德育重视程度不够，导致许多学生成为"精致的利己主义者"，从而违背了法治人才的培养初衷。如果法律专业素养不够，可以通过专业知识的学习和传授予以弥补，但是，若"德"不立，则纠偏的成本更高。因此，刑法课程专业教学与思政教育如何进行有效融合是我们首先并且一直需要关注和解决的问题。习近平总书记强调高素质法治人才应当"德法兼修"，培养重点是加强德育和职业伦理教育。本书就是在这一思想指导下，聚焦社会主义核心价值观如何合理渗透进刑法课程这一课题，尝试在教学内容中对思政元素进行深度解读，促进刑法专业教学与课程思政元素系统性的有机融合，以实现"法律知识传授"与"法价值引领"的无缝对接。希望能为法学教育质量提升贡献绵薄之力。

本书由江苏大学法学院李炳烁院长召集刑法与诉讼法系的多位教师共同编撰，由刘春花和张健两位老师牵头推进写作，刘春花老师负责主题拟定、目录框架和案例1~案例14的统稿，张健老师负责案例17~案例25的统稿。各案例编写分工具体如下：刘春花：前言和案例1、2、4；周国强：案例5、6；王春林：案例7、8；申屠晓莉：案例3、15、16；黄何：案例9、10、

11；帅红兰：案例 12、13、14；吴秋元：案例 17、18、19；张健：案例 20、21、22；吴进娥：案例 23、24、25。

本书案例来源主要为最高人民法院和最高人民检察院指导案例、最高人民法院公报案例、最高人民法院刑事审判参考案例、最高人民法院和最高人民检察院官网上公开的典型案例，另外收入了近年来被媒体广泛报道并在社会上和学界引起巨大反响和争议的案例。权威性、争议性、影响力是本书案例选择的总体思路。各案例在展开分析时并不面面俱到，更多是基于事实和规范，从服务于各案例知识点讲解的角度，进行有针对性的分析。同时，并不限于对案例的刑法理论分析，鉴于课程思政是本书编写的一个重要初衷，本书注重从"法价值引领"的角度认真挖掘案例的思政元素。本书稿成稿于 2023 年年底，因此 2023 年年底公布、2024 年开始施行的法律法规不在引用和论述之列。

由于编者的水平、时间、精力等有限，书中的缺点和不足在所难免，敬请广大读者批评指正。

感谢江苏大学法学院法学一流专业建设基金的资助，感谢江苏大学出版社米小鸽和徐文两位编辑的悉心编校。我们愿意为我国刑事法治和法学教育的发展进步而不断添砖加瓦！

目录
CONTENTS

284   **渎职罪**

案例 25：宋某某玩忽职守案

刑法的基本原则

案例1：许某某、包某某串通投标立案监督案①

⚠ 一、知识点提要

刑法的基本原则是刑法的灵魂与核心，是刑法内在精神的集中体现。现行刑法对刑法基本的原则做了明文规定，它对我国刑法的制定与适用都具有重要意义。

（一）刑法基本原则的概念及意义

1. 刑法基本原则的概念

所谓刑法基本原则，是指贯穿全部刑法规范、具有指导和制约全部刑事立法与刑事司法的意义，并体现我国刑事法治的基本精神的准则。

我国刑法规定的基本原则有三个，即罪刑法定原则、适用刑法人人平等原则和罪责刑相适应原则，分别体现在《中华人民共和国刑法》（以下简称《刑法》）第3条、第4条和第5条。②

2. 刑法基本原则的意义

刑法基本原则具有非常重要的意义：既有利于积极同犯罪作斗争，又有利于切实保障公民的合法权益；既有利于推进法治化进程，又有利于维护法

---

① 《最高人民检察院印发第二十四批指导性案例》，中华人民共和国最高人民检察院官网，https://www.spp.gov.cn/xwfbh/wsfbt/202012/t20201222_490159.shtml#2，访问日期：2023年8月28日。

② 《中华人民共和国刑法》第3条规定："法律明文规定为犯罪行为的，依照法律定罪处刑；法律没有明文规定为犯罪行为的，不得定罪处刑。"第4条规定："对任何人犯罪，在适用法律上一律平等。不允许任何人有超越法律的特权。"第5条规定："刑罚的轻重，应当与犯罪分子所犯罪行和承担的刑事责任相适应。"

律的公正性；既有利于实现刑法的目的，又有利于达到刑罚的最佳效果。因此，刑法基本原则必将进一步完善我国的刑事立法，使我国的刑事司法变得更加文明，从而更好地保障中国特色社会主义事业建设的顺利进行。

（二）罪刑法定原则

1. 罪刑法定原则的含义

罪刑法定原则的含义是：什么是犯罪，有哪些犯罪，各种犯罪的构成条件是什么，有哪些刑种，各个刑种如何适用，以及各种具体罪的具体量刑幅度如何等均由刑法加以规定。对于刑法分则没有明文规定为犯罪的行为，不得定罪处罚。概括起来，就是"法无明文规定不为罪，法无明文规定不处罚"。

2. 罪刑法定原则的基本内容

（1）排斥习惯法。刑法的渊源只能是最高立法机关（全国人大及其常委会）依法制定的刑事实体法律规范。除此之外，其他规范性法律文件不能作为刑法的渊源。

（2）禁止有罪类推。禁止一切不合理的解释，允许有利于行为人的类推解释。

（3）禁止重法溯及既往。只有在实施危害行为的时候已经存在并且生效的法律才能对所发生的行为具有效力。禁止不利于行为人的事后法，但允许有利于行为人的事后法。关于刑法溯及力问题采取从旧兼从轻的原则。

（4）刑罚法规的适当。

① 明确性：刑法的规定必须清楚明了，不得有歧义，不得含糊不清。

② 禁止处罚不当罚的行为，禁止残酷的不均衡的刑罚。对于没有侵犯国家、社会或者他人利益的行为，无论是立法还是司法，都不允许将其作为犯罪行为加以处罚。

③ 禁止绝对不定刑。绝对确定的法定刑实现了一般正义，但难以实现个别正义。目前各国的刑法都采取相对确定的法定刑。

（三）适用刑法人人平等原则

1. 适用刑法人人平等原则的含义

适用刑法人人平等原则的含义是：对任何人犯罪，不论犯罪人的民族身份、家庭出身、社会地位、职业性质、财产状况、政治面貌、才能业绩如何，都应追究刑事责任，一律平等地适用刑法，依法定罪、量刑和行刑，不允许任何人有超越法律的特权。

2. 适用刑法人人平等原则的具体体现

第一，定罪上一律平等；第二，量刑上一律平等；第三，行刑上一律平等。

（四）罪责刑相适应原则

1. 罪责刑相适应原则的含义

罪责刑相适应原则的含义是：行为人犯多大的罪，就应承担多大的刑事责任。法院也应判处其相应轻重的刑罚，做到重罪重罚，轻罪轻罚，罪刑相称，罚当其罪。在分析罪重罪轻和刑事责任大小时，不仅要看犯罪的客观社会危害性，而且要结合行为人的主观恶性和人身危险性考虑，把握罪行和罪犯各方面因素综合体现的社会危害性程度，从而确定其刑事责任程度，适用相应轻重的刑罚。

2. 罪责刑相适应原则的立法体现

第一，确立了科学严密的刑罚体系；第二，规定了区别对待的处罚原则；第三，设置了轻重不同的法定刑幅度。

3. 罪责刑相适应原则的司法适用

第一，纠正"重定罪，轻量刑"的错误倾向，把量刑与定罪置于同等重要的地位；第二，纠正重刑主义的错误思想，强化量刑公正的司法观念；第三，纠正不同法院量刑轻重悬殊的现象，实现司法中的平衡和协调统一。

二、案例介绍

（一）基本案情

江苏省连云港市海州区锦屏磷矿"尾矿坝"系江苏海州发展集团有限公司（以下简称海发集团，系国有独资企业）的项目资产，矿区占地面积近1200亩，存有尾矿砂1610万吨，与周边村庄形成35米的落差。该尾矿坝是应急管理部要求整改的重大危险源，曾两次发生泄漏事故，长期以来维护难度大、资金要求高，国家曾拨付专项资金5000万元用于安全维护。2016年至2017年间，经多次对外招商，均未能吸引到合作企业投资开发。2017年

4月10日，海州区政府批复同意海发集团对该项目进行拍卖。同年5月26日，海发集团委托江苏省大众拍卖有限公司进行拍卖，并主动联系许某某参加竞拍。之后，许某某联系包某某，二人分别与江苏甲建设集团有限公司（以下简称甲公司）、江苏乙工程集团有限公司（以下简称乙公司）合作参与竞拍，武汉丙置业发展有限公司（以下简称丙公司，代理人王某某）也报名参加竞拍。2017年7月26日，经甲公司、乙公司、丙公司三家单位两次举牌竞价，乙公司以高于底价竞拍成功。2019年4月26日，连云港市公安局海州分局（以下简称海州公安分局）根据举报，以涉嫌串通投标罪对许某某、包某某立案侦查。

（二）检察机关履职过程

2019年6月19日，许某某、包某某向连云港市海州区人民检察院提出监督申请，认为海州公安分局立案不当，严重影响企业生产经营，请求检察机关监督撤销案件。海州区人民检察院经审查，决定予以受理。

海州区人民检察院通过向海州公安分局调取侦查卷宗，走访海发集团、拍卖公司，实地勘查尾矿坝项目开发现场，并询问相关证人，查明：一是海州区锦屏磷矿尾矿坝项目长期闲置，存在重大安全隐患，政府每年需投入大量资金进行安全维护，海发集团曾邀请多家企业参与开发，均未成功；二是海州区政府批复同意对该项目进行拍卖，海发集团为防止项目流拍，主动邀请许某某等多方参与竞拍，最终仅许某某、王某某，以及许某某邀请的包某某报名参加；三是许某某邀请包某某参与竞拍，目的在于防止项目流拍，并未损害他人利益；四是尾矿坝项目后期开发运行良好，解决了长期存在的重大安全隐患，盘活了国有不良资产。

2019年7月2日，海州区人民检察院向海州公安分局发出《要求说明立案理由通知书》。公安机关回复认为，许某某、包某某的串通竞买行为与串通投标行为具有同样的社会危害性，可以扩大解释为串通投标行为。

（三）争议焦点

本案争议焦点为许某某、包某某串通拍卖的行为是否构成串通投标罪。

（四）监督结果

海州区人民检察院认为，投标与拍卖行为性质不同，分别受《中华人民共和国招标投标法》（以下简称《招标投标法》）和《中华人民共和国拍卖法》（以下简称《拍卖法》）规范，对于串通投标行为，法律规定了刑事责任，而对于串通拍卖行为，法律仅规定了行政责任和民事赔偿责任，串通拍卖行为不能类推为串通投标行为。并且，许某某、包某某的串通拍卖行为，目的在于防止项目流拍，该行为实际上盘活了国有不良资产，消除了长期存在的重大安全隐患，不具有刑法规定的社会危害性。因此，公安机关以涉嫌串通投标罪对二人予以立案的理由不能成立。同时，许某某、包某某的行为亦不符合刑法规定的其他犯罪的构成要件。2019 年 7 月 18 日，海州区人民检察院向海州公安分局发出《通知撤销案件书》，并与公安机关充分沟通，得到公安机关认同。2019 年 7 月 22 日，海州公安分局作出《撤销案件决定书》，决定撤销许某某、包某某串通投标案。

三、案例分析

本案争议焦点为许某某、包某某串通拍卖的行为是否构成串通投标罪。

笔者以关键字"串通拍卖""串通投标罪"在威科先行·法律信息库、聚法案例网站进行检索，并就检索到的裁判文书进行分析，出现两种截然不同的裁判结论。

第一种裁判结论：串通拍卖行为可以认定构成串通投标罪。裁判理由：串通拍卖行为与串通投标行为具有同质性，同样侵犯了市场交易自由和公平竞争的市场秩序，损害了国家、集体和他人的利益，都有着现实的社会危害性和应受惩罚性，行为人的行为符合串通投标罪的构成要件，构成串通投标罪。

第二种裁判结论：串通拍卖行为不应认定构成串通投标罪。裁判理由：拍卖、竞买与招投标是两个不同的概念、两种不同的行为模式，认定串通拍卖行为构成串通投标罪违背罪刑法定原则。

在招投标过程中，投标人之间、招标人与投标人之间串通投标行为达到刑事入罪标准应以串通投标罪予以处罚，而行为人在如国有资产、国有建设用地使用权拍卖、竞买过程中，互相串通拍卖、竞买，该行为是否构成串通投标罪需要从以下几方面讨论：首先，需要区分招投标与拍卖的行为性质，二者是否属于同一范畴。其次，要分析在立法规制上二者有何区别。再其次，还需讨论串通拍卖行为能否类推解释为串通投标行为，是否符合我国刑法规定的罪刑法定原则。最后，对企业的经济行为，法律政策界限不明，罪与非罪不清的，还应充分考虑其行为动机和对社会有无危害及其危害程度，加强研究分析，慎重妥善处理，不能轻易进行刑事追诉。

（一）招投标与拍卖的行为性质分析

全国人大常委会制定的《招标投标法》（2017 年修正）、《拍卖法》（2015 年修正）明显将招标行为、拍卖行为予以区分，认为二者属于性质上明显不同的市场行为。《拍卖法》第 3 条规定，拍卖是指以公开竞价的形式，将特定物品或者财产权利转让给最高应价者的买卖方式。而《招标投标法》第 10 条规定，招标分为公开招标与邀请招标。邀请招标一般是指招标人就某特定事项向特定相对人或者社会发出招标邀请，由多家投标人进行投标，最后由招标人通过对投标人在价格、质量、生产能力、交货期限和财务状况、信誉等诸方面进行综合考察，在平衡的基础上，选定投标条件最好的投标人，并与之进一步协调、商定，最终成立合同法律关系的一种合同行为。

从行为性质来讲，拍卖和招标投标都是竞争性的市场交易方式，是合同缔结的一种特殊方式，二者具有一定的相似性。但是，拍卖和招标投标有本质区别，二者在概念内涵、交易标的、交易方式、交易程序及法律责任等多方面都存在差异。例如，拍卖的最大特点是价高者得之，即将物品或财产权利卖给出价最高的人，而招标投标最大的特点是满足招标文件要求的投标人中要价最低的人中标。拍卖和招标投标是本质上完全不同的两种交易方式，其外延并无包容关系。并且，随着两种交易方式的普及，从社会上一般人的观念来看，拍卖和招标投标也是明显不同的交易方式。①

在本案中，采用增价拍卖方式，按照价高者得原则确定竞得人，竞买人填写了《竞买申请书》，且在指定时间、地点进行公开竞价，出让人履行的是宣布起拍价、询价、接受竞买人的报价等拍卖程序，这显然不同于招标投标的内容，不属于招标投标的范畴。因此，很难认为串通拍卖行为是串通投标罪客观方面的表现形式之一。立法上对串通投标罪的行为类型明确限定为在招标投标过程中的串通，因此在拍卖过程中的串通行为不符合该罪的客观构成要件。将串通投标罪适用到串通拍卖的场合，就是超越了法条文义的最

---

① 徐向春、杜亚起、赵景川：《最高人民检察院第二十四批指导性案例解读》，《人民检察》2021 年第 7 期，第 46 页。

大射程，使得国民的预测可能性丧失，最终沦为类推解释。[1]

（二）招投标与拍卖的立法规制

《刑法》第 223 条第 1 款规定，投标人相互串通投标报价，损害招标人或者其他投标人利益，情节严重的，处三年以下有期徒刑或者拘役，并处或者单处罚金。与此相呼应，《招标投标法》第 53 条规定，投标人相互串通投标的，中标无效，处以罚款；有违法所得的，并处没收违法所得；情节严重的，取消其 1~2 年的投标资格并予以公告，直至由工商行政管理机关吊销营业执照；构成犯罪的，依法追究刑事责任。2019 年国务院修改的《中华人民共和国招标投标法实施条例》第 67 条对串通投标行为的刑事责任也做了明确规定。但是刑法分则各条均未规定串通拍卖行为可以追究刑事责任，《拍卖法》第 65 条也仅规定了两种非刑事责任，即"违反本法第三十七条的规定，竞买人之间、竞买人与拍卖人之间恶意串通，给他人造成损害的，拍卖无效，应当依法承担赔偿责任。由工商行政管理部门对参与恶意串通的竞买人处最高应价百分之十以上百分之三十以下的罚款；对参与恶意串通的拍卖人处最高应价百分之十以上百分之五十以下的罚款"。即《拍卖法》对串通拍卖行为确立的法律责任形式只有行政责任和民事赔偿责任，不包括刑事责任。同时，其他法律法规也未规定串通拍卖行为应当承担刑事责任。

考虑到拍卖和招标投标毕竟是两种不同的法律行为，立法上对两者分别作出规定，对串通投标设定了刑事责任，对串通拍卖则没有，故不宜以串通投标罪对串通拍卖行为定罪处罚。若将串通拍卖行为作为串通投标罪客观方面的一种表现形式予以处罚，有类推之嫌。[2]

（三）罪刑法定原则的司法适用

罪刑法定原则是我国刑法的基本原则之一，在司法过程中应当严格遵循，防止类推和不当的扩大解释。在许某某、包某某案中，拍卖人海发集团经政府审批同意，决定公开拍卖国有资产尾矿坝，委托江苏省大众拍卖有限

---

[1] 周光权：《"刑民（行）关系与犯罪认定"之十六 串通拍卖或竞买不构成串通投标罪》，《法治日报》2021 年 8 月 11 日，第 9 版。

[2] 杜万华：《新编最高人民法院司法观点集成·刑事卷 Ⅱ》（第二版），中国民主法制出版社，2023 年，第 1234 页。

公司进行拍卖，发布了拍卖公告，公布了拍卖底价，采用增价拍卖方式，竞买人许某某、包某某等人在指定时间、地点进行公开竞价，经两轮拍卖，以高于底价确定竞得人，该交易方式显然不属于招标投标的范畴。并且《刑法》第 223 条的条文语义是清晰且明确的，将串通拍卖行为解释为串通投标行为是一种类推解释，超越了刑法条文本身的语义，超过了国民可能预测的范围，这种解释明显违背了罪刑法定原则，因此应当明确禁止。故，即使许某某、包某某事先存在串通行为，公安机关也不能将其扩大解释为串通投标行为而进行刑事立案，这种类推行为违背了罪刑法定原则，检察机关应当通过立案监督，通知公安机关撤销案件。但是对于拍卖过程中存在的恶意串通行为，应当依据《拍卖法》等相关法律法规的规定追究行为人相应的行政责任和民事赔偿责任。此外，若在串通拍卖过程中，竞拍人给予相关人员财物以谋取竞争优势，属于谋取不正当利益，达到数额较大的，竞拍人与收受财物的相关人员的行为可能分别构成行贿罪和受贿罪，如收受财物的相关人员系非国家工作人员，则按照对非国家工作人员行贿罪和非国家工作人员受贿罪处理。①

（四）准确把握企业经济行为性质

2016 年出台的《中共中央　国务院关于完善产权保护制度依法保护产权的意见》提出，要准确把握经济违法行为入刑标准，准确认定经济纠纷和经济犯罪的性质；对于法律界限不明、罪与非罪不清的，司法机关应严格遵循罪刑法定、疑罪从无、严禁有罪推定的原则，防止把经济纠纷当作犯罪处理；对民营企业在生产、经营、融资活动中的经济行为，除法律、行政法规明确禁止外，不以违法犯罪对待。检察机关办理涉非公经济案件，应当坚持法治思维，贯彻"谦抑、审慎"理念，充分考虑涉案企业的行为动机和对社会有无危害及其危害程度，加强研究分析，依法确定案件性质及应承担的责任类型。在许某某、包某某案中，涉案尾矿坝项目长期闲置，存在重大安全隐患，政府每年需投入大量资金进行安全维护，海发集团也曾邀请多家企业参与开发，均未成功。在决定拍卖后，海发集团为防止项目流拍，主动邀请许某某参与竞拍，许某某又邀请包某某参与竞拍，二人虽有串通行为，但目

---

① 徐向春、杜亚起、赵景川：《最高人民检察院第二十四批指导性案例解读》，《人民检察》2021年第 7 期，第 47 页。

的在于防止项目流拍，并未损害拍卖人和其他人利益，不足以认定为恶意串通，且尾矿坝项目后期开发运行良好，解决了长期存在的重大安全隐患，盘活了国有不良资产，总体看不具有刑法规定的社会危害性，而且，许某某、包某某在拍卖过程中未实施其他犯罪行为。综合以上情况，本案不应对二人启动刑事追诉程序。[①]

综上，我们同意第二种裁判结论，即串通拍卖行为不应被认定为串通投标罪。

四、课程思政解读

"许某某、包某某串通投标立案监督案"所涉及的课程思政元素至少体现在以下几个方面：一是如何通过该案来理解罪刑法定原则的价值；二是罪刑法定原则的价值如何用于指导我国现行刑事立法和刑事司法。

（一）罪刑法定原则的价值剖析

任何国家的刑事司法活动，都避免不了社会保护和人权保障这两种价值取向之间的矛盾，在少部分情况下，这两种取向之间会存在一定的冲突，即强调惩罚犯罪的代价可能是牺牲人权保障，强调人权保障的后果可能是放弃惩罚犯罪，二者如何两全一直是各界争论的话题。但是很大程度上，推行罪刑法定原则为社会保护和人权保障的统一提供了路径，这是罪刑法定原则在当代社会的重要意义。在本案中，公安机关撤销许某某、包某某串通投标案，实现了社会保护与人权保障之间的动态平衡。

论及罪刑法定原则与人权的关系，其在刑法的价值构造中有集中体现。"刑法的价值构造是以公正为基石的，刑法的公正性就表现在个人自由与社会秩序的统一，因而是刑法的人权保障机能与社会保护机能的统一。"[②] 人权保障与社会保护都是刑法的主要机能，而罪刑法定原则的价值蕴涵具有更高层次的意义。具体而言，社会保护机能体现了刑法谦抑性的价值；保障人权机能则体现了刑法公正的价值。只有将社会保护与人权保障的双重机能结

[①] 徐向春、杜亚起、赵景川：《最高人民检察院第二十四批指导性案例解读》，《人民检察》2021 年第 7 期，第 47 页。

[②] 陈兴良：《走向哲学的刑法学》，法律出版社，1999 年，第 120 页。

合起来，刑法公正和谦抑性的价值目标才能最终得以实现。但就罪刑法定原则的属性而言，其并非可以兼顾各种价值目标和利益，而是具有选择上的单一性，更倾向于保障人权，实现一般正义和增强社会安全感。因此，可以说人权保障是罪刑法定原则属性的必然要求。[1]

从人权的法理学角度看，洛克、卢梭的天赋人权论，边沁等功利学派的人权为社会权利论，都不容否定人权的应然性，即人权不仅是实际意义上的权利，而且是应然意义上的权利。人权的应然性决定了对否认人权、歪曲人权的罪恶行径的批判，也决定了需要用法律给予保障人权这一个人权利。为保障人权、保障公民的自由行动及安全感，就必须使公民对自己行为的后果有所预见。为此，必须事先明确界定犯罪与刑罚。在这一点上，罪刑法定原则就为公民提供了行为模式，从而使公民对自己行为的法律后果具有可预见性。人们正是通过罪刑法定的方式获得人身与财产的安全保障，享有作为一个人所应当享有的基本人权。在一定程度上，即体现了人权需要罪刑法定原则对其的保障作用。[2]

(二) 罪刑法定原则的价值体现

1. 罪刑法定原则价值实现的立法路径

罪刑法定原则要求罪与刑都必须法定，没有法定的罪与刑均不得适用。我国 1997 年刑法典以罪刑法定原则为指导，对一系列具体内容进行了必要的修改和完善。一方面，基本上实现了犯罪的法定化和刑罚的法定化。具体表现为：界定了犯罪的概念；规定了犯罪构成的一般要件；分解了犯罪构成要件不明的"口袋罪"，并详细规定了具体犯罪的构成要件；明确规定了法无明文规定不得处罚的内容；明确规定了刑罚的种类，量刑的原则、制度，以及各种具体犯罪的法定刑。另一方面，在溯及力问题上，1997 年刑法典重申了从旧兼从轻的原则。根据罪刑法定原则的要求，禁止产生或者加重被告人刑事责任的刑事法溯及既往，但允许新法在不认为是犯罪或者处罚较轻的情况下溯及既往，即应采取从旧兼从轻原则。我国 1979 年制定刑法时，虽然在溯及力上采用了这一做法，值得称道，但随后在《全国人民代表大会常务委员会关于严惩严重破坏经济的罪犯的决定》《全国人民代表大会常务委

[1] 郭立：《浅论罪刑法定原则的人权保障价值》，《经济视角》2011 年第 3 期，第 37 页。
[2] 郭立：《浅论罪刑法定原则的人权保障价值》，《经济视角》2011 年第 3 期，第 37 页。

员会关于严惩严重危害社会治安的犯罪分子的决定》两个单行刑事法律中抛弃了这一做法而改采用从新原则，从而导致对一些犯罪行为适用了行为发生时法律没有规定的重刑。针对这种情况，1997 年刑法典重申了从旧兼从轻原则，并明文宣布废止上述两个法律文件，从而保障了罪刑法定原则的实现。[①]

2. 罪刑法定原则价值实现的司法路径

罪刑法定原则在刑法中确立以后，司法机关只能根据刑法的规定认定犯罪和处罚犯罪。如果刑法没有明文规定，即使某个行为具有严重的社会危害性，也不应当认定为犯罪，也不应当受到刑罚处罚。因此，刑事司法理念应当从实质合理性向形式合理性转变。应该说，坚持以形式合理性为取向的罪刑法定原则，必然会带来某种实质合理性的丧失，也就是说形式合理性是以牺牲某种实质合理性为前提的。[②]

罪刑法定原则既是一项立法原则，也是一项司法原则。这一原则最终能否实现取决于其在刑事司法实践中是否严格适用。罪刑法定原则的确立，首先要求司法人员牢固树立以罪刑法定原则为核心的法治思想和司法观念，把立法中的罪刑法定原则内化为现代法治理念，努力提高司法水平；其次，司法人员要坚决克服刑事司法中的主观随意性，切实保障被告人的合法权益，最终实现司法的公正。具体来说，在定罪方面，罪刑法定原则要求严格按照刑法对犯罪构成要件的具体规定来确定罪名，做到定性准确，对于法律没有明确规定为犯罪行为或者对证据不足不能认定被告人有罪的应作出无罪判决，而不能按照类推或者不合理的扩大解释对被告人作出有罪认定；在量刑方面，要准确把握量刑的具体原则和幅度，做到罚当其罪，罪刑适应，避免刑法裁量畸轻畸重现象的发生。[③]

罪刑法定原则还要求司法人员能够正确地理解法律规定。因为根据罪刑法定原则，一个行为是否犯罪，关键要看法律有无明文规定。因此，正确理解法律明文规定，就成为正确地贯彻罪刑法定原则的关键。法律规定并不是放在那儿等着我们去机械地适用的，在法律适用过程中，首先就面临着找法的问题，找法是法律适用的前提。如果不能找到相应的法律规定，就会造成

① 冯军、王成：《罪刑法定原则的价值、困境及其出路》，《河北大学学报（哲学社会科学版）》2007 年第 6 期，第 8-9 页。
② 陈兴良：《罪刑法定的价值内容和司法适用》，《人民检察》2018 年第 21 期，第 33 页。
③ 冯军、王成：《罪刑法定原则的价值、困境及其出路》，《河北大学学报（哲学社会科学版）》2007 年第 6 期，第 9 页。

罪与非罪界限的混淆。一个行为本来是法律没有明文规定的，由于找错了法律，误认为法律有明文规定，把它作为犯罪处理，那么就会冤枉无辜。另一个行为法律本来是有明文规定的，由于没有找到法律规定而误认为法律没有明文规定，那么就会放纵犯罪。由此可见，正确地寻找法律是十分重要的。[①]

（三）遵循罪刑法定原则指导，避免类推定罪

拍卖与招标投标虽然都是竞争性的交易方式，形式上具有一定的相似性，但二者行为性质不同，分别受不同法律规范调整。《刑法》第 223 条规定，投标人相互串通投标报价，损害招标人或者其他投标人利益，情节严重的，或者投标人与招标人串通投标，损害国家、集体、公民的合法利益的，以串通投标罪追究刑事责任。《刑法》未规定串通拍卖行为构成犯罪，《拍卖法》亦未规定串通拍卖行为可以追究刑事责任。公安机关将串通拍卖行为类推为串通投标行为予以刑事立案的，检察机关应当通过立案监督，通知公安机关撤销案件。严格遵循罪刑法定原则，法律没有明文规定为犯罪行为的，不得予以追诉。

准确把握法律政策界限，依法保护企业的合法权益和正常经济活动。坚持法治思维，贯彻"谦抑、审慎"理念，严格区分案件性质及应承担的责任类型。对企业的经济行为，法律政策界限不明，罪与非罪不清的，应充分考虑其行为动机和对社会有无危害及其危害程度，加强研究分析，慎重妥善处理，不能轻易进行刑事追诉。对于民营企业参与国有资产处置过程中的串通拍卖行为，不应以串通投标罪论处。如果在串通拍卖过程中有其他犯罪行为或者一般违法违规行为，依照《刑法》《拍卖法》等法律法规追究相应责任。

🗨 五、问题拓展讨论

1. 谈谈你对罪刑法定基本原则中"法"的理解。

2. 请比较分析扩大解释与类推解释的含义，思考如何判断一种解释是否属于类推解释。

3. 试比较中外刑法关于罪刑法定原则的不同表述。

[①] 陈兴良：《罪刑法定的价值内容和司法适用》，《人民检察》2018 年第 21 期，第 34 页。

4. 如何理解罪刑法定与刑事类推之间的矛盾？我国刑法应该如何解决这一矛盾？

5. 如何理解适用刑法人人平等原则中的平等内涵？这种平等是机会平等还是结果平等？

6. 罪责刑相适应原则与宽严相济基本刑事政策有何贯通之处？

👍 六、阅读文献推荐

1. 《刑法学》编写组：《刑法学（上册·总论）》，高等教育出版社，2019 年。

2. 高铭暄、马克昌：《刑法学》（第十版），北京大学出版社、高等教育出版社，2022 年。

3. 张明楷：《刑法学》（第六版），法律出版社，2021 年。

4. 陈兴良：《走向哲学的刑法学》，法律出版社，1999 年。

5. 卓泽渊：《法的价值论》，法律出版社，1999 年。

6. 车剑锋：《中美刑法罪刑法定原则比较研究》，天津社会科学院出版社，2022 年。

7. 张明楷：《罪刑法定与刑法解释》，北京大学出版社，2009 年。

8. 彭凤莲：《中国罪刑法定原则的百年变迁研究》，中国人民公安大学出版社，2007 年。

9. 高铭暄：《刑法基本原则的司法实践与完善》，《国家检察官学院学报》2019 年第 5 期。

10. 郎胜：《刑法基本原则的立法回顾及其现实意义》，《中国检察官》2019 年第 13 期。

11. 梁根林：《量刑反制定罪与刑法基本原则》，《中国检察官》2019 年第 13 期。

12. 劳东燕：《刑法基本原则的实现机理——立足于技术和方法的视角》，《中国检察官》2019 年第 13 期。

刑法的适用效力

案例 2：张子强特大犯罪团伙案①

! 一、知识点提要

（一）刑法的效力范围

刑法的效力范围，即刑法的适用范围，是指刑法在什么地方、对什么人和在什么时间内具有效力。刑法的效力范围包括刑法的空间效力和时间效力两部分。我国现行有效的 1997 年《刑法》第 6 条至第 12 条对此做了明确的规定。

（二）刑法的空间效力

刑法的空间效力，解决的是一国刑法在什么地域、对什么人适用的问题。目前，各国在解决刑事管辖权问题上所主张的原则主要有属地原则、属人原则、保护原则及普遍原则。现代世界大多数国家的刑法，没有采取单一的原则，而是以采用属地原则为基础，兼采其他原则。这种结合型的刑法空间效力体制，既有利于维护国家主权，又有利于同犯罪行为作斗争，比较符合各国的实际情况和利益。我国刑法有关空间效力的规定，采取的也是这样的体制（见图 1）。

---

① 《张子强等非法买卖、运输爆炸物，抢劫，绑架，走私武器、弹药，非法买卖、运输枪支、弹药，私藏枪支、弹药上诉案》，《中华人民共和国最高人民法院公报》1999 年第 1 期，第 26-28 页。

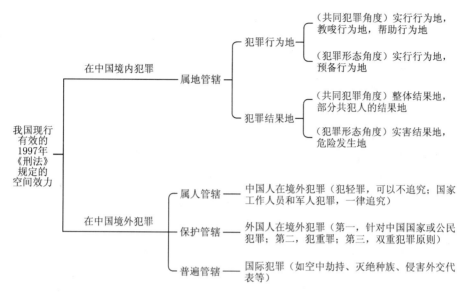

图1　我国现行有效的 1997 年《刑法》规定的空间效力

1. 属地原则

即一个国家对本国领域内的人，不论其国籍，都有对其进行规制以维护本国法秩序的权力。据此，一个国家对于发生在本国领域内的犯罪，无论行为人是谁，都适用本国刑法。

现行《刑法》第 6 条规定："凡在中华人民共和国领域内犯罪的，除法律有特别规定的以外，都适用本法。凡在中华人民共和国船舶或者航空器内犯罪的，也适用本法。犯罪的行为或者结果有一项发生在中华人民共和国领域内的，就认为是在中华人民共和国领域内犯罪。"

2. 属人原则

即指本国公民在国外犯罪的，也适用本国刑法。

现行《刑法》第 7 条规定："中华人民共和国公民在中华人民共和国领域外犯本法规定之罪的，适用本法，但是按本法规定的最高刑为三年以下有期徒刑的，可以不予追究。中华人民共和国国家工作人员和军人在中华人民共和国领域外犯本法规定之罪的，适用本法。"

3. 保护原则

即不论是本国人还是外国人，其在国外的犯罪行为，只要侵犯了本国利益或本国公民的利益，就适用本国刑法。其实质意义在于，保护本国利益与本国公民的利益。

现行《刑法》第8条规定："外国人在中华人民共和国领域外对中华人民共和国国家或者公民犯罪，而按本法规定的最低刑为三年以上有期徒刑的，可以适用本法，但是按照犯罪地的法律不受处罚的除外。"

4. 普遍原则

即以保护国际社会的共同利益为标准，凡发生国际条约所规定的侵害国际社会共同利益的犯罪，不论犯罪人是本国人还是外国人，也不论犯罪地在本国领域内还是在本国领域外，都适用本国刑法。

现行《刑法》第9条规定："对于中华人民共和国缔结或者参加的国际条约所规定的罪行，中华人民共和国在所承担条约义务的范围内行使刑事管辖权的，适用本法。"

(三) 刑法的时间效力

刑法的时间效力，所解决的问题是刑法从何时起至何时止具有适用效力，其内容包括生效时间、失效时间、溯及力。

1. 刑法的生效时间

关于刑法的生效时间，从我国的刑事立法实践来看，主要有两种规定方式：一是自公布之日起生效，如《全国人民代表大会常务委员会关于禁毒的决定》（已失效）第16条规定，"本决定自公布之日起施行"。二是公布一段时间之后再施行。例如，我国《刑法》于1997年3月14日通过并公布后，从1997年10月1日起施行。

2. 刑法的失效时间

刑法的失效时间也有两种方式：一是由国家立法机关明确宣布某些法律失效。二是自然失效，即新法施行后代替了同类内容的旧法，或者由于原来特殊的立法条件已经消失，旧法自行废止。

3. 刑法的溯及力

刑法的溯及力是指刑法生效后，对于其生效以前未经审判或者判决尚未确定的行为是否适用的问题。如果适用，就是有溯及力；如果不适用，就是没有溯及力。对此，各国立法有不同的规定，主要有以下四种原则：

（1）从旧原则。即按照行为时的旧法处理，新法没有溯及力。

（2）从新原则。即按照新法处理，新法有溯及力。

（3）从新兼从轻原则。即新法原则上有溯及力，但旧法不认为是犯罪或者处刑较轻的，按照旧法处理。

（4）从旧兼从轻原则。即新法原则上没有溯及力，但新法不认为是犯罪或者处刑较轻的，则按照新法处理。

我国刑法关于溯及力的问题采取的是从旧兼从轻原则。我国《刑法》第12条规定："中华人民共和国成立以后本法施行以前的行为，如果当时的法律不认为是犯罪的，适用当时的法律；如果当时的法律认为是犯罪的，依照本法总则第四章第八节的规定应当追诉的，按照当时的法律追究刑事责任，但是如果本法不认为是犯罪或者处刑较轻的，适用本法。"

二、案例介绍

（一）基本背景

20世纪90年代初，张子强案件引起了香港和内地的广泛关注，该案的主谋张子强，又称"大富豪"，伙同多人组成犯罪集团。1995年后，该集团与另一个以叶继欢为首的犯罪集团勾结到一起，组成了更为猖狂的犯罪集团。他们在广州、深圳等地多次密谋，并在香港进行绑架、抢劫、走私武器弹药等犯罪活动。张子强犯罪集团曾先后绑架过香港富豪李某某、香港富豪郭某某、澳门富豪何某某。影视作品《插翅难逃》《大富豪》《惊天大贼王》就是以该犯罪集团为原型的。由于该集团成员心狠手辣、狡猾多端，一直未受到法律追究。张子强虽多次被香港警方抓获，但总能逃脱法律的惩罚。

（二）一审判决经过及被告人上诉理由

1998年，张子强及其同党（共18名香港居民和18名内地居民）被广东省公安机关在内地抓获归案。1998年10月30日，张子强被广州市中级人民法院一审判处死刑。一审宣判后，被告人张子强、陈智浩、马尚忠、梁辉、钱汉寿等29人不服，提出上诉。其中，被告人张子强及其辩护人辩称：本案犯罪实施地在香港，侵犯的客体是香港居民的人身权和财产权，应由香港法院管辖，一审法院管辖不当；张子强购买爆炸物只与被告人钱汉寿联系，不应对全案负责，原判非法买卖爆炸物的量刑过重；原判认定的绑架罪证据不足，申请调取被害人陈述、同案人供词及相关物证；走私武器弹药行为只是绑架罪的预备行为，不应单独定罪；张子强检举了他人偷越边境、抢劫香港金行、贩毒等多宗犯罪线索，具有立功表现，应当从轻处罚。

(三) 二审查明犯罪事实和裁判结果

二审过程中，广东省高级人民法院经审理查明：

1. 张子强犯罪集团多次从内地购买炸药、手枪子弹等违禁物品，并转运至香港实施违法犯罪活动

1995 年 5 月至 8 月间，上诉人陈智浩将非法取得的一批爆炸物藏匿于罗月英在深圳的租屋内。后陈智浩指使韩法、陈辉光、罗月英将爆炸物分两次交他人运至香港。1995 年，上诉人陈智浩将手枪子弹 13 发、猎枪子弹 4 发、雷管 10 支等物装入一茶叶罐内，藏匿于罗月英在深圳怡景花园荷萍阁 A2 房内。1997 年初，上诉人陈智浩指使韩法在深圳购得五四式手枪 1 支、子弹 16 发，韩法将该枪、弹交陈辉光藏匿。同年 8 月至 9 月间，陈智浩又指使罗志平购得雷鸣登猎枪 1 支及猎枪子弹 26 发，罗志平将该枪、弹带到深圳交罗月英藏匿。1997 年 10 月间，上诉人张子强指派刘鼎勋向上诉人钱汉寿购买炸药。同年 11 月，钱汉寿回原籍广东省汕尾市非法购买炸药 818.483 千克、雷管 2000 支、导火索 750 米，分装在 40 个泡沫箱内伪装成海鲜，并于 1998 年 1 月 7 日指使他人运到香港交给刘鼎勋。

2. 张子强犯罪集团多次在内地密谋绑架劫持人质，以勒索高额赎金或其他财物

1994 年年底至 1995 年年初，上诉人陈智浩与叶继欢、蔡智杰等人密谋劫持天津市物资综合贸易中心驻深圳办事处经理李某曦，以取得其在深圳的一批钢材提货单后提取钢材。1995 年 1 月 14 日晚 10 时许，上诉人马尚忠、梁辉、黄毅和陈智浩，在深圳市南方国际大酒店附近将李某曦劫持往广州。途中，上诉人陈智浩、马尚忠、梁辉恐吓并殴打被害人，梁辉卡被害人脖子并用手铐反铐其双手，马尚忠、梁辉又用棉被、衣物捂住被害人头部，致被害人死亡后，搜去其携带的办公室钥匙。马尚忠、梁辉、黄毅开车到城郊抛尸灭迹，陈智浩则将钥匙交给余汉俊等人。同月 16 日，蔡智杰等人用从被害人办公室搜得的提货单提走直径 8 毫米的盘元钢 277.39 吨（价值人民币 721214 元），予以销赃。

1995 年年底至 1996 年年初，上诉人张子强、陈智浩和柯贤庭、朱玉成、李运、叶继欢、郭志华纠合上诉人梁辉和罗志平、张焕群等 3 人先后在深圳名都酒店、日新宾馆等地，密谋绑架勒索香港人李某某。为此，叶继欢、张子强负责购买大量枪支弹药、车辆等作案工具及租赁关押人质的房屋。陈智

浩、朱玉成负责购买车辆、假车牌及对讲机,朱玉成还负责租下关押人质的一农场房屋;柯贤庭负责观察李某某的行踪。5月23日下午6时许,张子强接到柯贤庭的电话后得知李某某的行踪,即与陈智浩等人携带枪支、铁锤等作案工具,在香港深水湾道附近绑架了被害人李某某及其司机林某某。张子强、陈智浩到李家收取勒索的赎金港币10.38亿元后,释放被害人。

1997年年初,上诉人张子强伙同张志烽、胡济舒、陈树汉、甘永强、邓礼显等人图谋绑架香港人郭某某。为此,张子强与上述同案人先后在广州市胜利宾馆、东莞市华侨酒店、深圳市广东银行大厦的喷泉酒楼等地密谋并做具体分工。张子强、胡济舒负责购买作案工具,张志烽负责观察郭某某的行踪。同年9月29日下午6时许,张子强接张志烽电话后得知郭某某的行踪,即与甘永强、邓礼显等人在香港海滩道公路桥底附近,将郭某某绑架至香港马鞍岗200号。张子强向郭家收取了勒索的赎金港币6亿元后,释放被害人。

3. 张子强犯罪集团多次在香港抢劫金店

1991年年初,上诉人陈智浩、马尚忠和朱玉成、李运、黄华生、叶继欢、林铁先后在广州、深圳等地密谋到香港抢劫金行。马尚忠、陈立新、陈智浩先后在云南省砚山县、湖南省衡阳市购买大量AK47自动步枪、五四式手枪及子弹、手榴弹等配件。同年6月9日下午,陈智浩、马尚忠等7人持枪和携带面具、螺丝刀、布袋、手套等作案工具,驾驶抢劫被害人余某的轻型货车前往香港物华街,叶继欢、马尚忠持枪在街上把守接应,其他人分别冲入"周生生""周大福""东盛"等5间珠宝金行,采用持枪威胁等方法,抢得金器一批(共价值港币5739892元)。

1992年年初,上诉人陈智浩与朱玉成、李运、叶继欢、林铁等人先后在广州、深圳等地密谋再次到香港抢劫。同年3月10日下午,陈智浩等人在香港分别抢得被害人陈某某的出租车、钟某某的轻型货车后,朱玉成驾车,其他人携带枪支、丝袜、螺丝刀、布袋、手套等作案工具到香港大埔道,叶继欢持枪在街上把守,朱玉成在车上等候接应,其他人冲入"周生生""谢瑞麟"两间珠宝金行,采用持枪威胁等方法,抢得金器一批,价值港币1682138元。

基于以上事实和理由,1998年12月5日,广东省高级人民法院作出二审判决,维持对该犯的死刑原判,随后执行死刑。①

① 广东省高级人民法院刑事判决书(1998)粤高法刑终字第1139号。

三、案例分析

张子强案件的审判已经落下帷幕，但由此引发的关于中国内地与香港刑事管辖权冲突的争论却方兴未艾，不同学者对于中国内地对张子强案件是否有管辖权争论不休。张子强案件的争议焦点是我国内地对张子强案件是否享有司法管辖权，对此，内地和香港有关人士作出了不同的理解。

（一）司法判决和刑法学者主张内地法院对张子强案件享有司法管辖权

一审宣判后，张子强及其辩护人提起上诉，认为其犯罪行为实施地在香港，侵犯的客体是香港居民的人身权和财产权，应由香港法院管辖，内地法院管辖不当。对此，终审判决书中指出，本案指控的犯罪，有些犯罪行为虽然是在香港实施的，但是组织、策划等实施犯罪的准备工作，均发生在内地，实施犯罪所使用的枪支、爆炸物及主要的作案工具均是从内地非法购买后走私运到香港的，依照当时的《中华人民共和国刑事诉讼法》（以下简称《刑事诉讼法》）第 24 条的规定，内地法院对本案依法享有管辖权。[①]

内地著名刑法学者高铭暄在 1998 年 11 月 14 日接受新华社记者的采访中，明确表示根据我国法律规定该案件由内地的广州市中级人民法院管辖进行审判，是正确、合法的。当时的《刑事诉讼法》及其解释规定，刑事案件由犯罪地的人民法院管辖，犯罪地是指犯罪行为发生地和犯罪结果发生地。而本案犯罪结果发生地的香港特别行政区法院，当然有权管辖、审判张子强等严重犯罪分子，但是，这并不代表只有香港特别行政区法院才能受理该案件，犯罪行为发生地也有权管辖张子强案件。[②] 张子强等犯罪分子在香港所进行的绑架、抢劫金铺等犯罪都是在内地密谋、准备的，非法买卖的爆炸物是张子强出巨资指使他人在内地购买的，所以内地法院对案件享有管辖权。对这种不同地区法院都有管辖权的案件，根据当时的《刑事诉讼法》第 25 条（《刑事诉讼法》2018 年修正为第 26 条）规定，由最初受理的法院审判。

回归到张子强案件中，张子强等犯罪分子在香港所进行的绑架、抢劫金铺等犯罪都是在内地密谋、准备的，非法买卖的爆炸物是张子强出巨资指使

---

① 广东省高级人民法院刑事判决书（1998）粤高法刑终字第 1139 号。
② 转引自赵秉志、田宏杰：《中国内地与香港刑事管辖权冲突研究——由张子强案件引发的思考》，《法学家》1999 年第 6 期，第 96 页。

他人在内地购买的，以上犯罪预备行为、帮助行为均属于犯罪行为，我国内地法院有权进行管辖。再根据当时的《刑事诉讼法》第 25 条规定，由最初受理的人民法院审判，因而，由我国内地的法院受理是合理的。

（二）香港地区有人认为内地法院不享有管辖权，认为该案件违反了"一国两制"

大多数香港居民是欢迎内地法院对张子强案的审判的，也有一些人担心内地的刑事管辖权会对香港的管辖权以至法治构成侵犯。有香港学者和律师认为，根据 1990 年《香港特别行政区基本法》（以下简称《基本法》）第 18 条第 2 款的规定"全国性法律除列于本法附件三者外，不在香港特别行政区实施"，基本法附件三所列的全国性法律是指关于国都、纪年、国歌、国旗、国庆日的决议，关于中央人民政府公布国徽的命令，但不包括《中华人民共和国刑法》。他们还进一步引用《基本法》第 19 条第 2 款的规定，即"香港特别行政区法院除继续保持香港原有法律制度和原则对法院审判权所作的限制外，对香港特别行政区所有的案件均有审判权"，认为内地司法机关应将张子强案件交由香港特别行政区法院审理，否则就是违反了《基本法》，侵害了香港特别行政区法院的司法管辖权，破坏了"一国两制"在香港的实施。

（三）本书立场解析

1. 中国内地和香港地区对张子强案件均享有刑事管辖权

首先，香港地区对张子强案件享有司法管辖权不言而喻。《基本法》第 19 条第 1 款规定："香港特别行政区享有独立的司法权和终审权。"张子强犯罪集团屡次在香港地区实施抢劫、绑架等犯罪行为，香港特别行政区法院对张子强案件当然享有刑事管辖权。

其次，我国内地对张子强案件享有刑事管辖权的依据是《刑法》第 6 条第 1 款的规定："凡在中华人民共和国领域内犯罪的，除法律有特别规定的以外，都适用本法。"这里的"中华人民共和国领域内"当然包括我国香港地区。对于此处的"除法律有特别规定的以外"，有香港学者认为《基本法》第 19 条的规定应属于此处"除法律有特别规定的以外"，因此主张中国内地对张子强案件不享有刑事管辖权。其实不然，《基本法》第 19 条所说的"独立的司法权和终审权"是针对完全发生在香港域内的犯罪而言的，不包括跨内地和香港的刑事案件。对于跨内地和香港的刑事案件，内地和香港的司法机关则都享有刑事管辖权。众所周知，世界上没有一个国家或地区对境内发生的罪行享有专有司法管辖权，若有，罪犯逍遥法外的情况便较易出现，我国香港地区也不例外。尽管《基本法》第19条赋予了香港特别行政区法院权力审讯所有在香港发生的罪行，但这并不表示香港对这些罪行拥有专有司法管辖权。张子强案件中，张子强和案中其他被告在内地受审，并非只因其涉嫌在香港进行绑架活动，也因其涉及在内地非法买卖爆炸物和走私武器弹药，他们是在内地被捕的，虽然绑架罪行据称是在香港发生的，但却是在内地策划的。有关准备工作，包括购买绑架所用车辆、武器和装备，均是在内地进行的。① 因此，我国内地对张子强案件也享有刑事管辖权。

2. 张子强案件是两地刑事法律适用的空间效力的局限性导致的区际刑事管辖冲突

首先，需要明确"刑事管辖权"与"刑事法律适用的空间效力"是两个不同的概念。刑事管辖权是指一个国家或地区对其权力范围内所发生的一切刑事犯罪进行起诉、审判和处罚的权力；而刑事法律适用的空间效力是说一个国家或地区以刑事立法的形式所确立的行使本国或本地区刑事管辖权的具体原则与方法。申言之，是先有刑事管辖权，然后在肯定刑事管辖权存在的前提下，才有刑事管辖权行使的方式及范围，即刑事法律适用的空间效力。

其次，通过上文的讲述可知，中国内地和香港地区对张子强案件都享有刑事管辖权，张子强犯罪集团于内地被捕后，内地司法机关对其在内地实施的部分犯罪行为可以依据内地刑法进行审判，但是对于张子强犯罪集团在香港特别行政区内实施的犯罪行为，内地刑法适用的空间效力不及于特别行政区，因此内地刑法不可以评价其在香港特别行政区内实施的犯罪行为，这便导致了区际刑事管辖冲突。②

3. 张子强案件并未违背"一国两制"，未侵害香港地区的刑事管辖权

由广东省高级人民法院审理查明的事实可知，张子强犯罪集团属于跨境犯罪和两地居民相互勾结的共同犯罪，该案涉嫌的犯罪分子，有的居住在香

---

① 梁爱诗：《从正确角度去看司法管辖权问题》，《香港律师》1999年1月号。
② 高铭暄、王秀梅：《我国区际刑事管辖冲突的内涵及解决原则》，《法律科学》1999年第6期，第85页。

港，有的居住在内地，其非法买卖爆炸物，走私武器、弹药等犯罪行为均发生在内地，并且，由于香港警方没有对张子强犯罪集团立案侦查和起诉，张子强等人又是在内地犯罪时被内地司法机关捕获的，张子强案件由内地司法机关进行起诉和审判，是完全符合法律规定的，不存在侵害香港地区司法管辖权的问题。① 如果说，对于这种两地司法机关都有管辖权的案件，内地法院审判就是侵犯了香港特别行政区法院的管辖权，就是对香港独立的司法制度的侵犯，就会使香港刑法成为内地刑法的附庸，那么，反过来说，对于这种有部分犯罪行为发生在内地的刑事案件，如果完全交由香港特别行政区法院审判，香港特别行政区法院的审判是否也侵犯了内地司法机关的刑事管辖权，内地的司法独立是否也受到了香港司法的侵犯？当然不是。中国内地和香港地区同时拥有刑事管辖权，在出现司法管辖权冲突的情况下，由先行逮捕犯罪嫌疑人的司法机关和首先受理案件的法院，按照"先理为优"和"实际控制"的原则对案件拥有刑事管辖权，是世界各国的通行做法。② 所以，在承认并尊重香港特别行政区拥有独立的法律制度的同时，对于内地独立的法律制度也应当予以承认并尊重，这才是"一国两制"精神的真正体现。

 四、课程思政解读

"张子强特大犯罪团伙案"所涉及的课程思政元素至少体现在以下几个方面：一是如何通过本案来理解国家司法管辖权的价值；二是如何经由本案理解司法管辖权与国家主权问题密切相关；三是如何理解中国式法治现代化是促进世界和平发展的法治现代化。

(一) 国家司法管辖权的价值：国家主权之完整表达

在张子强特大犯罪团伙案的学习过程中，反复出现的一个概念是刑事管辖权冲突。在国际社会中，一个主权国家的司法管辖权具有重大意义。早在17世纪，著名的自然法学家霍布斯就认识到司法权是主权的重要组成部分并指出"司法权也属于主权的范围。这就是听审并裁决一切有关世俗法与自然

---

① 郭自力：《论张子强李育辉两案的司法管辖权》，《中外法学》1999 年第 3 期，第 117 页。
② 戴贤聪、刘南平：《大富豪案引起的思考》，香港《信报》1998 年 11 月 11 日。

法以及有关事实的争执的权利"，"由此看来，法度既为和平所必需，而又取决于主权，所以它便是主权为了保持公共和平应做的事情"。① 可以说，世界各国早已认识到了国家司法主权（司法管辖权）的实践意义及其与国家主权、国家安全之间的密切关系。国家司法管辖权的概念表明，一个主权国家对其权力范围内的司法管辖具有绝对性和排他性，其他任何主权国家都无权对该国的司法管辖权进行干涉和影响。换言之，国家司法管辖权是国家主权之完整性在司法领域的表达，若没有国家主权的完整与独立，就没有真正意义上的司法权的独立运行。

（二）回顾历史：被迫进行法治现代化改革以收回领事裁判权

清末时期，我国的国家司法管辖权不断遭到西方列强攫取的领事裁判权的蚕食，这时，人们才意识到国家司法主权的重要性。自《南京条约》规定领事裁判权后，先后有 19 个国家攫取了领事裁判权。其中，租界中的领事裁判权是列强侵犯中国司法主权最为彻底之处，列强操纵着租界内的司法审判活动，设立了会审公廨、领事法庭、领事公堂、高等法院和上诉法院等在华审判机关。这些不仅使裁判刑罚本身有失公正，而且是帝国主义侵犯中国主权，清政府丧权辱国的重要标志。这时的晚清政府才逐步意识到国家司法管辖权与国家主权之间密不可分、唇亡齿寒的关系。中国近代思想家沈家本提出"法权所在，则主权随之"的看法，认为若没有完整的司法主权，就没有完整的国家主权。② 此后，清政府为了收回领事裁判权，采取了一系列现代意义的司法改革，有效地遏制了西方的侵略及西方列强在不平等条约下的特权，为民主革命的最终胜利奠定了基础。

（三）立足现在：西方国家长臂管辖给国内经济发展带来消极影响

时至今日，司法主权越发体现出其在现代国家权力体系中的意义。在我国提出构建人类命运共同体和建设"一带一路"的外交背景下，涉外司法权的合理行使愈加关系到国家的根本利益。随着国际交往日益频繁，跨国民商事纠纷随之增多，在这样的背景下，各国为了维护本国的主权和利益，都倾

---

① 霍布斯：《利维坦》，黎思复、黎廷弼译，商务印书馆，2009 年，第 138 页。
② 章安邦：《制度竞争视野下清末司法主权的沦丧与维护——以领事裁判权为例》，《法制与社会发展》2020 年第 5 期，第 69 页。

向于扩张本国的司法管辖权，热衷于搞法律殖民主义、霸权主义，将其法治价值观念、法律制度作为"普世价值"强加于其他国家，强迫其他国家给予各种形式的"治外法权"。① 以美国为例，其设立长臂管辖权的首要目的就是扩张美国法院在国际民事诉讼中的管辖权②，其本质是司法管辖权的单边主义扩张，是美国单方面地将其国内法适用于域外的法律霸凌行径③。自2010年起，美国即运用长臂管辖权频繁制裁中国企业，华为、中兴通讯、中远海运等企业纷纷中招，给中国企业、中国经济发展甚至于中美关系带来恶劣影响。

（四）展望未来：坚持走中国式法治现代化新道路

对此，我们国家能做的，就是尽快完善我国的涉外司法管辖权制度，走中国式法治现代化新道路。中国式法治现代化新道路，是与其他国家平等相待、文明互鉴、携手共进的共同现代化之路，是坚持以推进国际关系民主化、法治化、合理化为世界观照，坚决维护国际公平正义之路。坚持走中国式法治现代化新道路，要求我们以社会主义核心价值观和全人类共同价值为价值引领，加快推进法治现代化、建设法治强国，统筹国内法治和涉外法治，为人类对法治现代化道路的探索作出新贡献，为发展中国家破解依法治国难题、顺利迈向法治现代化提供更多更鲜活的经验，与世界各国人民一道共创人类社会更高水平的法治文明。④

五、问题拓展讨论

1. 《刑法》第6条第1款规定："凡在中华人民共和国领域内犯罪的，除法律有特别规定的以外，都适用本法。"说一说这里的"领域"的内涵，"法律有特别规定的"的内涵。

2. 《刑法》第6条第3款规定："犯罪的行为或者结果有一项发生在中

---

① 黄文艺：《推进中国式法治现代化 构建人类法治文明新形态——对党的二十大报告的法治要义阐释》，《中国法学》2022年第6期，第14页。
② 霍政欣、金博恒：《美国长臂管辖权研究——兼论中国的因应与借鉴》，《安徽大学学报（哲学社会科学版）》2020年第2期，第81页。
③ 《关于中美经贸摩擦的事实与中方立场》，中华人民共和国国务院新闻办公室官网，http://www.scio.gov.cn/zfbps/32832/Document/1638292/1638292.htm，访问日期：2023年7月20日。
④ 张文显：《论中国式法治现代化新道路》，《中国法学》2022年第1期，第30页。

华人民共和国领域内的，就认为是在中华人民共和国领域内犯罪。"这里的"犯罪的行为"指哪些行为？

3. 请结合相关案例分析刑事司法普遍管辖权的适用条件。

4. 通过本案例的学习，结合刑法的效力范围的知识点，你认为我国内地对张子强案件是否有管辖权？我国香港地区呢？

5. 通过对张子强特大犯罪团伙案的学习，谈谈你对中国式法治现代化新道路的理解。

6. 谈谈在打击跨国毒品犯罪、恐怖活动犯罪、腐败犯罪、破坏环境犯罪等刑事司法合作领域，中国当如何维护刑事司法管辖权。

👍 六、阅读文献推荐

1. 张明楷：《刑法学》（第六版），法律出版社，2021 年。

2. 高铭暄、马克昌：《刑法学》（第十版），北京大学出版社、高等教育出版社，2022 年。

3. 赵秉志、田宏杰：《中国内地与香港刑事管辖权冲突研究——由张子强案件引发的思考》，《法学家》1999 年第 6 期。

4. 郭自力：《论张子强李育辉两案的司法管辖权》，《中外法学》1999 年第 3 期。

5. 高铭暄、王秀梅：《我国区际刑事管辖冲突的内涵及解决原则》，《法律科学》1999 年第 6 期。

6. 石英：《计算机网络犯罪与刑事司法管辖权》，《法制与社会发展》2001 年第 4 期。

7. 吴华蓉：《浅论网络犯罪刑事司法管辖权的建构》，《犯罪研究》2006 年第 4 期。

8. 陈光中、田力男：《海峡两岸刑事管辖冲突及解决路径》，《法学杂志》2010 年第 3 期。

9. 谢望原：《域外刑事管辖权及其实现》，《法学论坛》2000 年第 1 期。

10. 石晓波：《刑事诉讼管辖权异议制度研究》，《中国刑事法杂志》2004 年第 4 期。

犯罪构成要件

案例 3：张美华伪造居民身份证案①

！ 一、知识点提要

（一）犯罪论体系的介绍与比较

犯罪论体系是刑法理论中的重要问题，目前我国采用的是从苏联引入的四要件犯罪构成体系，而德日刑法理论中的三阶层犯罪论体系正成为我国犯罪构成理论的有力竞争者，由此在学界展开激烈讨论。犯罪论体系是将成立犯罪的各个构成要素加以组织化、有序化排列，并对犯罪成立与否进行合理化、功能化判断的知识系统。② 在提出犯罪论体系这一问题之前，人们对于犯罪的判断，都停留在比较朴素和原始的认识之中，因此在进行犯罪认定时蕴藏着侵害被告人利益的危险。直到犯罪论体系的提出，才开始试图将犯罪要件置于一个框架或逻辑顺序中，为犯罪认定提供相对科学的指引。不过，鉴于各国刑法传统与实体规范的不同，犯罪论体系也不尽相同，下文对大陆法系的三阶层体系、英美法系的双层次体系和苏联的四要件犯罪论体系进行介绍。

1. 大陆法系的三阶层体系

以德国为代表的大陆法系刑法学采取构成要件符合性、违法性、有责性的三阶层体系。

---

① 《上海市静安区人民检察院诉张美华伪造居民身份证案》，《中华人民共和国最高人民法院公报》2004 年第 12 期，第 26-28 页。
② 周光权：《刑法总论》（第三版），中国人民大学出版社，2016 年，第 69 页。

一般认为，构成要件是指刑法规定的违法类型，构成要件符合性是指行为具有与刑法分则所规定的个罪的具体特征相符合的性质。例如，一个人故意拿走他人财物，并将其占为己有的行为，与盗窃罪的构成要件相吻合。构成要件符合性是一种抽象的、定型的判断，因此在进行判断时不应当掺入实质性、非类型的违法性判断。

违法性，即指行为对刑法所保护的合法权益或者整体法秩序的实质侵害性。违法性是由不符合法益保护目的的法益侵害或者危险引起的。一般而言，一个行为符合构成要件时，通常具有违法性，因为立法者不会选择无害于社会的行为在刑法中加以规定。但是这并不意味着所有符合构成要件的行为必然具有违法性，必然构成犯罪。符合构成要件的行为是否构成犯罪，还需要进一步考察该行为是否具有实质的违法性。

有责性，也称为责任，是指能够对实施违法行为的行为人进行谴责（非难可能性）。符合构成要件的违法性行为要能够成立犯罪，需要进一步确认行为人对其行为负有责任。有责性是个别的、具体的、内部的、主观的判断。

2. 英美法系的双层次体系

英美法系的犯罪构成体系具有双层次特征，其犯罪构成分为实体意义上的犯罪要件和诉讼意义上的犯罪要件。其中，实体意义上的犯罪要件是指犯罪行为和犯罪意图，这种意义包含在犯罪定义之中。犯罪定义之外的责任要件是诉讼意义上的犯罪要件，通过合法抗辩事由体现出来。犯罪行为和犯罪心态是犯罪本体要件。成立犯罪的前提是，具有犯罪本体要件且必须排除合法辩护的可能。所谓的双层次体系即指犯罪本体要件为第一层次，责任充足条件为第二层次。

犯罪本体要件分为犯罪行为和犯罪心态。犯罪行为是英美法系犯罪构成的客观要件。犯罪行为有广义和狭义之分：广义的犯罪行为指犯罪心理以外的一切犯罪要件，也就是犯罪构成的客观要件，包括犯罪行为、犯罪结果和犯罪情节等。狭义的犯罪行为即指有意识的行为，由行为和意识两部分构成。犯罪行为是法律予以禁止并力求防止的有害行为，它是构成犯罪的首要因素。犯罪心态，又称为犯罪意图，是英美法系犯罪构成的主观要件。英美刑法中的一个重要原则是"没有犯罪意图的行为，不能构成犯罪"。在美国刑法中，犯罪意图分为蓄意（mention）、明知（knowingly）、轻率（recklessly）和疏忽（negligence）。

抗辩事由是犯罪论体系中第二层次的内容。合法抗辩（legal defense）又称为免责理由，具有程序性特征。合法抗辩事由是在长期的司法实践中总结而成的，并从诉讼原则上升为实体上的总则性规范，正当防卫、紧急避险、精神病、未成年等情形都包括在内。

3. 苏联的四要件犯罪论体系

苏联刑法学家在批判地借鉴大陆法系刑法理论的基础上，创立了独具特色的四要件犯罪论体系。1946 年，苏联刑法学家特拉伊宁在其著作《犯罪构成的一般学说》中指出："犯罪构成是那些决定对社会主义国家具有社会危害性的、具体的作为（不作为）为犯罪的一切主、客观特征（因素）的总和。"①

四个要件是指犯罪客体、犯罪客观方面、犯罪主体、犯罪主观方面。我国刑法学的通说采取这种犯罪构成理论。② 犯罪客体是指刑法所保护而为社会所侵害的社会关系；犯罪客观方面指犯罪活动的客观外在表现，包括危害行为、危害结果，以及两者之间的因果关系等；犯罪主体指达到法定刑事责任年龄、具有刑事责任能力、实施危害行为的自然人与单位；犯罪主观方面指行为人对于危害行为的结果所持的主观心理状态。

（二）我国犯罪构成理论

我国刑法学界通说认为，"犯罪构成，就是依照我国刑法的规定，决定某一具体行为的社会危害性及其程度而为该行为构成犯罪所必需的一切客观和主观要件的有机统一"③。依据这一定义，我国刑法中的犯罪构成包含以下几个方面的内容：第一，犯罪构成是一系列主客观要件的有机统一，任何一个犯罪构成都由这些要件组成。第二，任何一种犯罪都可以由许多事实特征来说明，但并非每一个事实特征都是犯罪构成的要件。只有对行为的社会危害性及其程度具有决定意义而为该行为成立犯罪所必需的那些事实特征才是犯罪构成。第三，行为成立犯罪所必须具备的诸个要件，是由我国刑法加以规定的，即事实特征必须经由法律的选择，才能成为犯罪构成的要件。

我国的犯罪构成理论是 20 世纪 50 年代从苏联直接引入的，基本承袭了

① A. H. 特拉伊宁：《犯罪构成的一般学说》，薛秉忠等译，中国人民大学出版社，1958 年，第 51 页。
② 高铭暄：《中国刑法学》，中国人民大学出版社，1989 年，第 75 页。
③ 高铭暄、马克昌：《刑法学》（第九版），北京大学出版社、高等教育出版社，2019 年，第 47 页。

苏联的四要件说，即任何一种犯罪的成立都必须具备四个方面的构成要件：犯罪客体、犯罪客观方面、犯罪主体、犯罪主观方面。

1. 犯罪客体

犯罪客体是我国刑法所保护的，为犯罪行为所侵害的社会主义社会关系。行为之所以构成犯罪，首先在于它侵犯了一定的社会关系，而侵犯的社会关系越重要，则该行为的社会危害性越大。如果某一行为根本没有危及刑法所保护的社会关系，那么就不可能成立犯罪。

犯罪客体不同于犯罪对象，犯罪对象是指刑法分则条文规定的犯罪行为所作用的客观存在的具体人或者具体物。例如，故意伤害罪的犯罪对象是"人"，盗窃罪的犯罪对象是"财物"。犯罪对象并不是犯罪的必要构成，换言之，有些犯罪可能并没有所谓的犯罪对象，如妨害传染病防治罪、偷越国（边）境罪等，很难说这些罪的犯罪对象是什么。反之，犯罪客体是任何犯罪的必要构成要件，任何犯罪都会造成犯罪客体的损害。

2. 犯罪客观方面

犯罪客观方面是犯罪活动的客观外在表现，具体是指我国刑法规定的、侵害某种社会关系而为构成犯罪所必需的诸个客观事实，包括危害行为、危害结果及犯罪时间、地点、方法等。其中，危害行为是一切犯罪在犯罪客观方面都必须具备的要件，危害结果是绝大部分犯罪成立所需要具备的要件。

我国刑法中的危害行为，是指人在意志支配下所实施的危害社会的身体动静，包括作为和不作为。在不同的犯罪构成中，对危害行为也有不同的要求。大部分犯罪构成中的危害行为就是指实行行为，但在有些犯罪中，以非实行行为作为构成行为，如预备心态犯罪的犯罪构成。我国《刑法》第13条明确规定犯罪是危害社会的行为，从立法上赋予了危害行为在限定犯罪的基本范围内的作用。

危害结果有广义和狭义之分。广义的危害结果是指由行为人的危害行为所引起的一切对社会的损害事实，包括危害行为造成的直接结果和间接结果。而狭义的危害结果是指作为犯罪构成要件的结果，通常指对直接客体所造成的损害事实。

3. 犯罪主体

犯罪主体，是刑法规定的实施犯罪行为的主体。根据主体的自然属性，犯罪主体可以分为自然人和单位。在我国刑法中，自然人主体是普遍的，总则条款对其做了相对具体的规定，而单位犯罪主体只适用于刑法分则有规定的部分犯罪。

4. 犯罪主观方面

犯罪主观方面，是指犯罪主体对自己行为及其危害结果所持的心理态度，包括罪过（犯罪的故意或者过失）及犯罪的目的和动机。其中，罪过是一切犯罪构成所必备的主观要件，犯罪目的只是某些犯罪所必备的要件，犯罪动机一般不影响定罪。

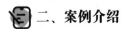

二、案例介绍

（一）基本案情

本案被告人张美华不慎遗失居民身份证，因其户口未落实，而无法向公安机关申请补办居民身份证。张美华遂于 2002 年 5 月底，以其本人的照片和真实姓名、身份证号码、暂住地地址，出资让他人伪造了居民身份证一张。2004 年 3 月 18 日，张美华在上海市长寿路 831 号中国银行上海市普陀支行使用上述伪造的居民身份证办理正常的银行卡取款业务时，被银行工作人员发现而案发。

一审法院经审理认为被告人张美华的行为情节显著轻微危害不大，不能认为是犯罪，根据《刑法》第 13 条判决被告人张美华无罪。一审宣判后，上海市静安区人民检察院提出抗诉。二审法院驳回抗诉，维持原判。

（二）裁判过程及判决理由

上海市静安区人民检察院指控被告人张美华触犯《刑法》第 280 条第 3 款的规定，构成伪造居民身份证罪。被告人张美华对起诉书指控的事实没有异议，但辩称：与前夫离婚并将户口迁出原住址后，由于一直无常住地址，不能办理落户手续。在居民身份证遗失后，曾向原户籍所在地的派出所申请补办。接待人员告知，其已不是该辖区的常住户口，故不能补办，但没有告知其可以申办临时居民身份证。由于认为再也无法通过合法途径补办到居民身份证，不得已才花钱雇人伪造了居民身份证。

上海市静安区人民法院经审理认为：

《刑法》第 13 条规定："一切危害国家主权、领土完整和安全，分裂国家、颠覆人民民主专政的政权和推翻社会主义制度，破坏社会秩序和经济秩序，侵犯国有财产或者劳动群众集体所有的财产，侵犯公民私人所有的财产，侵犯公民的人身权利、民主权利和其他权利，以及其他危害社会的行为，依照法律应当受刑罚处罚的，都是犯罪，但是情节显著轻微危害不大的，不认为是犯罪。"被告人张美华伪造居民身份证的行为违反了《中华人民共和国居民身份证条例》的规定，应承担法律责任。但从查明的事实看，张美华是在客观上无法补办居民身份证，又不知道可以申办临时居民身份证的情况下，以本人的照片和真实姓名、身份证号码等伪造了本人的居民身份证，且本案也是因张美华持伪造的居民身份证在为自己办理正常的银行卡业务时而案发。综上，张美华伪造居民身份证的行为，情节显著轻微危害不大，不能认为是犯罪。

据此，上海市静安区人民法院依照《刑事诉讼法》第 162 条第 2 项的规定，于 2004 年 4 月 29 日判决被告人张美华无罪。

一审宣判后，上海市静安区人民检察院提出抗诉，理由是：无论是 1985 年颁布的《中华人民共和国居民身份证条例》，还是 2004 年开始实施的《中华人民共和国居民身份证法》，都规定伪造居民身份证的，依照刑法处罚。刑法规定的伪造居民身份证罪，犯罪客体是国家对居民身份证的管理制度。行为人只要侵犯了国家对居民身份证的管理制度，就构成此罪。至于行为人主观上是否有从事违法或犯罪活动的动机，不影响犯罪构成。被告人张美华伪造的居民身份证，虽然内容是真实的，但不能改变其伪造的犯罪性质。张美华出资让他人伪造居民身份证，并在办理银行业务时使用该伪造证件，显然不属于情节显著轻微的情况，应当受到刑法处罚。故一审对张美华作出无罪的判决，确有错误，应当纠正。上海市人民检察院第二分院在支持抗诉时认为，张美华使用伪造的居民身份证申领信用卡并在银行透支现金，其行为具有潜在的社会危害性，上海市静安区人民检察院的抗诉理由成立，应当支持。

上海市第二中级人民法院经审理，除确认了一审查明的事实外，另查明：张美华在使用伪造的居民身份证申领中国银行长城国际卡时，据实填写了本人信息情况及联系人的联系电话。张美华还用该居民身份证在上海银行申领信用卡一张，并曾多次透支消费后存款入账。

上海市第二中级人民法院认为：

我国《刑法》第 13 条的规定，揭示了犯罪应当具有社会危害性、刑事违法性和应受刑罚惩罚性等基本特征，其中社会危害性是犯罪的本质特征，这是认定犯罪的基本依据。某种表面符合刑法分则规定的犯罪构成客观要件的行为，只要它属于《刑法》第 13 条规定的对社会危害不大，不认为是犯罪的行为，则不具有刑事违法性和应受刑罚惩罚性。因此，把握行为的社会危害性程度，是界定罪与非罪的关键。

《中华人民共和国居民身份证法》第 1 条规定："为了证明居住在中华人民共和国境内的公民的身份，保障公民的合法权益，便利公民进行社会活动，维护社会秩序，制定本法。"第 8 条规定："居民身份证由居民常住户口所在地的县级人民政府公安机关签发。"由此可见，居民身份证是公民维护自己合法权益和进行社会活动时不可或缺的身份证明。张美华的户口从原址迁出后，一直无法落户。由于缺乏"常住户口所在地"这一要件，其居民身份证丢失后，户籍管理机关不能为其补办，其在日常生活中遇到困难。在此情况下，张美华雇佣他人伪造居民身份证一张，仅将此证用于正常的个人生活。张美华使用的居民身份证虽然是伪造的，但该证上记载的姓名、住址、身份证号码等个人身份信息却是真实的，不存在因使用该证实施违法行为后无法查找违法人的可能。张美华在使用银行信用卡时虽有透支，但都能如期如数归还，且在日常生活和工作中无违法乱纪的不良记录。法庭调查证明，张美华伪造并使用伪造居民身份证，是为了解决居民身份证遗失后无法补办，日常生活中需要不断证明自己身份的不便。张美华伪造居民身份证虽然违法，但未对社会造成严重危害，属于情节显著轻微危害不大的情况。一审法院根据《刑法》第 13 条的规定认定张美华的行为不是犯罪，并无不当。抗诉机关以张美华使用伪造的居民身份证申领银行信用卡并在银行透支现金，推定张美华的行为具有潜在的社会危害性，没有事实根据，抗诉理由不充分，不予支持。

据此，上海市第二中级人民法院依照《刑事诉讼法》第 189 条第 1 项的规定，于 2004 年 7 月 22 日裁定：驳回抗诉，维持原判。

(三) 争议焦点

本案的争议焦点是被告人张美华的行为是否应当认定为犯罪，如果判处其无罪，裁判依据为何。一审法院认定被告人张美华无罪的依据是《刑法》第 13 条，即认为张美华的行为情节显著轻微危害不大，不能认为是犯罪。而检察院抗诉的理由是：刑法规定的伪造居民身份证罪，犯罪客体是国家对居民身份证的管理制度。行为人只要侵犯了国家对居民身份证的管理制度，就构成此罪。二审法院支持了一审判决。

本案在裁判过程中反映出来的具体问题有二：其一，《刑法》第280条第3款保护的客体究竟是什么，张美华的行为是否侵犯了这一客体；其二，张美华的行为究竟是否属于"情节显著轻微危害不大"。

三、案例分析

本案的案情并不复杂，就是一起因被告人伪造居民身份证行为罪与非罪界限认识分歧而引起的抗诉案件。下面具体对以下两个问题进行分析。

（一）伪造居民身份证罪的犯罪客体

本案的焦点之一：伪造居民身份证罪的犯罪客体是什么，被告人张美华的行为是否侵犯了该客体？

一般认为，伪造居民身份证罪的犯罪客体是国家对居民身份证的管理制度。据此，行为人的行为如果侵犯了国家对居民身份证的管理制度，就认为符合该罪的客体要件。1985年颁布的《中华人民共和国居民身份证条例》及2004年实施的《中华人民共和国居民身份证法》，两者均规定，伪造居民身份证的行为依照刑法处罚。根据《刑法》第280条第3款的规定，伪造居民身份证的行为，确实应当承担刑事责任。

本案被告人在未能补办遗失的居民身份证的情况下，雇佣他人以本人的真实身份资料伪造居民身份证，供自己在日常生活中使用，其行为确实违反了国家居民身份证管理的法律规定。居民身份证必须由国家机关制作，居民身份证是公民在办理涉及政治、经济、社会生活等权益事务时，能够证明自己身份关系的证件，也是公民维护自身合法权益并进行社会活动时不可或缺的重要证明。国家通过居民身份证制度建立起国家与区域、区域与公民、公民与公民之间的联系。伪造居民身份证将影响国家对居民身份证的制造、使用、监督等正常管理活动。尽管被告人主观上没有从事违法或犯罪活动的动机，但依然不影响其行为侵犯了该罪的犯罪客体。

综上，我们认为，行为人雇佣他人伪造居民身份证的行为侵犯了国家居民身份证管理制度。

(二) "但书" 条款出罪问题

本案的争议焦点之二：被告人张美华的行为是否属于《刑法》第 13 条规定的 "情节显著轻微危害不大"？

被告人张美华的行为符合伪造居民身份证罪的犯罪构成，问题在于，其行为是否具有严重的社会危害性，需要动用刑法来处罚。换言之，张美华的行为是否可以根据《刑法》第 13 条的 "但书" 规定排除犯罪。有观点认为 "但书" 只是对犯罪概念的界定，在个案中不能作为出罪的理由。有的观点则认为可以直接以 "但书" 规定出罪。

对此，上海市静安区人民法院认为："张美华是在客观上无法补办身份证，又不知道可以申办临时身份证的情况下，以本人的照片和真实姓名、身份证号码等伪造了本人的居民身份证，且本案也是因张美华持伪造的居民身份证在为自己办理正常的银行卡业务时而案发。综上，张美华伪造居民身份证的行为情节显著轻微危害不大，不能认为是犯罪。"二审法院也指出，社会危害性是犯罪的本质特征，是认定犯罪的基本依据，有些行为表面上符合刑法分则的犯罪构成要件，但是只要其属于《刑法》第 13 条规定的对社会危害不大，不认为是犯罪的行为，就不具备刑事违法性和应受刑罚惩罚性。

笔者认为，被告人张美华的行为之所以属于 "情节显著轻微危害不大" 的情况，有如下理由：第一，张美华请人伪造的居民身份证所记载的姓名、住址、身份证号码等个人身份信息均是真实的，不存在因使用该证件实施违法犯罪后查无此人的可能。第二，张美华虽然使用伪造的居民身份证去银行办理并使用信用卡，但她均能如期如数归还，证明被告人并没有使用伪造居民身份证从事违法犯罪活动的客观情况。第三，被告人张美华确实因为没有居民身份证而遇到了许多不便，又因为户口从原址迁出后无法落户，才不得已伪造居民身份证。因此，从行为人的主观动机、客观行为及最终后果上看，张美华伪造居民身份证的行为虽然侵犯了国家居民身份证管理制度，但是并没有对社会造成严重危害，其使用伪造的居民身份证的行为也不具有潜在的社会危害性，属于 "情节显著轻微危害不大" 的情况，被告人张美华无罪。

🖊 四、课程思政解读

本章及本章案例所蕴含的课程思政元素主要从以下三个方面展开：第一，从犯罪论体系的发展和变革看具有中国特色的犯罪论体系的构建与完善；第二，从《刑法》第 13 条"但书"条款理解刑法的谦抑性；第三，本案所体现的能动司法实现了法理与情理的融合，进一步推动了司法公平公正。

（一）理性看待犯罪构成理论的变革，构建具有中国特色的犯罪构成体系

犯罪构成理论是否需要重构的问题，是所有理论移植与学习过程中都需要面对的问题。无论未来我国犯罪构成理论的走向如何，都应当注意，在继受过程中要立足自身问题，才不会迷失发展的方向。犯罪构成理论的选择与发展应当尊重历史、立足国情、面向未来。首先，应当认识到，我国刑法中的四要件犯罪构成理论是一种历史选择，具有历史必要性及合理性。在 20 世纪 50 年代，新中国成立之初，取法苏联是当时党和国家的政治决策，在当时的社会背景下，新中国刑法学没有别的选择余地。以四要件犯罪构成理论为核心建立起来的新中国刑法学体系对我国刑法理论的发展影响深远，凝结了刑法学家的智慧。[1] 其次，无论是中国刑法学的耦合式四要件犯罪构成体系还是德日刑法学递进式三阶层犯罪论体系，所解决的问题无非是要为认定犯罪提供一个统一的抽象模型，最终的目的还是要通过一个框架，尽可能公正合理地打击犯罪、保障人权。任何一个犯罪构成理论都不是完美的，我国刑法学体系当然存在一些问题，但是这并不代表其毫无作用，要全然推翻。

（二）坚持贯彻刑法的谦抑性，科学适用"但书"规定

刑法的谦抑性原则旨在限制刑法适用的过度扩张，保护个人的自由和权益。任何一种犯罪构成理论，其认定犯罪的意义主要在于维护社会安定、预防犯罪、震慑犯罪。惩罚本身并不是目的，而是一种手段。也正因为如此，如果一个行为并不具有社会危害性，刑法却依然加以规制，就背离了刑法的

---

[1] 高铭暄：《论四要件犯罪构成理论的合理性暨对中国刑法学体系的坚持》，《中国法学》2009 年第 2 期，第 5 页。

目的。如果某种行为具有一定的社会危害性，但是情节显著轻微危害不大，也不能认定为犯罪。这是因为刑罚作为最严厉的社会调整手段，也要遵循比例原则，只有在必要时才动用。在实践中，司法机关应当适度减少不必要的犯罪认定和重刑主义倾向，合理克制和限制刑法的力度，以确保刑罚的公正性和合理性。

在张美华案中，利用《刑法》第13条"但书"条款出罪，体现了我国刑法体系下该条款别具一格的出罪特色，在一定程度上调节了情与法，保证了实质合理。

（三）避免司法机械主义，让公民在每个案件中感受到公平正义

在刑事司法领域，机械司法是指司法机关脱离公众认同的基本价值，仅从形式角度去解释和适用刑法。在实践中，我们应当反对这类形式上依法办案、实质上不负责任的机械司法模式，而应当贯彻追求法律效果和社会效果统一的能动司法。司法不能背离人之常情、事之常理，很多案件引发争议，在某种程度上，就是因为没能把握能动司法的理念和技术要求。

"法不外乎人情"是中国传统法律观的组成部分，意指法律与人情并无矛盾之处，或者不应有矛盾之处。倘若法律及法律的适用违背天理人情，必然不为公众所接受，这样的法律存在的价值也令人怀疑。因此，法律应当以情理作为其赖以存在和发展的基础，法律的内容和价值追求要尽可能地符合和体现情理的要求，情理要融于法的价值之中。在情与法的冲突中，采取何种方法予以解决，成为司法者经常面临的难题。但在这些情况中，司法者不得不服从于一般人的情感判断，同时也服从自己的情感判断，这就是"但书"的积极作用。对张美华的无罪判决体现出人民法院不断强化人权司法保障，坚持以人民为中心的发展思想。在出罪问题上，并非所有符合刑法条文的行为都必然构成犯罪予以打击。在张美华案中，张美华的行为在形式上符合伪造居民身份证件罪的构成要件，但是犯罪的构成必须考虑道德因素，对社会危害性进行实质解释，将那些不具有社会危害性的行为排除在外。

综上所述，刑事司法既要严格遵循法律规定审理刑事案件，又要注重案件的判决结果符合普通民众的心理预期，符合常识、常情、常理，得到社会公众的认同。法律的适用不能僵化理解刑法，而是要强调刑法的实质性判断，唯有如此，才能真正做到罪刑法定原则，实现司法公平公正。

五、问题拓展讨论

1. 如何理解犯罪客体与法益之间的区别和联系？

2. 在四要件犯罪构成理论中，行为的出罪可能性有哪些？

3. 如何理解《刑法》第 13 条"但书"条款的内容和功能？

4. 德日三阶层犯罪论体系和我国的四要件犯罪论体系，在认定犯罪时有什么不同？

5.《刑法修正案（九）》对第 280 条第 3 款进行了哪些修改？

六、阅读文献推荐

1. 恩施特·贝林：《构成要件理论》，王安异译，中国人民公安大学出版社，2006 年。

2. 张明楷：《犯罪构成体系与构成要件要素》，北京大学出版社，2010 年。

3. 付立庆：《犯罪构成理论——比较研究与路径选择》，法律出版社，2010 年。

4. 西原春夫：《构成要件的概念与构成要件的理论》，陈家林译，《法律科学（西北政法学院学报）》2007 年第 5 期。

5. 高铭暄：《论四要件犯罪构成理论的合理性暨对中国刑法学体系的坚持》，《中国法学》2009 年第 2 期。

6. 储槐植、高维俭：《犯罪构成理论结构比较论略》，《现代法学》2009 年第 6 期。

7. 储槐植：《我国刑法中犯罪概念的定量因素》，《法学研究》1988 年第 2 期。

8. 陈兴良：《作为犯罪构成要件的罪量要素——立足于中国刑法的探讨》，《环球法律评论》2003 年第 3 期。

9. 陈兴良：《犯罪构成的体系性思考》，《法制与社会发展》2000 年第 3 期。

10. 陈兴良：《刑法阶层理论——三阶层与四要件的对比性考察》，《清华法学》2017 年第 5 期。

11. 陈兴良：《犯罪构成论——从四要件到三阶层一个学术史的考察》，

《中外法学》2010 年第 1 期。

12. 张明楷：《犯罪构成理论的课题》，《环球法律评论》2003 年第 3 期。

13. 周光权：《犯罪构成理论——关系混淆及其克服》，《政法论坛》2003 年第 6 期。

14. 黎宏：《我国犯罪构成体系不必重构》，《法学研究》2006 年第 1 期。

15. 于改之、温登平：《比较、反思与重塑——犯罪构成理论再探》，《法学评论》2002 年第 3 期。

16. 何秉松：《建立具有中国特色的犯罪构成理论新体系》，《法学研究》1986 年第 1 期。

17. 李洁：《法律的犯罪构成与犯罪构成理论》，《法学研究》1999 年第 5 期。

18. 刘之雄：《论犯罪构成的情节要求》，《法学评论》2003 年第 1 期。

单位犯罪

案例4：石家庄三鹿集团股份有限公司
及相关责任人员生产、销售伪劣产品案①

一、知识点提要

单位犯罪区别于传统自然人犯罪，是一种特殊的犯罪类型，众多英美法系国家将其称为法人犯罪，肯定了法人作为犯罪主体的可能，而多数大陆法系国家的刑法否定了法人成为犯罪主体的观点，将单位作为主体的这一犯罪形式称为单位犯罪。

依据《刑法》第30条规定，单位犯罪就是指公司、企业、事业单位、机关、团体为本单位谋取非法利益，或者以单位名义为本单位全体成员或多数成员谋取非法利益，由单位的决策机构按照单位的决策程序决定，由直接责任人员具体实施，且刑法明文规定单位应受刑罚处罚的犯罪。② 简言之，单位犯罪是指由公司、企业、事业单位、机关、团体实施的依法应当承担刑事责任的危害社会的行为。③

（一）主体确定

单位犯罪是相对于自然人犯罪而言的，犯罪主体是单位似乎不言自明。但包括单位犯罪在内的任何犯罪无不是自然人实施的行为，离开自然人行为

---

① 《石家庄三鹿集团股份有限公司及相关责任人员生产、销售伪劣产品案》，《中华人民共和国最高人民检察院公报》2009年第4期，第25-28页。
② 张明楷：《刑法学·上》（第六版），法律出版社，2021年，第176页。
③ 高铭暄、马克昌：《刑法学》（第九版），北京大学出版社、高等教育出版社，2019年，第98页。

的单位犯罪是不可能存在的，因此自然人和单位在单位犯罪中的主体地位问题无疑是单位犯罪中的核心问题。对此，刑法理论界主要有以下几种观点。

1. 双层犯罪机制论

单位犯罪存在着一个特别的"双层犯罪机制"：第一层次是单位犯罪，犯罪主体是单位，这是单位犯罪的表层结构，我们不妨将单位称为"表层犯罪者"；第二层次是单位的决定者和执行者所构成的共同犯罪，犯罪主体是决定者和执行者个人，这是单位的深层结构，可以称单位成员为"深层犯罪者"。① 因此，不管是作为"表层犯罪者"的单位，还是作为"深层犯罪者"的单位的决定者或执行者，都是单位犯罪的主体，都应当对自己的犯罪行为承担刑事责任。

2. 两个犯罪主体论

该理论认为，单位犯罪是一个犯罪，两个主体。即单位犯罪时，除单位是犯罪主体外，其直接负责的主管人员和其他直接责任人员也是犯罪主体。后者的犯罪行为具有两重性，既是单位犯罪整体行为的组成部分，又是个人实施的犯罪行为。②

3. 自然人非犯罪主体论

该理论认为，单位犯罪主体只能是单位，不能包括自然人。单位代表人等单位成员的行为是单位行为的有机组成部分，不能脱离单位而单独存在。追究单位犯罪中直接负责的主管人员和其他直接责任人员的刑事责任，是由于他们在决策或实施单位犯罪过程中体现了个人的意志和行为，而这种意志和行为又是导致单位犯罪的重要原因。③

4. 单位非犯罪主体论

该理论认为，在单位（法人）犯罪的情况下，实施刑法分则规定的某一犯罪构成要件行为的是单位（法人）内部的自然人，所实施的犯罪行为必须专属于自然人本人，不能视为其他任何人的行为，当然也包括不能视为单位（法人）的行为。也就是说，即使是在单位犯罪的情况下，刑法中的罪责自负原则同样不能作废。法人实施犯罪行为与法人实施民事行为相对比发现，二者最重要的差别在于法人实施民事行为时法人内部自然人的行为就是法人

① 刘宪权：《中国刑法理论前沿问题研究》，人民出版社，2005年，第100-101页。
② 何秉松：《单位（法人）犯罪的概念及其理论根据——兼评刑事连带责任论》，《法学研究》1998年第2期，第97-98页。
③ 李僚义、李恩民：《中国法人犯罪的罪与罚》，中国检察出版社，1996年，第69页。

的行为，而在法人（单位）实施犯罪行为时法人内部自然人的行为仍是自然人本人的行为。产生这种差别的原因就在于民事责任与刑事责任存在本质的区别。刑事责任谴责的是行为人的主观心理状态，而民事责任虽然也存在过错责任，但没有刑法中表现的那么绝对，无过错责任、严格责任、替代责任等责任原则在民法中是司空见惯的。①

单位犯罪的主体由单位和相关责任人员组成，但是"两个犯罪主体"的表述不够准确，用"复合主体"来表述更为合适。详言之，单位犯罪的主体既不是单一犯罪主体，也不是两个犯罪主体，而是由单位和相关责任人员构成的复合主体。②

（二）特征介绍

（1）单位犯罪是公司、企业、事业单位、机关、团体犯罪，是单位本身犯罪，而不是单位各个成员的犯罪之集合，不是指单位中的所有成员共同犯罪。

（2）单位犯罪需要自然人的参与，体现单位的意志。单位犯罪是由单位的决策机构按照单位的决策程序决定，由直接责任人员实施的。单位犯罪虽然是单位本身犯罪，但具体犯罪行为需要决定者与执行者共同参与。单位犯罪是在单位整体意志支配下实施的，不是单位内部某个成员的意志，也不是各个成员意志的简单相加，而是单位内部成员在相互联系、相互作用、协调一致的条件下形成的意志，即单位整体意志。单位整体意志形成后，便由直接责任人员具体实施。

（3）单位犯罪一般表现为为本单位谋取非法利益或者以单位名义为本单位全体成员或多数成员谋取非法利益。为单位谋取合法利益的行为，不成立任何犯罪；仅仅为单位少数成员谋取非法利益的行为，也不成立单位犯罪。为本单位谋取非法利益，是指为单位本身谋取非法利益，违法所得由单位所有。

（4）单位犯罪以刑法明文规定单位应受刑罚处罚为前提。即只有当刑法规定了单位可以成为某种犯罪的行为主体时，才可能将单位认定为犯罪主体。刑法没有规定单位可以成为行为主体时，只能由自然人作为行为主体。

① 董玉庭：《论单位实施非单位犯罪问题》，《环球法律评论》2006 年第 6 期，第 702 页。
② 王联合：《论单位犯罪的复合主体》，《中国刑事法杂志》2012 年第 6 期，第 15 页。

（5）单位犯罪的法律后果具有特殊性。对于单位犯罪，除了处罚单位外，还要对单位直接负责的主管人员和其他直接责任人员定罪量刑，此即双罚制或两罚制。[①]

（三）单罚制与双罚制

任何单位犯罪都只能是单位这个有机整体的犯罪，而不是作为独立的个人的单位成员自身的犯罪。因此，单位犯罪是一个犯罪。深入分析单位法人内部结构，自然人又起着主要的决定性作用，没有他们的自觉的犯罪活动，就不可能有任何单位犯罪。从这个意义来说，单位犯罪又是从属于其直接负责的主管人员和其他直接责任人员的。单位成员实施的犯罪行为具有两重性，既是单位整体犯罪行为的组成部分，又是个人实施的犯罪行为。单位成员的主观上的罪过（故意或过失）也具有两重性，既是单位整体罪过的组成部分，又是个人主观上的罪过。因此，不仅单位自身是单位犯罪的主体，自然人成员也是单位犯罪的实施者，即犯罪主体。[②]

1. 单罚制

单罚制，是指单位犯罪的，只处罚单位或只处罚单位的直接责任人员。单罚制具体又分为转嫁制和代罚制两种类型。

转嫁制，是指单位犯罪的，只对单位予以刑罚处罚而对直接责任人员不予处罚。

代罚制，是指单位犯罪的，只对直接责任人员予以刑罚处罚而不处罚单位。

在我国当前刑法分则中，有少数几种单位犯罪采取的是单罚制，如《刑法》第161条规定的违规披露、不披露重要信息罪和第162条规定的妨害清算罪，都不处罚作为犯罪主体的公司、企业，而只处罚其直接责任人员。[③]

2. 双罚制

双罚制，是指单位犯罪的，对单位和单位直接责任人员（代表人、主管人员及其他人员）均予以处罚。

我国现行《刑法》第31条规定："单位犯罪的，对单位判处罚金，并对

---

① 张明楷：《刑法学·上》（第六版），法律出版社，2021年，第177页。
② 何秉松：《单位（法人）犯罪的概念及其理论根据——兼评刑事连带责任论》，《法学研究》1998年第2期，第98页。
③ 高铭暄、马克昌：《刑法学》（第九版），北京大学出版社、高等教育出版社，2019年，第99页。

其直接负责的主管人员和其他直接责任人员判处刑罚。本法分则和其他法律另有规定的，依照规定。"根据这一规定，对于单位犯罪，我国多采取双罚制原则。即单位犯罪的，对单位判处罚金，同时对单位直接负责的主管人员和其他直接责任人员判处刑罚。

在双罚制内部，又可以区分两种情况：一是对直接责任人员的刑罚与对自然人单独犯该罪时的刑罚相同。如现行《刑法》第 140 条规定的生产、销售伪劣产品罪，第 151 条规定的走私武器、弹药罪等。二是对直接责任人员的刑罚轻于对自然人犯该罪时的刑罚。例如，根据《刑法》第 383 条、第 386 条的规定，个人犯受贿罪，最高可以判处死刑，但根据《刑法》第 387 条规定的单位犯受贿罪，对其直接负责的主管人员和其他直接责任人员判处的最高刑是五年有期徒刑。

二、案例介绍

（一）案情介绍

2007 年 12 月以来，被告单位石家庄三鹿集团股份有限公司（以下简称三鹿集团）陆续收到消费者投诉，反映有部分婴幼儿食用该集团生产的婴幼儿系列奶粉后尿液中出现红色沉淀物等症状。2008 年 5 月 17 日，三鹿集团客户服务部书面向被告人田文华、王玉良等集团领导班子成员通报此类投诉的有关情况。为查明原因，三鹿集团于 2008 年 5 月 20 日成立了由王玉良负责的技术攻关小组。通过技术攻关小组排查，确认该集团所生产的婴幼儿系列奶粉中的非乳蛋白态氮含量是国内外同类产品的 1.5~6 倍，怀疑其奶粉中含有三聚氰胺。2008 年 7 月 24 日，三鹿集团将其生产的 16 批次婴幼儿系列奶粉，送河北出入境检验检疫局检验检疫技术中心检测是否含有三聚氰胺。2008 年 8 月 1 日，河北出入境检验检疫局检验检疫技术中心出具检测报告：送检的 16 个批次奶粉样品中 15 个批次检出三聚氰胺。至 2008 年 8 月 1 日，全国已有众多婴幼儿因食用三鹿婴幼儿奶粉出现泌尿系统结石等严重疾患，部分患儿住院手术治疗，多人死亡。

2008 年 8 月 1 日下午 5 时，被告人王玉良将河北出入境检验检疫局检验检疫技术中心的检测结果向被告人田文华进行了汇报。田文华随即召开集团经营班子扩大会进行商议，王玉良就婴幼儿奶粉中检测出三聚氰胺，以及三聚氰胺系化工原料、非食品添加剂，不允许在奶粉中添加的情况做了说明。会议决定：暂时封存仓库产品，暂时停止产品出库；王玉良负责对库存产品、留存样品及原奶、原辅料进行三聚氰胺含量检测；被告人杭志奇加强日常生产工作的管理，特别是对原奶收购环节的管理；以返货形式换回市场上含有三聚氰胺的三鹿牌婴幼儿奶粉。三鹿集团在明知其婴幼儿系列奶粉中含有三聚氰胺的情况下，并没有停止奶粉的生产、销售。在对该集团成品库库存产品、样品库留样产品三聚氰胺含量进行检测后，2008 年 8 月 13 日，田文华、王玉良召开集团经营班子扩大会。会议决定：（1）库存产品三聚氰胺含量 10 毫克/千克以下的可以出厂销售，三聚氰胺含量 10 毫克/千克以上的暂时封存，由王玉良具体负责实施；（2）调集三聚氰胺含量 20 毫克/千克左右的产品换回三聚氰胺含量更大的产品，并通过调换逐步将含三聚氰胺的产品撤出市场。会后，王玉良召集有关人员开会，宣布对经检测三聚氰胺含量在 10 毫克/千克以下的产品准予检测部门出具放行通知单，即准许销售出厂。2008 年 9 月 12 日，三鹿集团被政府勒令停止生产和销售。经检测和审计，2008 年 8 月 2 日至 9 月 12 日，被告单位三鹿集团共生产含有三聚氰胺婴幼儿奶粉 72 个批次，总量 904.2432 吨；销售含有三聚氰胺婴幼儿奶粉 69 个批次，总量 813.737 吨，销售金额 47560800 元。

2008 年 8 月 3 日，被告人杭志奇经被告人田文华同意，根据 2008 年 8 月 1 日集团经营班子扩大会议决议，找到被告人吴聚生，通报了该集团奶粉中含非乳蛋白态氮的情况，要求吴聚生加强奶源管理，并指示对于加工三厂拒收的含非乳蛋白态氮超标的原奶，转送到其他加工厂以保证奶源。8 月 4 日在原奶经营部晨会上，吴聚生根据杭志奇的指示，向原奶经营部有关管理人员提出，各奶户送往加工三厂用于奶粉生产的原奶如被拒收，可以将这些原奶调剂到行唐配送中心、新乐闵镇配送中心，再由这两个配送中心向三鹿集团下属的其他企业配送。会后，因非乳蛋白态氮检测不合格而被加工三厂拒收的原奶共 7 车 29.806 吨，先后被转往行唐配送中心、新乐闵镇配送中心。行唐配送中心、新乐闵镇配送中心先后向保定三鹿、加工二厂、三鹿乐时奶制品公司配送原奶共计 180.89 吨。这些原奶与其他原奶混合后进入了加工程序，分别生产了原味酸奶、益生菌酸奶、草莓酸酸乳等含有三聚氰胺的液态奶。经检测，其中 12 个批次液态奶均含有三聚氰胺（含量最高为 199 毫克/千克，最低为 24 毫克/千克），共 269.44062 吨，并已经全部销售，销售金额合计 1814022.98 元。

被告单位三鹿集团生产的含有三聚氰胺的婴幼儿奶粉等奶制品流入全国市场后，对广大消费者特别是对婴幼儿的身体健康、生命安全造成了严重损害。国家投入巨额资金用于患病婴幼儿的检查和医疗救治，众多奶制品企业和奶农的正常生产、经营受到重大影响，经济损失巨大。

(二) 裁判结果

一审法院判决结果包括单位和自然人两部分：

单位责任部分：被告单位石家庄三鹿集团股份有限公司犯生产、销售伪劣产品罪，判处罚金人民币 49374822 元。

自然人责任部分：被告人田文华、王玉良、杭志奇、吴聚生均犯生产、销售伪劣产品罪，被判处刑罚无期徒刑、十五年有期徒刑、八年有期徒刑、五年有期徒刑不等，并处罚金数额不一，依次是 24687411 元、23780400 元、907011 元、604674 元。

二审法院驳回以上被告人的上诉，全案维持原判。

(三) 裁判理由

一、二审法院均认为：被告单位石家庄三鹿集团股份有限公司，被告人田文华、王玉良明知其生产的三鹿牌婴幼儿奶粉中含有三聚氰胺，且明知三聚氰胺是对人体有毒、有害的非食品原料，仍不停止对含有三聚氰胺的婴幼儿奶粉的生产、销售。被告单位石家庄三鹿集团股份有限公司，被告人田文华、杭志奇、吴聚生明知其收购的原奶中含有三聚氰胺，且明知三聚氰胺是对人体有毒、有害的非食品原料，仍将原奶调配到本集团下属企业，用于生产含三聚氰胺的液态奶。被告单位及各被告人的行为均已构成生产、销售有毒食品罪。同时，其行为又符合生产、销售伪劣产品罪的构成要件，依法应当依照处罚较重的规定定罪处罚。因现有证据不足以证实被告单位及各被告人在 2008 年 8 月 1 日得知其产品中含有三聚氰胺以后，继续生产、销售的奶制品流入市场造成了危害结果，故应以生产、销售伪劣产品罪对被告单位及各被告人定罪处罚。公诉机关指控的事实清楚，证据确实、充分，指控的罪名成立。

被告人田文华作为三鹿集团的董事长、法定代表人，在三鹿集团单位犯罪活动中起组织、指挥作用，系直接负责的主管人员，应按照其组织、指挥的全部犯罪处罚。被告人王玉良作为三鹿集团的副总裁，安排将含有三聚氰胺的婴幼儿奶粉出厂销售，系直接负责的主管人员，应按照其参与的犯罪处罚。被告人杭志奇作为三鹿集团的副总裁，安排其他人员将含三聚氰胺的原奶调配到其他企业生产、销售液态奶，系直接负责的主管人员，应按照其参与的犯罪处罚。被告人吴聚生接受杭志奇的指令，积极协调将含三聚氰胺的原奶调配到三鹿集团下属企业生产液态奶，系直接责任人员，在犯罪中起次要作用，系从犯，应减轻处罚。

三、案例分析

本案在审理过程中一直都有分歧，争议焦点包括：究竟是单位犯罪还是个人犯罪，罪名是生产、销售有毒、有害食品罪还是生产、销售伪劣产品罪，单位和自然人的刑事责任如何分配，等等。我们可以从以下四个方面展开探讨。

（一）本案婴幼儿权益受损与三鹿集团使用三聚氰胺是否具有因果关系

刑法上判断因果关系的步骤为：通过证据链还原案件的法律事实，在此基础上进一步判断行为与结果之间因果关系的有无、强弱等。本案要确定婴幼儿权益受损与三鹿集团使用三聚氰胺是否具有因果关系也需经过上述两个步骤。其中，通过证据链还原案件的法律事实存在难度，主要原因是婴幼儿食用奶粉时间及发病时间与案发时间存在较长间隔，无法忽视这期间婴幼儿因食用其他食物或接触某物品致使发病的可能，因此至公安机关与检察机关调查取证时已无法准确证明婴幼儿发病仅是食用含有三聚氰胺的三鹿奶粉的原因。除此之外，在本案案发后，奶粉市场上陆续有多家企业奶制品被检测出含有不同含量的三聚氰胺，这为本案还原法律事实增加了难度。

本案证明因果关系的思路为证明损害行为的盖然性结果为损害后果。本案中的损害行为无疑为三鹿集团生产、销售三聚氰胺超标的奶粉的行为，那么，婴幼儿食用三聚氰胺超标的奶粉是否必然导致婴幼儿泌尿系统结石等严重疾患呢？

就这点而言，政府相关部门给出权威认定：三聚氰胺不是食品原料，不允许添加到乳及乳制品中，以最严格的 0~6 月龄的婴幼儿作为保护对象，每天最大摄入奶粉 150 克（以 6 月龄婴儿计），体重以 7.0 公斤计算，则婴幼儿配方奶粉中的安全阈值应为 15 毫克/千克，婴幼儿食用含有达某一浓度的三聚氰胺的奶粉后可引起泌尿系统疾患。由此可知，食用含有超标三聚氰胺的奶粉，确实会导致婴幼儿患上泌尿系统结石，因此证明三鹿集团生产、销售三聚氰胺超标的奶粉与婴幼儿食用该奶粉导致其伤病死亡的后果具有因果关系。

(二) 本案构成单位犯罪还是自然人犯罪

单位犯罪首先是单位整体犯罪，同时，单位犯罪又必须通过作为其组成人员的自然人来实施。作为单位组成人员的自然人，一方面具备单位人员身份，受制于单位意志；另一方面又是具有独立思想的个体，可以实施独立于单位之外的个人行为。作为单位组成人员的自然人的这种双重身份决定了其在社会生活中的行为既可能是单位行为，也可能是个人行为。因此，判断单位成员所实施的行为，尤其是数个单位成员共同实施的行为是单位行为还是个人行为，就成为实践中认定犯罪行为是否属于单位犯罪的关键。

根据刑法和有关司法解释的规定，单位行为与个人行为的区分，在实践中可以结合以下几个方面来加以具体判断：(1) 单位是否真实、依法成立。单位是依照有关法律设立，具备财产、名称、场所、组织机构等承担法律责任所需条件的组织。对于为了进行违法犯罪活动而设立的公司、企业、事业单位，或者公司、企业、事业单位设立后，以实施犯罪为主要活动的，由于不符合单位设立的宗旨，且通常具有借此规避法律制裁的非法目的，应按自然人犯罪处理。(2) 是否属于单位整体意志支配下的行为。单位犯罪是在单位意志支配下实施的，行为人的行为是单位意志的体现；而个人犯罪完全是在其个人意志支配下实施的，体现的是其个人意志。单位意志一般由单位决策机构或者有权决策人员通过一定的决策程序来加以体现。未经单位集体研究决定或者单位负责人决定、同意的行为，一般不能认定为单位行为。(3) 是否为单位谋取利益。在故意犯罪尤其是牟利型犯罪中，只有在为本单位谋取利益的情况下，才能认定为单位行为。如为单位谋取非法利益而进行走私，违法所得全部归单位所有的，即属单位行为，相反，以单位名义走私，但违法所得由参与人个人私分的，则一般应认为是自然人共同犯罪。(4) 是否以单位名义实施犯罪。一般情况下，单位犯罪要求以单位名义实施。对于这里的"以单位名义"应做实质性理解。对于打着单位旗号，利用单位名义为个人谋利益而非为单位谋利益的不法行为，不能认定为单位犯罪。最高人民法院在《关于审理单位犯罪案件具体应用法律有关问题的解释》中规定，盗用单位名义实施犯罪，违法所得由实施犯罪的个人取得的，不是单位犯罪，应当依照刑法有关自然人犯罪的规定定罪处罚。[①]

本案中，被告人田文华、王玉良等系三鹿集团领导班子成员，事中，田文华召开集团经营班子扩大会进行商议，在明知其生产的三鹿牌婴幼儿奶粉中含有三聚氰胺，且明知三聚氰胺是对人体有毒、有害的非食品原料的情况下，仍不停止对含有三聚氰胺的婴幼儿奶粉的生产、销售。该决定可视为三鹿集团决策机构作出的、反映单位意志的决定，后续的犯罪行为也是各自然人以三鹿集团的名义所为。此外，决定作出后，该笔获利为三鹿集团所得，并未进入案件有关自然人账户，因此应视为"为单位谋利益"。

综上所述，本案中三鹿集团构成单位犯罪。

（三）本案应当认定生产、销售有毒、有害食品罪还是生产、销售伪劣产品罪

被告单位石家庄三鹿集团股份有限公司，被告人田文华、王玉良明知其生产的三鹿牌婴幼儿奶粉中含有三聚氰胺，且明知三聚氰胺是对人体有毒、有害的非食品原料，仍不停止对含有三聚氰胺的婴幼儿奶粉的生产、销售；被告单位石家庄三鹿集团股份有限公司，被告人田文华、杭志奇、吴聚生明知其收购的原奶中含有三聚氰胺，且明知三聚氰胺是对人体有毒、有害的非食品原料，仍将原奶调配到本集团下属企业，用于生产含三聚氰胺的液态奶。被告单位及各被告人的行为均已构成生产、销售有毒食品罪。

同时，其行为又符合生产、销售伪劣产品罪的构成要件，依法应当依照处罚较重的规定定罪处罚。只是，在审理过程中，因现有证据不足以证实被告单位及各被告人在 2008 年 8 月 1 日得知其产品中含有三聚氰胺以后，继续生产、销售的奶制品流入市场造成了危害结果，故应以生产、销售伪劣产品罪对被告单位及各被告人定罪处罚。

（四）对单位和自然人应如何处罚

单位犯罪具有复合性。首先，单位犯罪中的相关责任人员因其实施的犯罪行为而成为犯罪主体；其次，单位犯罪中的单位因法律的拟制成为犯罪主

[①] 杜万华：《新编最高人民法院司法观点集成·刑事卷Ⅰ》（第二版），中国民主法制出版社，2022 年，第 216 页。

体；最后，单位与相关责任人员并非共同犯罪主体，而是复合主体。在对单位犯罪行为追究法律责任时，根据罪责自负原则，单位和相关责任人员自然应当作为刑罚主体对自己的犯罪行为承担相应的刑事责任，因此单位犯罪中的刑罚主体也具有复合性。只处罚单位或者只处罚相关责任人员的单罚制与刑罚主体的复合性相矛盾，因而都是错误的。[1]

依据现行《刑法》第 31 条规定，我国对于单位犯罪一般采取双罚制，即单位犯罪的，对单位判处罚金，同时对单位直接负责的主管人员和其他直接责任人员判处刑罚。[2] 在双罚制内部，又分为两种情况：（1）对单位判处罚金，对直接负责的主管人员和其他直接责任人员规定的法定刑，与自然人犯罪的法定刑相同；（2）对单位判处罚金，但对直接负责的主管人员和其他直接责任人员规定了较自然人犯罪轻的法定刑。

现行《刑法》第 150 条规定："单位犯本节第一百四十条至第一百四十八条规定之罪的，对单位判处罚金，并对其直接负责的主管人员和其他直接责任人员，依照各该条的规定处罚。"由此可见，对于生产、销售伪劣产品罪和生产、销售有毒、有害食品罪，对单位中直接负责的主管人员和其他直接责任人员规定的法定刑，与自然人犯罪的法定刑是相同的。本案法院依照相关法律规定对被告单位和各被告人判处了相应的刑罚。

四、课程思政解读

"石家庄三鹿集团股份有限公司及相关责任人员生产、销售伪劣产品案"所涉及的课程思政元素至少体现在以下几个方面：一是如何通过该案所依据的法律规则来理解单位犯罪中的双罚制；二是本案如何为制度的优化提供指引。

（一）单位犯罪双罚制中贯穿的法律原则及其意义

单位犯罪的一个前提在于承认单位可以作为独立主体实施刑法上规定的犯罪行为，单位主体的确认使得单位犯罪中单位与自然人得以区分。在确定单位实施了一个犯罪行为的情况下，根据罪刑法定和罪责刑相适应的原则，

---

[1]　王联合：《论单位犯罪的复合主体》，《中国刑事法杂志》2012 年第 6 期，第 17—18 页。
[2]　高铭暄、马克昌：《刑法学》（第九版），北京大学出版社、高等教育出版社，2019 年，第 99 页。

确定两个犯罪主体对此犯罪行为承担法律后果，双罚制的罚则应运而生，该处罚规则背后蕴含的法律原则值得深究。

1. 责任法定原则

责任法定原则的基本特点为法定性、合理性和明确性，即事先用成文的法律形式明确地规定法律责任，并且这种规定必须合理。责任法定原则否定和摒弃责任擅断、非法责罚等没有法律依据的行为，强调"罪刑法定"；无法律授权的任何国家机关和社会组织都不能向责任主体认定和归结法律责任；任何国家机关和社会组织都不能超越权限追究责任主体的法律责任，都无权向责任主体追究法律明文规定以外的责任，向公民、法人实施非法的责罚；任何责任主体都有权拒绝承担法律明文规定以外的责任，并有权在被非法责罚时要求国家赔偿。① 单位犯罪作为相对于自然人犯罪的特殊犯罪类型，在我国刑法总则和分则中都有具体规定，单位犯某罪及单位应受的处罚，都在刑法的指引下评判，这是我国法律权威性的表现，也是公民、法人不受无故追责和国家权力不被侵害的有力保障。

2. 因果联系原则

在认定和归结法律责任时，不仅要确认行为引起了损害结果或危害结果，确认这种行为是违法行为或违约行为，而且要确认这一违法行为或违约行为与其所引起的损害结果或危害结果之间具有内在的、直接的、逻辑的联系。这种因果联系表现为存在的客观性、因果的顺序性、作用的单向性、内容的决定性。然而，事物是普遍联系的，行为与结果之间的因果联系普遍存在，法律需要确定因果联系的界限。本案中以损害行为会发生盖然性后果的原理来证明损害行为与损害结果之间的因果关系，是在既有证据无法形成证明法律事实的证据链的情况下，退而求其次的选择。不可否认这一理念具有科学性与有效性，但其在客观性方面依然有一定的缺陷。当然在面对客观需要归责的情境下，以此方式来证明因果关系，进一步通过惩罚过错方来实现社会公正是值得肯定的。

3. 责任与处罚相当原则

责任与处罚相当原则是公平观念在归责问题上的具体体现，其基本含义为法律责任的大小、处罚的轻重应与违法行为的轻重相适应，做到"罪责均衡""罚当其罪"。责任与处罚相当原则的内容具体包括以下三个方面：

---

① 张文显：《法理学》（第五版），北京大学出版社，2018年，第173页。

（1）法律责任的性质与违法行为或违约行为的性质相适应。不同性质的违法行为或违约行为表明了不同的社会危害程度，从而决定了法律责任的性质和法律责任的大小，因此就不能用刑事法律责任来追究民事违法行为。（2）法律责任的种类和轻重与违法行为或违约行为的具体情节相适应。违法行为或违约行为的具体情节是指反映主客观方面的各种情状或深度，进而影响违法、违约行为的社会危害程度的各种事实情况。不同的情节反映了不同的社会危害程度，在法律责任的归结方面就应有所不同。（3）法律责任的轻重、种类与行为人的主观恶性相适应。行为人主观方面的故意、过失，以及平时品行、事后态度等因素，对法律责任的具体归结有一定影响。国家机关和其他社会组织在认定和归结法律责任时，都应当坚持上述三个适应，全面衡量，不应偏废。① 这是我国刑法的立法准则，也是法官在法律规定的基础上进行自由裁量的重要依据，在本案的裁判结果中也有所体现。同时，二审法院在上诉不加刑原则的基础上，维持一审法院判决，认同犯罪人所犯罪行与受到的处罚严厉程度是相适应的，这是对于一审法院裁判结果的肯定。

4. 责任自负原则

与古代社会个体不独立不同，现代社会每个人都是独立的个体，在法律上具有独立的地位，因此在归责问题上要求遵循责任自负原则。凡是实施了违法行为或违约行为的人，都应当对自己的违法行为或违约行为负责，都必须独立承担法律责任。同时，没有法律规定，就不能让没有实施违法行为或违约行为的人承担法律责任，国家机关或其他社会组织不得没有法律依据而追究与违法行为者或违约行为者虽有血缘等关系但无违法行为或违约行为的人的责任，防止株连或变相株连。② 在单位犯罪中适用双罚制，即是单位犯罪的两个主体——单位和自然人对自己的行为负相应的法律责任的表现。

（二）企业必须守法合规经营，承担应有的社会责任

法律是通过规定人们在法律上的权利和义务及违反法律规定应承担的责任来调整人们的行为的。调整就是指引。通过规定法律义务，要求人们作出或抑制一定行为，即确定的指引。法律作为一种行为的标准和尺度，具有判断、衡量人们的行为的作用。通过这种评价，影响人们的价值观念和是非标

---

① 张文显：《法理学》（第五版），高等教育出版社，2018年，第174-175页。
② 张文显：《法理学》（第五版），高等教育出版社，2018年，第175页。

准，从而达到指引人们的行为的社会效果。法律的教育作用表现为通过法律的实施而对一般人今后的行为发生影响。对违法行为的制裁可以教育人们，今后谁再作出此类行为也将受到同样的惩罚。[①]

本案作为最高人民检察院的公报案例，其社会影响是广泛且深刻的，其中体现的法的规范作用也是显而易见的。首先，通过将三鹿集团生产含有超标三聚氰胺奶粉的行为评价为"违法"，告知社会大众及同类产品生产者此做法不可取，并指引大众实施正确的行为。其次，有了这一判决在前，同类产品生产者使用三聚氰胺及类似物质时，会更加注重剂量，以国家标准或行业标准来严格要求自己，以防实施违法行为。最后，对三鹿集团和其直接负责人判处相应的刑罚，以国家强制力保证实施，这一做法对社会大众的警示作用也是法的教育作用的体现，在惩罚犯罪的同时预防类似犯罪的出现，从根本上实现对社会公共利益和人民生命健康权益的保护。

除了法理意义外，从本案中还可以看出企业，尤其是以三鹿集团为代表的食品企业作为社会主体应当承担的社会责任。2018年修正的《中华人民共和国公司法》（以下简称《公司法》）第5条第1款明文规定："公司从事经营活动，必须遵守法律、行政法规，遵守社会公德、商业道德，诚实守信，接受政府和社会公众的监督，承担社会责任。"那么，本案中三鹿集团应承担的社会责任具体包括哪些？

从企业生产环节所涉及的主体来看，企业对劳动者负有特定的责任，劳动者是企业存在和发展的根本。但是，作为基层员工的部分劳动者，往往不能知晓企业管理人员的决策的真实意图，这使得众多劳动者成为单位直接责任人员实施违法犯罪的工具。例如本案中，三鹿集团领导层开会决定继续售卖不符合标准的奶制品，此举并未向基层员工作出说明，直接利用劳动者的不知情，使其成为销售伪劣产品罪的实施者。虽然单位犯罪大多不会牵连除直接责任人员以外的劳动者，但在犯罪单位工作的经历多少会对劳动者以后的求职产生阻碍，部分劳动者意识到自己成为"帮凶"之后还会产生心理上的创伤。因此，企业应当重视信息披露义务，及时、准确地向员工披露领导层的决策，重视员工的意见。这不仅有利于团结员工，还有利于员工对领导层的决策作出监督，确保企业在合法合规的前提下生产经营。只有明确劳动者的重要性，才能真正将企业中的人力资源成本与企业的生产资料成本相结

---

① 张文显：《法理学》（第五版），高等教育出版社，2018年，第78-79页。

合，营造良好的企业氛围。

从企业销售环节所涉及的主体来看，企业对消费者负有特定的责任，这主要是产品责任。《中华人民共和国消费者权益保护法》主要规定了消费者在消费时享有的合法权益，并且规定了当消费者的合法权益受到侵害时的维权渠道和救济途径，以此侧面反映出我国法律中蕴含的企业对消费者应当承担的社会责任的内容。食品企业应承担的社会责任更加广泛，最重要的便是食品安全责任。

食品安全直接指向公众健康，当食品出现安全问题时，对公众的健康与生命安全不仅会造成即时性的显性危害，还可能埋下隐性的难以根除的祸端。食品安全问题的长期存在，在某种情况下会使食品消费者"谈食色变"，形成心理上的恐慌，由此影响到人民群众对经济和社会安全的预期，会使人民群众对政府的执政能力产生怀疑，进而对政府产生信任危机。食品安全直接影响到合法经营者的经济利益及其合法经营的积极性。食品企业与食品消费者之间存在信息上的不对称，这种信息落差无形中为伪劣产品和不良企业提供了保护伞。一起重大的食品安全事故，不仅可以摧毁一个企业或一个行业的品牌信誉，还会给该国全体的"某国制造"蒙上阴影。随之而来的是外国消费者的不信任，外国政府更加严苛的关税和贸易政策。企业进行食品的生产、经营，面向的是市场上的全体消费者。而在现代社会，绝大部分消费者都会购买由企业生产和经营的食品。因此，保证食品的安全性，是面向所有消费者的责任。从性质来看，食品安全责任是一种广泛的"对世"责任而非具体的"相对"责任。换言之，食品安全责任是企业对社会要求的回应。①

食品企业要守法经营，确保食品安全，不仅要遵守法律规则的食品安全社会责任，还要遵守法律原则的食品安全社会责任，更重要的是要自觉承担超越法律的食品安全社会责任。

我国现已形成食品安全法律规范体系，包含了以食品生产经营者为责任主体的法律义务。如现行《中华人民共和国食品安全法》（以下简称《食品安全法》）第 33 条针对"外部污染性因素"等对食品生产经营者作出了义务性规定；第 34 条规定针对某些特定"食品、食品添加剂、食品相关产品"

---

① 罗培新：《企业的食品安全社会责任及其法律化路径研究》，《社会科学研究》2020 年第 1 期，第 23 页。

作出禁止性要求；食品安全标准规定了各类食品应当达到的质量标准和生产经营者的行为标准。遵守这些规范是从事食品生产、经营的企业需履行的法定义务。

在法律的范畴内，除了直接规定企业应当或不应当做什么、该怎么做的法律规则之外，还有代表法的综合性原理和价值取向的法律原则。与企业社会责任和食品安全相关的法律原则包括《中华人民共和国民法典》（以下简称《民法典》）第 86 条、《公司法》第 5 条、《食品安全法》第 1 条和第 4 条。这些法律原则虽然没有明确规制企业的行为，却表达了法律对于"好企业"的期待。为了回应这种期待，在法律规则的范畴之外，企业应当承担的责任即为遵守法律原则的食品安全责任，包括积极符合现有的食品安全准则、指南的标准，构建合理的运输系统，公开食品安全信息和供应链信息等。

超越法律的食品安全责任是企业自发承担的，满足公众长远期待的责任。通常来讲，超越法律的期待是高于现阶段基本需求的期待。对于食品安全来说，现阶段的需求是保证食品的质量安全，未来的长远需求可能是平衡多种物质的摄入、提供高营养的食品、提升国民身体素质等。为实现这种期待，企业可以承担的责任包括新型营养食品的研发、与食品配套的科学使用指南、更为广泛和具体的信息公开等。①

五、问题拓展讨论

1. 谈谈你对单位犯罪中"单位"的理解。
2. 简述单位犯罪的处罚原则。
3. 试比较单罚制与双罚制的利弊。
4. 单位实施非单位犯罪时应如何处罚？处罚依据是什么？
5. 谈谈你如何认识和看待企业合规改革对单位犯罪刑事实体法的挑战。

六、阅读文献推荐

1.《刑法学》编写组：《刑法学（上册·总论）》，高等教育出版社，

---

① 罗培新：《企业的食品安全社会责任及其法律化路径研究》，《社会科学研究》2020 年第 1 期，第 24 页。

2019 年。

2. 高铭暄、马克昌：《刑法学》（第十版），北京大学出版社、高等教育出版社，2022 年。

3. 张明楷：《刑法学》（第六版），法律出版社，2021 年。

4. 何秉松：《法人犯罪与刑事责任》，中国法制出版社，2000 年。

5. 赵秉志：《犯罪总论问题探索》，法律出版社，2002 年。

6. 大谷实：《刑法讲义总论》，黎宏译，中国人民大学出版社，2008 年。

7. 张明楷、黎宏、周光权：《刑法新问题探究》，清华大学出版社，2003 年。

8. 赵秉志：《单位犯罪比较研究》，法律出版社，2004 年。

9. 黎宏：《我国刑法中的单位犯罪规定与企业合规不起诉改革实践》，《江西社会科学》2023 年第 1 期。

10. 刘艳红：《企业合规不起诉改革的刑法教义学根基》，《中国刑事法杂志》2022 年第 1 期。

11. 陈瑞华：《单位犯罪的有效治理——重大单位犯罪案件分案处理的理论分析》，《华东政法大学学报》2022 年第 6 期。

12. 王志远：《企业合规改革视野下单位犯罪主体分离论与归咎责任论之提倡》，《比较法研究》2022 年第 5 期。

13. 孙国祥：《单位犯罪的刑事政策转型与企业合规改革》，《上海政法学院学报（法治论丛）》2021 年第 6 期。

正当化事由

案例 5：陈天杰正当防卫案①

(!) 一、知识点提要

(一) 正当化事由的概念及分类

1. **正当化事由的概念**

正当化事由，又称违法阻却事由，是指排除符合构成要件行为的违法性的事由。申言之，行为虽然在表象上符合刑法分则规定的某个犯罪的构成要件，但有排除其违法性根据的事由，因而不认为该行为是犯罪。

2. **正当化事由的分类**

正当化事由根据有无刑法的明文规定，可分为法定的正当化事由与超法规的正当化事由。我国刑法明文规定的正当化事由有正当防卫和紧急避险。对于超法规的正当化事由，刑法理论界尚未形成一致的认识，大体包括自救行为、正当业务行为、法令行为、基于权利人承诺或自愿的损害等。

(二) 正当防卫

1. **正当防卫的概念**

正当防卫是法律赋予公民在面临他人的不法侵害时用以制止不法侵害的正当性权利。正当防卫是指用给不法侵害者造成一定损害的方法，制止和抵抗其正在进行的不法侵害，以保卫公共的、本人的或者他人的合法权益的行

---

① 海南省三亚市城郊人民法院刑事附带民事判决书 (2014) 城刑初字第 745 号。

为。正当防卫具有两大特征：一是行为的防卫性，二是目的的正当性。正当防卫本质上是一种在公力救济不济的紧急情况下，直接诉诸暴力的有利于社会的自力救济。

2. 正当防卫的成立条件

正当防卫是防卫者以给不法侵害者造成一定损害尤其是身体损害的方法实施的，为了防止公民滥用正当防卫权利，避免不当地损害其他权益，我国刑法明文规定，实施正当防卫必须符合一定的条件。

（1）防卫起因：必须存在现实的不法侵害。不法侵害既包括犯罪行为，也包括一般违法行为，但都必须是现实存在的，而不是想象出来的，这就排除假想防卫成立正当防卫的余地。

（2）防卫时机：不法侵害必须是正在进行的（紧迫性），即不法侵害已经开始且尚未结束。紧迫性要件的认定在司法实践中是个难点，由此导致正当防卫制度适用的限缩。

（3）防卫对象：必须针对不法侵害人实施。防卫行为只有针对不法侵害人本人进行，才能制止和瓦解其正在进行的不法侵害，从而达到防卫的目的。

（4）防卫意识：防卫行为必须出于防卫认识和防卫意志。防卫认识，是指防卫人认识到不法侵害正在进行；防卫意志，是指防卫人出于保护公共的、本人的或者第三人的合法权益免受正在进行的不法侵害的正当目的。防卫意识这个要件，就把防卫挑拨、相互斗殴排除出正当防卫的认定空间。

（5）防卫限度：不能明显超过必要限度造成重大损害。正当防卫是采用损害不法侵害人身体的方法，以达到制止和抵抗其不法侵害的目的。因此，防卫行为不能超过必要限度，给不法侵害人造成重大损害。

3. 特殊防卫

刑法理论通常将《刑法》第20条第3款的规定称为特殊防卫，以此区别于《刑法》第20条第1款的普通防卫。有学者质疑这样的区分，认为第3款不是特殊规定，而是对如何判断防卫限度的提示性规定。[1] 在本书中，笔者还是按照通说，将第20条第3款的规定称为特殊防卫。与普通防卫相比，特殊防卫的"特殊性"体现在以下几个方面：

（1）防卫起因的特殊性：特殊防卫必须针对行凶、杀人、抢劫、强奸、

---

[1] 张明楷：《刑法学·上》（第六版），法律出版社，2021年，第278页。

绑架，以及其他严重危及人身安全的暴力犯罪而实施；普通防卫针对的是不法侵害，既可以是犯罪行为，也可以是一般违法行为。

（2）保护权益的特殊性：特殊防卫保护的只能是人身权利，不包括财产性权利；普通防卫保护的权益没有人身权利与财产权利之分。

（3）防卫限度的特殊性：特殊防卫不受限度条件的限制，虽然造成不法侵害人伤亡的结果，但不属于防卫过当，不负刑事责任；而普通防卫具有限度要求，防卫行为不能明显超过必要限度，造成重大损害。

（三）紧急避险

1. 紧急避险的概念

紧急避险是指为了使国家、公共利益、本人或者他人的人身、财产和其他权利免受正在发生的危险，不得已而采取的损害另一较小合法权益的行为。紧急避险的特点是，在两个合法权益发生冲突只能保存其一的紧急情况下，法律允许为了保护较大的权益而牺牲较小的权益，从而使可能遭受的损害降到最低程度。①

2. 紧急避险的适用条件

紧急避险是以牺牲较小合法权益来保全较大合法权益的方式实施的，为防止紧急避险被滥用，刑法规定了紧急避险的适用条件。

（1）避险起因：必须是合法权益遭受损害危险。

（2）避险时间：危险正在发生或迫在眉睫。

（3）避险对象：避险行为针对的是第三者的合法权益。

（4）避险意图：使合法权益免受危险的侵袭。

（5）避险限度：避险行为不能超过必要限度，造成不应有的损害。

（6）避险限制：避险行为只能在不得已的情况下实施。

二、案例介绍

（一）基本案情

2014 年 3 月 12 日晚，被告人陈天杰和其妻子孙某某等水泥工在海南省

---

① 陈忠林：《刑法总论》，高等教育出版社，2007 年，第 155 页。

三亚市某工地加班搅拌、运送混凝土。22时许，周某某、容某甲、容某乙（殁年19岁）和纪某某饮酒后，看到孙某某一人卸混凝土，便言语调戏孙某某。陈天杰推着手推车过来装混凝土时，孙某某将被调戏的情况告诉陈天杰。陈天杰便生气地叫容某乙等人离开，但容某乙等人不予理会。此后，周某某摸了一下孙某某的大腿，陈天杰遂与周某某等人发生争吵。周某某冲上去要打陈天杰，陈天杰也准备反击，孙某某和从不远处跑过来的刘某甲站在中间，将双方架开。周某某从工地上拿起一把铁铲（长约2米，木柄），冲向陈天杰，但被孙某某拦住，周某某就把铁铲扔了，空手冲向陈天杰。孙某某在劝架时被周某某推倒在地，哭了起来，陈天杰准备上前去扶孙某某时，周某某、容某乙和纪某某先后冲过来对陈天杰拳打脚踢，陈天杰边退边用拳脚还击。接着，容某乙、纪某某从地上捡起钢管（长约1米，空心，直径约4厘米）冲上去打陈天杰，在场的孙某某、刘某甲、容某甲都曾阻拦，容某甲阻拦周某某时被挣脱，纪某某被刘某甲抱着，但是一直挣扎往前冲。当纪某某和刘某甲挪动到陈天杰身旁时，纪某某将刘某甲甩倒在地并持钢管朝陈天杰的头部打去。因陈天杰头戴黄色安全帽，钢管顺势滑下打到陈天杰的左上臂。在此过程中，陈天杰半蹲着用左手护住孙某某，右手拿出随身携带的一把折叠式单刃小刀（打开长约15厘米，刀刃长约6厘米）乱挥、乱捅，致容某乙、周某某、纪某某、刘某甲受伤。水泥工刘某乙闻讯拿着一把铲子和其他同事赶到现场，周某某、容某乙和纪某某见状便逃离现场，逃跑时还拿石头、酒瓶等物品对着陈天杰砸过来。容某乙被陈天杰持小刀捅伤后跑到工地的地下室里倒地，后因失血过多死亡。经鉴定，周某某的伤情属于轻伤二级，纪某某、刘某甲、陈天杰的伤情均属于轻微伤。

根据以上事实，公诉机关三亚市城郊人民检察院指控被告人陈天杰构成故意伤害罪。

（二）裁判经过和结果

一审法院认为，公诉机关指控被告人陈天杰持小刀将被害人容某乙捅伤致死亡，将被害人周某某捅致轻伤，将纪某某、刘某甲捅致轻微伤的事实清楚，证据确实充分，指控的事实成立，但指控被告人陈天杰犯故意伤害罪与法律不符，指控罪名不能成立。本案是基于被害人容某乙、周某某等人酒后无端调戏被告人陈天杰的妻子孙某某，在遭到陈天杰的斥责后，对被告人陈天杰和孙某某挑衅、攻击而引发的。本案中，被告人陈天杰是在妻子受到调戏、侮辱的情况下与对方发生争吵的，在扶持被推倒的妻子孙某某时，先是被害人周某某动手殴打，接着被害人容某乙和纪某某先后对其拳脚相加，后容某乙和纪某某又手持钢管一同围殴陈天杰，且纪某某的钢管已打到了陈天杰的头上，只是因为陈天杰头戴安全帽才避免了严重后果。而被害人周某某在殴打陈天杰的过程中从最先的空手到从旁边捡起铁铲欲进一步伤害陈天杰。被害人的不法侵害行为无论是强度还是情节都已严重威胁到被告人陈天杰的生命安全，在整个案发过程中，被害人的侵害行为始终没有停止，被告人陈天杰一边护着妻子，一边用小刀乱挥、乱捅，始终处于被动防御状态，且被害人离开时还向被告人扔石头、酒瓶等，被告人没有追击的行为。故本案中，被告人陈天杰的行为属于为维护自己的正当权利而进行的防卫行为。

纵观本案，首先，被告人陈天杰是在被围殴的状态下实施的防卫，被害人逃离现场后陈天杰再无伤害被害人的行为，因此陈天杰是在其正当权利受到正在进行的不法侵害时实施的防卫。其次，陈天杰在防卫中孤身一人，面对的是三名手持器械（钢管和铁铲）的侵害之人，双方力量对比悬殊。再其次，被害人手持的器械足以使陈天杰生命安全受到严重威胁，且这种威胁事实上已经发生（纪某某的钢管已打到陈天杰的头部，陈天杰的伤势为轻微伤），故被告人陈天杰在生命安全受到现实、急迫及严重威胁的不法侵害时采取防卫，因此造成一人死亡、一人轻伤及另二人轻微伤的后果，无论是手段还是强度均没有超出必要限度。故被告人陈天杰的行为符合正当防卫的要件，属于正当防卫，不负刑事责任。[①]

一审判决后，原公诉机关三亚市城郊人民检察院提出抗诉，认为一审判决认定原审被告人陈天杰的行为属于正当防卫而判决无罪，错误地认定行为性质，导致适用法律错误。主要理由如下：（1）陈天杰实施的行为不具有正当性，属于互殴行为，陈天杰主观上具有伤害他人的犯罪故意，客观上实施了伤害他人的犯罪行为，造成一人死亡、三人受伤的危害结果，应当构成故意伤害罪。（2）无限防卫权只能适用于特定的严重危及人身安全的暴力犯罪侵害。本案中，从双方关系和起因看，纪某某等人和陈天杰同为一个工地的工人，平时没有深仇大恨，只是因案发当天调戏孙某某而引发双方斗殴；从纪某某等人选择打击的部位及强度看，以及周某某因害怕出事，而将铁铲扔

---

① 海南省三亚市城郊人民法院刑事附带民事判决书（2014）城刑初字第 745 号。

掉，空手对打，说明纪某某等人主观上没有要致陈天杰于重伤、死亡的故意。故一审判决认定陈天杰在生命安全受到现实、紧迫及严重威胁的不法侵害时行使无限防卫权，确属错误。

三亚市人民检察院审查后认为，被告人陈天杰的行为应定性为故意伤害罪，三亚市城郊人民法院将本案定性为正当防卫行为而判决陈天杰无罪，属于定性不准确，适用法律错误。三亚市城郊人民检察院抗诉正确，应予支持。

二审法院经审理后认为，原审判决认定原审被告人陈天杰在被被害人容某乙、周某某、纪某某殴打时，持小刀还击，致容某乙死亡，致周某某轻伤，纪某某、刘某甲轻微伤的事实清楚，证据确实充分，并以正当防卫判决原审被告人陈天杰无罪。

三、案例分析

本案属于最高人民法院于 2020 年 9 月 3 日发布的七起涉正当防卫典型案例中的第三起。① 本案的争议焦点主要有以下三个。

（一）正当防卫与相互斗殴的界分

相互斗殴是指参与双方在其主观意识的驱使下，意图侵害对方身体，并在客观上实施的连续的互相侵害的行为。中国有句古话叫"斗殴无曲直"，在日本也流传着"打架两成败"的格言②。可见，互殴与防卫是对立的，两者是互相排斥的关系，互殴就成为正当防卫成立的消极条件。理由是：（1）在互殴情境中，双方均默示或明示地同意了对方的殴打行为，因而对方的殴打行为是基于承诺的行为，不具有侵害对方人身法益的违法性；（2）在互殴过程中，双方的行为在客观上都不是制止不法侵害、保护法益的行为。③ 正当防卫与互殴在外观上具有相似性，因此要准确区分两者并非易事，司法实践中将正当防卫认定为相互斗殴的判例并不少见。我国刑事司法

---

① 《涉正当防卫典型案例》，中华人民共和国最高人民法院官网，https：// www.court.gov.cn/zixun/ xiangqing/251621.html，访问日期：2023 年 9 月 19 日。

② 盐见淳：《打架与正当防卫——以"打架两成败"的法理为线索》，李世阳译，《刑事法评论》 2017 年第 1 期，第 284 页。

③ 张明楷：《刑法学·上》（第六版），法律出版社，2021 年，第 268 页。

实践中存在着泛化互殴的倾向，动辄将故意伤害案件作为互殴而否定正当防卫，从而导致故意伤害罪的定罪率较高。① 因此，如何在理论上和实务中界分正当防卫与相互斗殴就显得十分重要。

陈兴良针对互殴与防卫的界限提出了四条认定规则：（1）基于斗殴意图的反击行为，不能认定为防卫；（2）对不法侵害即时进行的反击行为，不能认定为互殴；（3）具有积极的加害意思的反击行为，应当认定为互殴；（4）基于预期的侵害，预先准备工具的反击行为，不能否定行为的防卫性。② 还有实务工作者从正当防卫的优越利益出发，将互殴分为真正的互殴和不真正的互殴。真正的互殴应限定为双方事先约定相互攻击的行为（简称"约架"），只有这种"约架"与正当防卫才是互斥关系；不真正的互殴并非一概排斥防卫，应回归到一般的故意伤害、防卫意图、预期侵害、自招损害等框架下进行类型化地解决。③

最高人民法院、最高人民检察院、公安部于 2020 年公布的《关于依法适用正当防卫制度的指导意见》（以下简称《指导意见》）指出：防卫行为与相互斗殴具有外观上的相似性，准确区分两者要坚持主客观相统一原则，通过综合考量案发起因、对冲突升级是否有过错、是否使用或者准备使用凶器、是否采用明显不相当的暴力、是否纠集他人参与打斗等客观情节，准确判断行为人的主观意图和行为性质。

具体到本案，被告人陈天杰与不法侵害方事先没有"约架"，而是对不法侵害即时进行的反击行为。陈天杰在其妻子孙某某被调戏、其被辱骂的情况下，面对冲上来要打他的周某某，也欲还击，被孙某某和刘某甲拦开。陈天杰在扶劝架却被推倒在地的孙某某时，周某某、容某乙和纪某某先后冲过来对陈天杰拳打脚踢，继而持械殴打陈天杰。陈天杰持刀捅伤被害人时，正是被容某乙等人持械殴打的紧迫期间，符合防卫的起因条件、时间条件、对象条件和主观条件。因此，陈天杰的行为是被羞辱、被打后为维护自己的尊严、保护自己及妻子的人身安全，防止被害人的不法侵害而被动进行的还击，根据上述"对不法侵害即时进行的反击行为，不能认定为互殴"的认定规则，陈天杰的行为不属于互殴，不能认定陈天杰具有伤害他人的犯罪故意。

---

① 张明楷：《故意伤害罪司法现状的刑法学分析》，《清华法学》2013 年第 1 期，第 8 页。
② 陈兴良：《互殴与防卫的界限》，《法学》2015 年第 6 期，第 129-137 页。
③ 李勇：《互殴与防卫关系之检讨——以类型化的实体与程序规则构建为中心》，《中国刑事法杂志》2019 年第 4 期，第 73 页。

(二) 本案涉及特殊防卫适用的相关问题

"行凶"的认定是适用《刑法》第 20 条第 3 款的难点。"行凶"必须是一种已着手的暴力侵害行为，必须足以严重危及他人的重大人身安全。抗诉机关认为，从双方关系和起因、容某乙等人选择打击的部位及强度、陈天杰捅刺的对象看，容某乙等人的行为不属于严重危及人身安全的暴力犯罪侵害。但二审法院基于以下理由认定被害人容某乙等人的行为构成"行凶"：

（1）不管双方平时关系如何，案发当时容某乙等人调戏了陈天杰的妻子孙某某，先后拳脚、持械围殴陈天杰，侵害行为正在发生。

（2）容某乙等人持械击打的是陈天杰的头部，在陈天杰戴安全帽的情况下致其轻微伤。① 法律并未规定特殊防卫的行为人必须身受重伤、已被抢劫、强奸既遂等才可以进行防卫。防卫的目的恰恰是使行凶、杀人、抢劫、强奸、绑架等暴力犯罪不能得逞，因此，即使防卫人根本没有受到实际伤害，也不应当影响特殊防卫的成立；② 陈天杰在当时的情形下，只能根据对方的人数、所持的工具来判断自身所面临的处境，不可能知道容某乙等人是否会有选择性地击打其戴安全帽的头部及强度。容某乙、纪某某所持的是钢管，周某某所持的是铁铲，均是足以严重危及他人重大人身安全的凶器，三人都喝了酒，气势汹汹，孙某某、刘某甲、容某甲都曾阻拦，但孙某某阻拦周某某、刘某甲阻拦纪某某时均被甩倒。

（3）纪某某持钢管击打的是陈天杰的头部，属于人体的重要部位。陈天杰戴着安全帽，纪某某却仍致其头部轻微伤，钢管打到安全帽后滑到手臂，仍致手臂皮内、皮下出血，可见打击力度之大。如陈天杰没有安全帽的保护，必然遭受严重的伤亡后果。

（4）陈天杰是半蹲着左手护住孙某某、右手持小刀进行防卫的，这种姿势不是一种主动攻击的姿势，而是一种被动防御的姿势，且其手持的是一把刀刃 6 厘米左右的小刀，只要对方不主动靠近攻击就不会被捅刺到。

（5）击打到陈天杰头部的虽然只是纪某某，但容某乙当时也围在陈天杰身边，手持钢管殴打陈天杰，属于不法侵害人，陈天杰可对其实施防卫。误伤刘某甲，纯属意外，不能说陈天杰对刘某甲实施防卫，只能说明当时陈天杰被围殴，疲于应对，场面混乱。

因此，容某乙等人是持足以严重危及他人重大人身安全的凶器主动攻击陈天杰的，使陈天杰的重大人身安全处于现实的、急迫的、严重的危险之下，应当认定为"行凶"。此时，陈天杰为保护自己及其妻子的重大人身安全，用小刀乱挥、乱捅正在围殴他的容某乙等人，符合特殊防卫的条件，虽致容某乙死亡、周某某轻伤、纪某某轻微伤，但依法不负刑事责任。

《指导意见》指出，下列情形应当认定为"行凶"：（1）使用致命性凶器，严重危及他人人身安全的；（2）未使用凶器或者未使用致命性凶器，但是根据不法侵害的人数、打击部位和力度等情况，确已严重危及他人人身安全的。虽然尚未造成实际损害，但已对人身安全造成严重、紧迫危险的，可以认定为"行凶"。应当说，二审法院对于特殊防卫适用中的"行凶"的认定是符合《指导意见》的精神的。

（三）本案涉及正当防卫的对象条件

正当防卫必须针对不法侵害人进行。对于多人实施不法侵害的情形，如何选择防卫对象？《指导意见》指出：对于多人共同实施不法侵害的，既可以针对直接实施不法侵害的人进行防卫，也可以针对在现场共同实施不法侵害的人进行防卫。本案中，击打到陈天杰头部的虽然只是纪某某，但容某乙当时也围在陈天杰身边，手持钢管殴打陈天杰，亦属于不法侵害人，陈天杰可对其实行防卫。容某乙等人持足以严重危及他人人身安全的凶器主动攻击陈天杰，严重侵犯陈天杰、孙某某的人身权利。此时，陈天杰用小刀乱挥、乱捅正在对其进行围殴的容某乙等人，符合正当防卫的对象条件，属于正当防卫。

四、课程思政解读

（一）正当防卫的核心价值是正义

在生物学家和人类学家看来，食欲、性欲和防卫是一切生物所具有的三大本能。防卫是人类社会维持个体和族类的生存和延续的必要条件之一。[①]正当防卫是自然权，是人与生俱来的权利。因此，防卫具有先天的正当性。人类为满足自身防卫本能，经历了从原始形态的复仇到文明形态的刑罚的嬗变。人身安全是每个公民自卫的最基本诉求，面对他人的不法侵害行为，在

---

① 陈兴良：《刑法适用总论》（上卷），法律出版社，1999年，第299页。

国家保护缺位的时候，应当允许公民通过私力救济的方式实现自我保护。正如启蒙思想家洛克所言："当为了保卫我而制定的法律不能对当时的强力加以干预以保障我的生命，而生命一经丧失就无法补偿时，我就可以进行自卫并享有战争的权利，即杀死侵犯者的自由，因为侵犯者不容许我有时间诉诸我们的共同的裁判者或法律的判决来救助一个无可补偿的损害。"① 因此，面对不法侵害的紧迫危险，每个公民都应当勇于自我救济，实施正当防卫行为。这是我们的自然权利，也是正义的体现。

（二）正义者毋庸向非正义者低头

在 1997 年刑法修订后的很长时期内，正当防卫制度的适用仍趋保守：一方面对正当防卫掌握过严，另一方面对防卫过当适用过宽。正当防卫在我国刑事司法实践中的适用率很低，以致有人发出"正当防卫主要靠跑"的悲观论调。其实，这是对正当防卫制度的曲解。正当防卫是刑法赋予每个公民面临不法侵害时的一项自我救济的权利，正当防卫可引申出一个下位规则——不退让规则，它强调"法不能向不法让步""正义者毋庸向非正义者低头"。我国刑法设置正当防卫制度，其宗旨就是鼓励公民见义勇为，敢于同不法行为作斗争。因此，面对不法侵害时，即使防卫者有条件选择躲避、逃跑、求助等方式避免不法侵害，法律仍应鼓励公民挺身而出，实施正当防卫，以彰显"合法没有必要向不法让步"的理念，维护法秩序的稳定。

（三）正当防卫制度应奠基在优先保护防卫者的理念之上

一方面，与不法侵害者相比，防卫者具有本质的优越地位。对于正当防卫的正当性根据，刑法学界聚讼纷纭，笔者赞同法益衡量的优越利益说。防卫行为的本质是优越利益的衡量。从本质上看，不法侵害者所要获得的利益是不正当的，而正当防卫所要保护的利益是正当的。法益衡量的结果是，正当利益当然具有本质的优越性。因而，防卫人针对不法侵害者行使权利的行为，具有本质的优越地位。② 另一方面，实践中许多不法侵害是突然发生的，防卫者仓促应对，往往难以准确判断不法侵害的性质和强度，难以周全地考虑、慎重地选择相应的防卫手段。基于此，在实践中处理正当防卫案件时，

---

① 洛克：《政府论》（下篇），叶启芳、瞿菊农译，商务印书馆，1996 年，第 14 页。
② 张明楷：《刑法学·上》（第六版），法律出版社，2021 年，第 257 页。

应明确防卫者的优先保护地位。要克服正当防卫判断中的"道德洁癖",不能以客观冷静的圣人标准、事后全能的上帝视角来看待防卫人,而应当设身处地以"行为人、行为时"为基准来评价防卫行为。正如《指导意见》所指出的:要立足防卫人防卫时的具体情境,综合考虑案件发生的整体经过,结合一般人在类似情境下的可能反应,依法准确把握防卫的时间、限度等条件。要充分考虑防卫人面临不法侵害时的紧迫状态和紧张心理,防止在事后以正常情况下冷静理性、客观精确的标准去评判防卫人。

(四)司法者应敢于担当

在司法实践中,涉正当防卫案件的审理往往是司法的难点和痛点。尤其是在防卫造成不法侵害者重伤、死亡的案件中,重伤者或死者家属往往会选择"闹访",此时司法者会承受较大的压力。面对裁判压力,有的法官明哲保身,缺乏担当精神,选择"和稀泥"的做法,对防卫者和不法侵害者"各打五十大板"。此种做法极大地损害了防卫者的合法权利,也会挫伤其他公民实施正当防卫的积极性。因此,为了让正当防卫权真正从法条照进现实,司法者要敢于担当,坚决对正当防卫案件作出无罪裁判,而不能留有余地。正如《指导意见》所强调的,对于符合正当防卫成立条件的,坚决依法认定。要切实防止"谁能闹谁有理""谁死伤谁有理"的错误做法,坚决捍卫"法不能向不法让步"的法治精神。

五、问题拓展讨论

1. 什么是互殴?如何界分互殴与防卫?
2. 如何认定特殊防卫中的"行凶"问题?
3. 为什么说"正当防卫主要靠跑"的观点是错误的?
4. 正当防卫的正当化根据何在?
5. 如何在正当防卫案件中弘扬社会主义核心价值观?
6. 试述正当防卫与紧急避险的异同。
7. 试述被害人承诺的构成条件。

👍 六、阅读文献推荐

1. 陈兴良：《正当防卫论》，中国人民大学出版社，2006 年。

2. 克劳斯·罗克辛：《德国刑法学总论》（第一卷），王世洲译，法律出版社，2005 年。

3. 乌尔斯·金德霍伊泽尔：《刑法总论教科书》，蔡桂生译，北京大学出版社，2015 年。

4. 前田雅英：《刑法总论讲义》，曾文科译，北京大学出版社，2017 年。

5. 陈兴良：《正当防卫：指导性案例以及研析》，《东方法学》2012 年第 2 期。

6. 陈璇：《克服正当防卫判断中的"道德洁癖"》，《清华法学》2016 年第 2 期。

7. 邹兵建：《互殴概念的反思与重构》，《法学评论》2018 年第 3 期。

8. 蔡桂生：《避险行为对被避险人的法律效果——以紧急避险的正当化根据为中心》，《法学评论》2017 年第 4 期。

9. 王钢：《紧急避险中无辜第三人的容忍义务及其限度——兼论紧急避险的正当化根据》，《中外法学》2011 年第 3 期。

10. 黎宏：《被害人承诺问题研究》，《法学研究》2007 年第 1 期。

犯罪停止形态与共同犯罪

案例 6：王元帅、邵文喜抢劫、故意杀人案①

⚠ 一、知识点提要

（一）犯罪停止形态

　　犯罪停止形态，是指在故意犯罪发展过程中由于主客观原因停止下来所呈现的各种具体状态。这种停止不是暂时性的停顿，而是终局性的停止。犯罪停止形态可分为完成形态与未完成形态，犯罪既遂属于完成形态，未完成形态则包括犯罪预备形态、犯罪未遂形态和犯罪中止形态三种。此处对未完成形态中的犯罪未遂形态和犯罪中止形态作简要概括。

　　1. 犯罪未遂

　　（1）犯罪未遂的特征

　　犯罪未遂是指行为人已经着手实行犯罪，由于其意志以外的原因而未能完成犯罪的犯罪停止形态。犯罪未遂具有以下特征：

　　① 行为人已经着手实行犯罪。对于着手的理解，我国刑法理论并未形成共识。传统观点认为，着手是指行为人开始实施刑法分则所规定的某一犯罪构成客观要件的行为，此可谓"形式的客观说"。但有学者质疑形式的客观说，主张"危险结果说"，认为只有当行为产生了侵害法益的紧迫危险时，才是着手。② 至于如何判断法益侵害的"紧迫危险"，则要根据不同的犯罪

---

① 陈兴良、张军、胡云腾：《人民法院刑事指导案例裁判要旨通纂》（上卷·第二版），北京大学出版社，2018 年，第 593-594 页。

② 张明楷：《刑法学·上》（第六版），法律出版社，2021 年，第 441 页。

进行综合判断。

② 犯罪未得逞。我国刑法理论的通说认为，犯罪未得逞是指犯罪行为没有齐备刑法分则规定的某一犯罪构成的全部要件。张明楷教授则认为，犯罪未得逞，是指没有发生行为人希望或放任的实行行为性质所决定的侵害结果。[①]

③ 犯罪未得逞是基于犯罪人意志以外的原因。犯罪人意志以外的原因，是指违背犯罪人意志的，客观上使犯罪不可能既遂，或者使犯罪人认为不可能既遂从而被迫停止犯罪的原因，即"欲达目的而不能"，这是区分犯罪未遂与犯罪中止的主要特征。犯罪人意志以外的原因包括三种情况：一是抑制犯罪意志的原因；二是抑制犯罪行为的原因；三是抑制犯罪结果的原因。[②]

（2）未遂犯的处罚原则

犯罪未遂没有造成既遂结果，且未遂犯的社会危害性较既遂犯要轻，因此处罚时对未遂犯要适当从宽。对于未遂犯的处罚，我国刑法规定的处罚原则是"得减主义"，即"可以比照既遂犯从轻或者减轻处罚"。"可以"一词并非意味着法官可以任意裁量，而是表明在未遂的情况下，从轻或者减轻处罚不需要特别的理由，不从轻、减轻处罚则需要说明特别理由。[③]

2. 犯罪中止

（1）犯罪中止的特征

犯罪中止是指在犯罪过程中，行为人自动放弃犯罪或者自动有效地防止危害结果发生，因而未完成犯罪的犯罪停止形态。犯罪中止的特征是：

① 犯罪中止的时空性。犯罪中止必须发生在犯罪过程中，即从犯罪预备行为开始，至犯罪既遂状态之前这段时间内。"在犯罪过程中"表明，犯罪中止既可以发生在犯罪预备阶段，也可以发生在犯罪实行阶段。时空性特征是犯罪中止与犯罪预备、犯罪未遂的重要区别。

② 犯罪中止的自动性。犯罪中止是行为人依自己的意思自动放弃犯罪或者自动有效地防止犯罪结果的发生，即"能达目的而不欲"。自动性包含两层含义：行为人自认为能够完成犯罪，是认定自动性的基本前提；行为人出于本人的意愿而放弃犯罪，是自动性的实质内容。自动性是犯罪中止的本

---

① 张明楷：《张明楷刑法学讲义》，新星出版社，2021年，第206页。

② 张明楷：《刑法学·上》（第六版），法律出版社，2021年，第448页。

③ 张明楷：《刑法学·上》（第六版），法律出版社，2021年，第454页。

质特征，也是犯罪中止与犯罪未遂在主观上的区分标志。

③ 犯罪中止的客观性。中止不只是一种内心状态的转变，还要求客观上存在放弃犯罪的中止行为。中止行为包括两种情况：一是自动放弃犯罪行为，二是自动有效地防止犯罪结果的发生。

④ 犯罪中止的有效性。即通过行为人防止犯罪结果的努力，最终没有发生其原本所希望或者放任的、行为性质所决定的危害结果。

（2）中止犯的处罚原则

中止犯违法性减少、责任减轻，加之刑事政策上的考量，因此对于中止犯，刑法规定的处罚原则是"必减主义"。所谓"必减主义"，就是无论何种情由，都必须依法给予从宽处罚，不允许有例外。我国《刑法》第 24 条第 2 款规定："对于中止犯，没有造成损害的，应当免除处罚；造成损害的，应当减轻处罚。"该条规定体现的就是对中止犯处罚的"必减原则"。

（二）共同犯罪

1. 共同犯罪的成立条件

共同犯罪是指二人以上共同故意犯罪。共同犯罪的成立条件包括：

（1）主体条件：共同犯罪的主体必须是二人以上。

（2）客观条件：实施共同的犯罪行为，即共同犯罪各行为人的行为都指向同一犯罪，互相联系，互相配合，形成一个统一的犯罪活动整体。

（3）主观条件：形成共同的犯罪故意，即各共同犯罪人通过意思的传递、反馈所形成的，明知自己是和其他人配合共同实施犯罪行为，并且明知共同的犯罪行为会发生危害社会的结果，而希望或者放任该危害结果发生的心理态度。

2. 共同犯罪人的分类及其刑事责任

我国刑法根据共同犯罪人在共同犯罪中的作用和分工，将其分为主犯、从犯、胁从犯和教唆犯。

（1）主犯是指组织、领导犯罪集团进行犯罪活动或者在共同犯罪中起主要作用的犯罪人。对组织、领导犯罪集团的首要分子，按照集团所犯的全部罪行处罚；对首要分子以外的主犯，应当按照其所参与的或组织、指挥的全部罪行处罚。

（2）从犯是指在共同犯罪中起次要作用或者辅助作用的犯罪人。对于从犯，应当从轻、减轻或者免除处罚。

（3）胁从犯是指被胁迫参加犯罪的犯罪人。对于胁从犯，应当按照其犯罪情节减轻处罚或者免除处罚。

（4）教唆犯是指故意唆使他人实施犯罪的犯罪人。对于教唆犯应按照如下原则处罚：① 教唆他人犯罪的，应当按照其在共同犯罪中所起的作用处罚。② 教唆不满 18 周岁的人犯罪的，应当从重处罚。③ 如果被教唆的人没有犯被教唆的罪，对于教唆犯，可以从轻或者减轻处罚。

 二、案例介绍

（一）基本案情

2002 年 6 月 6 日，被告人王元帅主谋并纠集被告人邵文喜预谋实施抢劫。当日 10 时许，二人携带事先准备好的橡胶锤、绳子等作案工具，在北京市密云县鼓楼南大街骗租杨某某（女，29 岁）驾驶的松花江牌小型客车。当车行至北京市怀柔区大水峪村路段时，经王元帅示意，邵文喜用橡胶锤猛击杨某某头部数下，王元帅用手猛掐杨某某的颈部，致杨某某昏迷。二人抢得杨某某驾驶的汽车及诺基亚牌 8210 型移动电话机 1 部、寻呼机 1 个等物品，共计价值人民币 42000 元。

王元帅与邵文喜见被害人杨某某昏迷不醒，遂谋划用挖坑掩埋的方法将杨某某杀死灭口。杨某某佯装昏迷，趁王元帅寻找作案工具，不在现场之机，哀求邵文喜放其逃走。邵文喜同意掩埋杨某某时挖浅坑、少埋土，并告知杨某某掩埋时将脸朝下。王元帅返回后，邵文喜未将杨某某已清醒的情况告诉王元帅。当日 23 时许，二人将杨某某运至北京市密云县金叵罗村朱家峪南山的土水渠处。邵文喜挖了一个浅坑，并向王元帅称其一人掩埋即可，便按与杨某某的事先约定将杨某某掩埋。王元帅、邵文喜离开后，杨某某爬出土坑获救。经鉴定，杨某某所受损伤为轻伤。

（二）裁判经过和结果

北京市第二中级人民法院经审理认为：被告人王元帅、邵文喜以非法占有为目的，使用暴力抢劫他人财物，均已构成抢劫罪；二人在结伙抢劫致被害人受伤后，为灭口共同实施了掩埋被害人的行为，均已构成故意杀人罪。二人虽然杀人未遂，但王元帅所犯罪行情节严重，社会危害性极大，不足以

从轻处罚。考虑到邵文喜在故意杀人过程中的具体作用等情节，对其所犯故意杀人罪酌予从轻处罚。二人均系累犯，应当从重处罚。故判决：被告人王元帅犯故意杀人罪，判处死刑，剥夺政治权利终身；犯抢劫罪，判处无期徒刑，剥夺政治权利终身，并处没收个人全部财产；决定执行死刑，剥夺政治权利终身，并处没收个人全部财产。被告人邵文喜犯故意杀人罪，判处无期徒刑，剥夺政治权利终身；犯抢劫罪，判处有期徒刑十五年，剥夺政治权利三年，并处罚金人民币 30000 元；决定执行无期徒刑，剥夺政治权利终身，并处罚金人民币 30000 元。

一审宣判后，王元帅不服，提出上诉。

北京市高级人民法院经二审审理认为：原审被告人邵文喜的行为构成故意杀人罪的犯罪中止，应对其减轻处罚，故改判邵文喜犯故意杀人罪，判处有期徒刑七年，剥夺政治权利一年；犯抢劫罪，判处有期徒刑十五年，剥夺政治权利三年，并处罚金人民币 30000 元；决定执行有期徒刑二十年，剥夺政治权利四年，并处罚金人民币 30000 元；驳回王元帅的上诉，维持原判。

三、案例分析

本案存在两个争议性的问题。

（一）邵文喜的行为是犯罪未遂还是犯罪中止

邵文喜的行为是犯罪未遂还是犯罪中止？这涉及共犯理论上的一个重要问题：共同犯罪的形态。共同犯罪与犯罪形态常常交织在一起，如何确定共同犯罪情形下各共犯人的犯罪停止形态，是共同犯罪理论和实务中面临的一个难题。共同犯罪是二人以上共同犯罪，两个以上共犯人不仅在主观上通过意思联络、反馈形成共同的犯罪故意，而且在客观上有共同的犯罪行为。在共同犯意的支配下，每个共犯人的行为结成一个有机的犯罪活动整体，共同造成危害社会的结果。是故，共同犯罪实行"一人既遂全体既遂"，其责任承担采取"部分实行全部责任"。当然，这并不意味着每个共犯人在共同犯罪中的犯罪形态是整齐划一的，正如共同犯罪中各行为人的地位、作用有所不同一样，共同犯罪中各行为人对犯罪后果的心态也可能有所不同。在同一共同犯罪中可能有的共犯人是未遂犯，有的共犯人是中止犯，这是因为犯罪未遂与犯罪中止在客观上存在共同点——没有发生特定的犯罪结果，而之所以没有发生既遂结果，相对于部分共犯人而言，是基于自动中止；相对于另一部分共犯人而言，属于意志以外的原因，因而对不同的犯罪人应当确定为不同的犯罪形态。① 因此，"在共同犯罪中，在没有意思联络的情况下单独中止犯罪，有效防止危害结果发生的，应当认定为犯罪中止；对于不知情的其他行为人，应当认定为犯罪未遂"②。

本案被告人王元帅与邵文喜预谋抢劫后杀人灭口，在犯罪过程中，二人将被害人打昏并决定采用挖坑掩埋的方法杀人灭口。被害人苏醒后，乘王元帅不在现场之机，哀求邵文喜留其性命，并请求邵文喜挖浅坑、少埋土。邵文喜同意，因害怕王元帅，邵文喜要求被害人与其配合。为了掩埋时不堵住被害人的口鼻，让被害人能够呼吸，以便事后逃走，邵文喜又告诉被害人掩埋时会将其身体翻转为面朝下的姿势。王元帅回到现场后，被害人继续佯装昏迷，邵文喜未将被害人已经苏醒的情况告诉王元帅，挖了一个深30厘米的浅坑，并向王元帅提出自己埋人即可，后一人将被害人脸朝下、手垫在脸部埋进坑里。被害人在二人离开后，爬出土坑获救。

根据上述案情可以看出，在当时的环境、条件下，邵文喜能够完成犯罪，但其从主观上自动、彻底地打消了原有的杀人灭口的犯罪意图。因惧怕王元帅，邵文喜未敢当场放被害人逃跑，而是采取浅埋等方法给被害人制造逃脱的机会，客观上也未实施致被害人死亡的行为。邵文喜主观意志的变化及所采取的措施与被害人得以逃脱有直接的因果关系，他有效地防止了故意杀人犯罪结果的发生，其行为属于自动有效防止犯罪结果发生的犯罪中止。

相形之下，王元帅所犯故意杀人罪的犯罪形态显然有所不同。王元帅杀人灭口意志坚定，其主观故意自始至终未发生变化，并最终误以为犯罪目的已经实现。被害人逃脱完全是其意志以外的原因造成的，王元帅构成故意杀人罪犯罪行为实施终了的未遂。③ 因此，王元帅和邵文喜在共同故意杀人犯罪中各自表现为不同的犯罪形态。一审法院未能准确区分共同犯罪中不同的犯罪形态，其错误的成因值得汲取。

---

① 张明楷：《刑法学·上》（第六版），法律出版社，2021年，第604页。
② 陈兴良、张军、胡云腾：《人民法院刑事指导案例裁判要旨通纂》（上卷·第二版），北京大学出版社，2018年，第594页。
③ 陈兴良、张军、胡云腾：《人民法院刑事指导案例裁判要旨通纂》（上卷·第二版），北京大学出版社，2018年，第594页。

（二）邵文喜的中止行为是否造成损害

《刑法》第24条第2款规定："对于中止犯，没有造成损害的，应当免除处罚；造成损害的，应当减轻处罚。"因此，是否造成损害，对中止犯的量刑至关重要。这里涉及两个有争议的问题：一是造成损害的含义。如何理解"造成损害"，目前理论界尚未形成共识。有学者认为，"没有造成损害"是指没有造成任何危害结果。① 换言之，"造成损害"是指造成了一定的危害结果。还有学者认为，"造成损害"应理解为造成了一定的危害结果，但没有造成行为人原本所追求的、行为性质所决定的犯罪结果。该学者进一步指出，只有当行为符合某种重罪的中止犯的成立条件，同时构成了某种轻罪的既遂犯时，才能认定为中止犯的"造成损害"。② 第一种观点泛化了"造成损害"的范围，将导致中止犯的"免除处罚"无立锥之地。第二种观点对"造成损害"的含义认定比较明确，但也引来"拔高中止犯的刑罚标准，不合理地限缩处罚范围"的质疑。③ 二是造成损害的原因。此处也涉及争议的问题：中止犯中的"造成损害"，是仅限于中止前的实行行为造成的损害，还是包括中止行为或中止过程中的行为造成的损害？如果采用整体考察法，认为中止犯是着手实行与中止行为的一体化，则认定"中止行为本身造成损害的，属于中止犯中的'造成损害'"就顺理成章了；反之，不赞成整体考察法，把着手实行与中止行为分开考察，则认为中止行为造成损害的，不属于中止犯中的"造成损害"。④

具体到本案，邵文喜的故意杀人行为是否"造成损害"，就决定对其量刑是免除处罚还是减轻处罚。二审法院对邵文喜减轻处罚的依据是：邵文喜在犯罪开始时曾用橡胶锤将被害人打昏，对被害人的身体已经造成损害，根据我国刑法的规定，对于中止犯，造成损害的，应当减轻处罚，故对邵文喜减轻处罚。问题是：本案的两名被告人实施了两个罪，先实施了抢劫罪，后为杀人灭口又实施了故意杀人罪。在实施抢劫罪的过程中，邵文喜用事先准备的橡胶锤猛击被害人杨某某头部数下，造成杨某某轻伤。二审法院认定邵文喜构成中止犯的是故意杀人罪，现在需要考察的是邵文喜在故意杀人（中

---

① 马克昌：《犯罪通论》，武汉大学出版社，1999年，第488页。
② 张明楷：《中止犯中的"造成损害"》，《中国法学》2013年第5期，第112页。
③ 刘之雄：《中止犯处罚的司法困境与立法完善》，《法学评论》2018年第1期，第122页。
④ 张明楷：《中止犯中的"造成损害"》，《中国法学》2013年第5期，第119-120页。

止）的过程中是否造成被害人的"损害"。本案特殊之处在于，着手实行行为与中止行为合二为一，邵文喜"用土掩埋"的杀人行为与"挖浅坑、少埋土"的中止行为是同一个行为，我们只能用整体考察法进行观察，本案的杀人行为与中止行为均没有造成被害人的"损害"。因此，按照中止犯的处罚原则，对邵文喜应当免除处罚。而二审法院将前罪的"损害"认定为后罪（中止犯）的损害，最终给予邵文喜减轻处罚，判处有期徒刑七年，剥夺政治权利一年。我们认为，二审法院认定邵文喜构成故意杀人罪的中止犯是正确的，但认定其"造成损害"而予以减轻处罚是不当的。

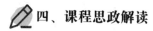

四、课程思政解读

（一）彰显了人权保障的刑法理念

　　人权保障是整个法治所要追求的价值目标。为此，各个部门法都承担着保障人权的重任。刑法中的保障人权，主要是指保障犯罪嫌疑人、被告人的权利。[1] 人权保障理念不仅体现在罪刑法定原则上，还由罪责刑相适应原则来落实。罪责刑相适应原则强调，刑罚的轻重应当与犯罪人所犯罪行和承担的刑事责任相适应。罪责刑相适应原则包含了刑罚个别化内容，即对犯罪人量刑时，既注重刑罚与犯罪行为相适应，也注重刑罚与犯罪人的主观恶性和人身危险性相适应。在本案中，被告人王元帅与邵文喜共谋实施抢劫，在抢劫实施完毕后，又生新的犯意——对被害人杀人灭口。只是在实施杀人行为时，邵文喜在被害人的哀求下动了恻隐之心，主观心态发生了变化，放弃了犯罪故意，客观上采取"挖浅坑、少埋土"的方法制造让被害人逃跑的机会，最终没有造成被害人死亡的后果。因此，基于邵文喜自动有效地防止死亡结果发生所呈现出的主观恶性和人生危险性的降低，二审法院认定邵文喜构成犯罪中止，并给予其减轻处罚（尽管在笔者看来应当给予免除处罚而不是减轻处罚）。人权保障理念不仅体现在刑事实体法上，而且要靠刑事程序法来落实。本案一审宣判后，王元帅提出上诉，二审法院经过审理以后，认为邵文喜的故意杀人行为构成犯罪中止，尽管邵文喜没有提出上诉，但二审法院还是依法纠正了一审判决对邵文喜故意杀人罪量刑的错误，依法进行改判。

① 陈兴良：《当代中国的刑法理念》，《国家检察官学院学报》2008 年第 3 期，第 136 页。

（二）彰显了追求公平正义的刑事政策价值

我国刑法对中止犯的处罚采用"必减原则"，依据其是否造成损害，减轻或者免除处罚。对中止犯减免处罚的根据何在，理论界对此存在形形色色的观点，既有违法性减少、责任减少的法律说，也有基于没有一般预防和特殊预防需要的刑罚目的说，以及国家期待、奖励中止以保护法益的政策说。尽管政策说因本身存在一定缺陷而受到学者们的质疑，但德国刑法学者李斯特提倡的"金桥理论"在回答中止犯减免处罚根据时仍然具有较大的解释力。所谓"金桥理论"，是基于刑事政策的考虑，通过架设"浪子回头金不换"之桥，对中止犯不予处罚，诱导已经实施犯罪的行为人在既遂之前放弃犯罪。李斯特指出："在跨越不可罚的预备行为与可罚的实行行为的界限的瞬间，为未遂所规定的刑罚就具体化了。这种事实已经不能更改，也不允许废弃与抹杀。但是，立法基于刑事政策的理由，可以为应当被科处刑罚的行为人架设返回的金桥。事实上，立法承认对任意中止免除处罚。"① 在国内，论及中止犯减免处罚根据时主张刑事政策说的学者也不乏其人。有学者认为，追求公平正义的刑事政策价值才是我国中止犯减免处罚的根据。我国刑法在处理中止犯罪问题时，首先选择了宽大为怀的立场，只要行为人的犯罪行为没有造成事实上的损害而中止继续犯罪的，即可对其免除刑事处罚；即便行为人之犯罪行为造成了一定事实上的损害，但行为人自动中止犯罪的，也应当对其减轻处罚。可以肯定，我国刑法之所以对中止犯采取这种立场，完全是出于实现刑事政策公平正义价值的考虑——既对中止犯网开一面，鼓励其及时悬崖勒马，在犯罪结果出现之前放弃继续犯罪或者自动有效防止犯罪结果发生，又对那些造成一定损害后果的犯罪人保留适当处罚余地，从而避免放纵犯罪的不公平现象的发生。② 在本案中，被告人邵文喜面对被害人的苦苦哀求，良心发现，旋即放弃杀人的故意，在杀人的道路上及时悬崖勒马，并采取有效措施最终保全了被害人的生命。而被告人王元帅始终没有放弃杀人的欲念，也未放弃实施杀人行为，在杀人的道路上"走到底"，其主观恶性和人身危险性较之邵文喜要大得多。最终，二审法院基于王元帅与邵

① 张明楷：《刑法学·上》（第六版），法律出版社，2021年，第466页。
② 谢望原：《论中止犯减免处罚之根据——以比较刑法为视角》，《华东政法大学学报》2012年第2期，第25-26页。

文喜在共同故意杀人犯罪中的不同犯罪形态，遂作出了上述判决。当然，笔者认为，如果二审法院对邵文喜作出免除处罚的判决，则更能彰显中止犯减免处罚根据所追求的公平正义的刑事政策价值。

五、问题拓展讨论

1. 如何理解犯罪的"着手"？
2. 如何区分犯罪未遂与犯罪中止？
3. 对中止犯减免处罚的根据是什么？
4. 如何理解《刑法》第 24 条第 2 款中的"造成损害"？
5. 如何确定共同犯罪情形下各共犯人的犯罪停止形态？

六、阅读文献推荐

1. 张明楷：《未遂犯论》，法律出版社，1997 年。
2. 赵秉志：《犯罪未遂形态研究》（第二版），中国人民大学出版社，2008 年。
3. 陈兴良：《共同犯罪论》（第三版），中国人民大学出版社，2017 年。
4. 周光权：《刑法总论》（第四版），中国人民大学出版社，2021 年。
5. 刘明祥：《犯罪参与论》，中国人民大学出版社，2023 年。
6. 前田雅英：《刑法总论讲义》，曾文科译，北京大学出版社，2017 年。
7. 江溯：《二元违法论与未遂犯的处罚根据》，《国家检察官学院学报》2014 年第 2 期。
8. 张明楷：《中止犯减免处罚的根据》，《中外法学》2015 年第 5 期。
9. 李立众：《中止犯减免处罚根据及其意义》，《法学研究》2008 年第 4 期。
10. 王昭武：《论中止犯的性质及其对成立要件的制约》，《清华法学》2013 年第 5 期。

刑罚的体系

案例 7：穆某月运输毒品案①

⚠ 一、知识点提要

刑罚是刑法规定的由国家审判机关依法对犯罪分子所适用的限制或剥夺其某种权益的强制性法律制裁方法。刑罚体系，是指刑事立法者以有利于发挥刑罚的功能及实现刑罚的目的为指导原则，由刑法按照其轻重程度而组成的序列。我国刑罚体系由主刑和附加刑组成。

（一）主刑

主刑是指对犯罪分子只能独立适用而不能附加于其他刑罚适用的刑罚方法。主刑是对犯罪分子适用的主要刑罚方法，只能独立适用，对一个犯罪只能适用一个主刑，不能同时适用两个或两个以上主刑，也不能在附加刑独立适用时再适用主刑。我国刑法中的主刑有五种：管制、拘役、有期徒刑、无期徒刑、死刑。

1. 管制

管制是指对犯罪分子不予关押，但限制其一定自由，依法实行社区矫正的一种刑罚方法。管制的期限为三个月以上二年以下，数罪并罚时不超过三年。管制的刑期，从判决执行之日起计算；判决执行以前先行羁押的，羁押一日折抵刑期二日。判处管制，可以根据犯罪情况，同时禁止犯罪分子在执行期间从事特定活动，进入特定区域、场所，接触特定的人。违反前述禁止

---

① 云南省保山市中级人民法院刑事判决书（2015）保中刑初字第 331 号。

令的，由公安机关依照《中华人民共和国治安管理处罚法》的规定处罚。

被判处管制的犯罪分子，在执行期间，应当遵守下列规定：遵守法律、行政法规，服从监督；未经执行机关批准，不得行使言论、出版、集会、结社、游行、示威自由的权利；按照执行机关规定报告自己的活动情况；遵守执行机关关于会客的规定；离开所居住的市、县或者迁居，应当报经执行机关批准。

被判处管制的犯罪分子，管制期满，执行机关应即向本人和其所在单位或居住地的群众宣布解除管制。

2. 拘役

拘役是指短期剥夺犯罪分子人身自由，就近实行劳动改造的刑罚方法，是一种仅次于管制的轻刑。拘役的期限为一个月以上六个月以下，数罪并罚时，最高不得超过一年。拘役的刑期，从判决执行之日起计算；判决执行以前先行羁押的，羁押一日折抵刑期一日。拘役由公安机关在就近的拘役所或看守所执行，实行劳动改造。在执行期间，被判处拘役的犯罪分子每月可以回家一天至两天；参加劳动的，可以酌量发给报酬。

3. 有期徒刑

有期徒刑是指剥夺犯罪分子一定期限的人身自由，强迫其劳动并接受教育和改造的刑罚方法。有期徒刑的期限为六个月以上十五年以下，数罪并罚时，总和刑期不满三十五年的，最高不能超过二十年，总和刑期在三十五年以上的，最高不能超过二十五年。被判处有期徒刑的犯罪分子，在监狱或其他执行场所执行；凡有劳动能力的，都应当参加劳动，接受教育和改造。有期徒刑的刑期，从判决执行之日起计算；判决执行以前先行羁押的，羁押一日折抵刑期一日。

4. 无期徒刑

无期徒刑是指剥夺犯罪分子终身自由并强制劳动改造的刑罚方法。无期徒刑适用对象只能是虽然达不到判处死刑的程度，但罪行极其严重，需要与社会永久隔离的罪犯。被判处无期徒刑的犯罪分子，在监狱或者其他执行场所执行；凡是有劳动能力的，都应当参加劳动，接受教育和改造。

5. 死刑

死刑是指剥夺犯罪分子生命的刑罚方法，包括死刑立即执行和死刑缓期二年执行两种情况。死刑只适用于罪行极其严重的犯罪分子。对于应当判处死刑的犯罪分子，如果不是必须立即执行的，可以判处死刑同时宣告缓期二年执行。犯罪时不满 18 周岁的人和审判时怀孕的妇女不适用死刑。审判的时候已满 75 周岁的人，不适用死刑，但以特别残忍手段致人死亡的除外。死刑缓期执行制度，是指对犯罪分子判处死刑的同时，宣告缓期二年执行，强迫劳动，以观后效的一种死刑执行方法。

根据刑法和刑事诉讼法的有关规定，判处死刑立即执行的案件，除依法由最高人民法院判决的以外，都应当报请最高人民法院核准；判处死刑缓期执行的案件，可以由高级人民法院判决或者核准。

（二）附加刑

附加刑是补充主刑适用的刑罚方法，既可以附加于主刑适用，也可以独立适用，对于同一犯罪分子可以同时适用多个附加刑。我国刑法中的附加刑有四种：罚金、剥夺政治权利、没收财产、驱逐出境。

1. 罚金

罚金是指人民法院判处犯罪分子向国家缴纳一定数额金钱的刑罚方法。判处罚金，应当根据犯罪情节决定罚金数额。罚金的适用对象主要是破坏社会主义市场经济秩序罪、侵犯财产罪、妨害社会管理秩序罪和贪污贿赂罪的犯罪分子。此外，危害国家安全罪，侵犯公民人身权利、民主权利罪和危害国防利益罪中也有一些犯罪规定了罚金刑。

2. 剥夺政治权利

剥夺政治权利是指剥夺犯罪分子参加国家管理和政治活动权利的刑罚方法。我国《刑法》第 54 条规定："剥夺政治权利是剥夺下列权利：（一）选举权和被选举权；（二）言论、出版、集会、结社、游行、示威自由的权利；（三）担任国家机关职务的权利；（四）担任国有公司、企业、事业单位和人民团体领导职务的权利。"第 56 条规定："对于危害国家安全的犯罪分子应当附加剥夺政治权利；对于故意杀人、强奸、放火、爆炸、投毒、抢劫等严重破坏社会秩序的犯罪分子，可以附加剥夺政治权利。独立适用剥夺政治权利的，依照本法分则的规定。"第 57 条规定："对于被判处死刑、无期徒刑的犯罪分子，应当剥夺政治权利终身。在死刑缓期执行减为有期徒刑或者无期徒刑减为有期徒刑的时候，应当把附加剥夺政治权利的期限改为三年以上十年以下。"第 58 条规定："附加剥夺政治权利的刑期，从徒刑、拘役执行完毕之日或者从假释之日起计算；剥夺政治权利的效力当然施用于主刑执行期间。被剥夺政治权利的犯罪分子，在执行期间，应当遵守法律、行政法规和国务院公安部门有关监督管理的规定，服从监督；不得行使本法第五十四条规定的各项权利。"

3. 没收财产

没收财产是指将犯罪分子个人所有财产的部分或者全部强制无偿收归国有的刑罚方法。没收财产是没收犯罪分子个人所有财产的部分或者全部。没收全部财产的，应当对犯罪分子个人及其扶养的家属保留必需的生活费用。在判处没收财产的时候，不得没收属于犯罪分子家属所有或者应有的财产。没收财产以前犯罪分子所负的正当债务，需要以没收的财产偿还的，经债权人请求，应当偿还。没收财产主要适用于危害国家安全罪、破坏社会主义市场经济秩序罪、侵犯财产罪、贪污贿赂罪。

4. 驱逐出境

驱逐出境是指强迫犯罪的外国人离开中国国（边）境的刑罚方法。驱逐出境可以独立适用，也可以附加适用。驱逐出境适用于犯罪的外国人，是一种特殊的附加刑。

二、案例介绍

（一）基本案情

穆某月，女，1983 年 2 月 2 日出生，汉族，小学文化，农民。2011 年 8 月 29 日，被告人穆某月携带毒品乘坐客车从施甸县旧城乡前往施甸县城。当日 14 时 30 分许，客车途经施甸县姚关镇河尾路段时，保山市公安局隆阳分局干警抓获穆某月，从其腰部查获藏匿的毒品海洛因 3 块，净重 1040 克。被告人穆某月被抓获时经武警云南省总队保山医院检查诊断为早期妊娠，约孕十四周。采取监视居住措施后被告人穆某月逃逸（逃逸后在缅甸生活期间流产），四年后再次被警方抓获，因同一事实被起诉、交付审判。

（二）裁判经过

法院审理后认为，被告人穆某月明知毒品而运输，其行为构成运输毒品罪。被告人穆某月运输毒品海洛因 1040 克，数量大，且到案后在监视居住期间逃逸，应依法严惩。鉴于被告人穆某月运输毒品途中被抓获时已怀孕，在监视居住期间逃逸，四年后再次被抓获，又因同一事实被起诉、交付审判，应当视为"审判的时候怀孕的妇女"，依法不适用死刑。

（三）判决结果

为严厉打击毒品犯罪，维护社会管理秩序，保护公民身心健康，法院依照《刑法》第 347 条第 2 款第 1 项、第 61 条、第 49 条、第 57 条第 1 款、第 59 条、第 64 条的规定，作出判决：被告人穆某月犯运输毒品罪，判处无期徒刑，剥夺政治权利终身，并处没收个人全部财产。一审宣判后，被告人穆某月没有提出上诉，检察机关也未抗诉，判决已发生法律效力。

⊞ 三、案例分析

本案系怀孕的妇女运输毒品的案件。行为人穆某月运输毒品在犯案途中被抓获，涉案毒品数量已达判处死刑的法定标准。但在穆某月首次到案时，因其系怀孕妇女，未被羁押而是采取了监视居住的强制措施。然而，穆某月在此期间逃逸流产，后再次被抓获。《刑法》第 49 条第 1 款规定"审判的时候怀孕的妇女，不适用死刑"。因此，在判定穆某月是否适用死刑时，需要从立法目的出发对该条款作出正确解读。

（一）"审判时怀孕的妇女"中的"审判时"贯穿整个刑事诉讼过程

"审判时怀孕的妇女"，不仅指刑事诉讼的整个过程中正在怀孕的妇女，也应包括因犯罪被羁押时已怀孕但在刑事诉讼过程中因某种原因自然或人工流产的妇女。怀孕妇女不适用死刑规定中的"审判时"理应指的是一个时间段，而非一个时间点，即在一个时间段内，妇女无论何时怀孕均不适用死刑。[①]

《刑法》第 49 条第 1 款规定，"审判的时候怀孕的妇女，不适用死刑"。该条款中"审判的时候"不能简单地理解为被告人接受人民法院审判时。1998 年 8 月 13 日起施行的《最高人民法院关于对怀孕妇女在羁押期间自然流产审判时是否可以适用死刑问题的批复》（以下简称《批复》）指出："怀孕妇女因涉嫌犯罪在羁押期间自然流产后，又因同一事实被起诉、交付

---

① 刘宪权、周舟：《特殊群体从宽处罚规定司法适用分析》，《华东政法大学学报》2011 年第 6 期，第 57 页。

审判的，应当视为'审判的时候怀孕的妇女'，依法不适用死刑。"该司法解释进一步明确将怀孕妇女从因涉嫌犯罪被羁押时起至人民检察院提起公诉时止的期间亦视为"审判的时候"。《刑事诉讼法》第251条（指2012年《刑事诉讼法》，现行《刑事诉讼法》为第262条）规定，人民法院在执行死刑时，发现罪犯正在怀孕的，应当停止执行，并且立即报请最高人民法院依法改判。该规定表明执行时发现罪犯正在怀孕的也应当停止执行并报请最高人民法院改判为无期徒刑。这里的"执行时"也属于"审判的时候怀孕的妇女，不适用死刑"的"审判的时候"。

羁押是利用剥夺公民人身自由的方式从而保障诉讼活动顺利进行的措施。羁押是一种依附于拘留、逮捕的剥夺公民人身自由的当然状态，不是一种独立的强制措施，目的是保障刑事诉讼的正常进行。取保候审和监视居住是对不宜羁押或者不能羁押的犯罪嫌疑人、被告人依法采取的一种非羁押性强制措施，其目的亦是确保刑事诉讼的顺利进行。《刑事诉讼法》第65条第1款第3项（指2012年《刑事诉讼法》，现行《刑事诉讼法》为第67条第1款第3项）规定"人民法院、人民检察院和公安机关对有下列情形之一的犯罪嫌疑人、被告人，可以取保候审：患有严重疾病、生活不能自理，怀孕或者正在哺乳自己婴儿的妇女，采取取保候审不致发生社会危险性的"。《刑事诉讼法》第72条第1款第2项（指2012年《刑事诉讼法》，现行《刑事诉讼法》为第74条第1款第21页）规定"人民法院、人民检察院和公安机关对符合逮捕条件，有下列情形之一的犯罪嫌疑人、被告人，可以监视居住：怀孕或者正在哺乳自己婴儿的妇女"。由此可见，出于保障人权、遵循人道主义的考虑，本应被羁押的怀孕妇女，在实际操作中可采取取保候审、监视居住等替代性强制措施，从而保障刑事诉讼活动的顺利进行。在此过程中，尽管怀孕妇女并未受到实质性的羁押措施，但采取的如取保候审、监视居住等非羁押强制措施，实质上可以理解为是羁押的替代性措施，因此，采取羁押手段或者非羁押手段是不存在本质差异的。据此，这些取保候审或监视居住的强制措施在此情境下亦可被理解为"被羁押"的状态，从而亦被认定为在"审判时"的范畴之内。

对于"审判的时候怀孕的妇女，不适用死刑"中"审判的时候"需要从立法者的立法目的出发进行广义理解，应是指从犯罪嫌疑人涉嫌犯罪而被羁押（采取强制措施）时起至法院依法作出的判决生效执行时止的刑事诉讼全过程。其不仅包括审判机关审判时，也包括公安机关、检察机关等在立案侦查阶段将犯罪嫌疑人拘留、逮捕或取保候审、监视居住时直至法院依法作出生效判决到交付执行为止的诉讼全过程。在这个过程中，行为人逃逸后又被抓捕归案受审的，无论期间跨度多大，仍然属于同一个诉讼程序而非开启新的程序。

怀孕，从医学上解释又称妊娠，指的是从受孕到分娩的整个生理过程。1983 年 9 月 20 日《最高人民法院关于人民法院审判严重刑事犯罪案件中具体应用法律的若干问题的答复》指出，无论是在关押期间，还是在法院审判的时候，对怀孕的妇女，都不应当为了要判处死刑，而进行人工流产；已经进行人工流产的，仍应视同怀孕的妇女，不适用死刑。1991 年 3 月 18 日《最高人民法院研究室关于如何理解"审判的时候怀孕的妇女不适用死刑"问题的电话答复》指明，在羁押期间已是孕妇的被告人，无论其怀孕是否属于违反国家计划生育政策，也不论其是否自然流产或者经人工流产及流产后移送起诉或审判期间的长短，仍应执行《刑法》第 44 条（指 1979 年《刑法》，现行《刑法》为第 49 条）和《刑事诉讼法》第 154 条（指 1979 年《刑事诉讼法》，现行《刑事诉讼法》为第 262 条）的规定办理，即人民法院对审判的时候怀孕的妇女，不适用死刑。

只要是出于同一案件事实，在保障人权的基础上为保障刑事诉讼活动的顺利进行而采取的如取保候审、监视居住等非羁押措施也应属于"审判时"，在此非羁押期间流产或分娩的妇女也属于"审判的时候怀孕的妇女"，当然也不能适用死刑。1998 年《批复》对怀孕作了扩大解释，只要有妊娠生理现象的发生就是刑法意义上的怀孕。行为人在审判时怀孕的，无论是妊娠后自然流产、人为流产的还是顺产、剖宫产的，均可视为"审判的时候怀孕的妇女"。我国在这项问题上充分体现了保护人权的精神和对死刑适用的谨慎。综上，在刑法意义上的怀孕应从立法目的角度出发作扩大解释，即妇女审判时只要有妊娠生理现象，即使是流产包括自然流产、人工流产，生产包括顺产、剖宫产，均应当认定为"审判的时候怀孕的妇女"。

（二）行为人在刑事诉讼过程中逃逸期间也属于"审判时"

行为人在被采取刑事诉讼强制措施期间逃逸，公安、司法机关将继续推进刑事诉讼程序。讯问犯罪嫌疑人是获取犯罪嫌疑人供述和辩解的刑事侦查措施之一。为了全面、客观地收集刑事案件证据，刑事诉讼法规定的刑事侦查措施包括但不限于询问证人、勘验、检查，搜查，查封、扣押物证、书证，鉴定，技术侦查措施，发布通缉令等。被采取刑事诉讼强制措施的犯罪嫌疑人、被告人逃逸，并不影响侦查机关对犯罪嫌疑人、被告人供述和辩解以外的其他证据的收集。同时，公安机关会发布通缉令，抓捕逃逸的犯罪嫌疑人、被告人。《刑事诉讼法》第200条（指2012年《刑事诉讼法》，现行《刑事诉讼法》为第206条）规定，在审判过程中，被告人脱逃，致使案件在较长时间内无法继续审理的，可以中止审理。中止审理的原因消失后，应当恢复审理。中止审理的期间不计入审理期限。行为人在刑事诉讼过程中逃逸，这段时间也属于"审判时"。

（三）怀孕妇女在羁押期间流产后因同一犯罪事实被起诉交付审判的，依法不适用死刑

怀孕妇女在羁押期间流产后，只有因同一犯罪事实被起诉、交付审判的，才依法不适用死刑。这一点在1998年的《批复》中已明确。该《批复》称"怀孕妇女因涉嫌犯罪在羁押期间自然流产后，又因同一事实被起诉、交付审判的，应当视为'审判的时候怀孕的妇女'，依法不适用死刑"。很明显，答复强调了"因同一事实被起诉"这一要件，即指怀孕妇女在羁押期间因流产前所实施的犯罪被起诉审判，对该怀孕妇女不适用死刑。言下之意，如果起诉及审判的是流产之后的犯罪，则不属于"同一事实"的范围，不受上述规定的限制。

穆某月被抓获时因为怀孕，没有被羁押，侦查机关依照1996年《刑事诉讼法》第60条第2款规定"对应当逮捕的犯罪嫌疑人、被告人，如果患有严重疾病，或者是正在怀孕、哺乳自己婴儿的妇女，可以采用取保候审或者监视居住的办法"①，依法对其采取监视居住措施。在此情况下，未被羁押和被羁押本质上并无差异，只是考虑到穆某月已经怀孕的因素而没有羁押。本案中，行为人穆某月在运输毒品过程中被抓获时已怀孕，因此对其采取了监视居住强制措施，而其在监视居住期间逃逸并且发生了流产，四年后再次被抓获审判时，怀孕的事实早已不复存在。但穆某月是因同一事实被起诉、交付审判的，应当视为"审判的时候怀孕的妇女"，依法不适用死刑。

---

① 现行《刑事诉讼法》第67条规定，人民法院、人民检察院和公安机关对怀孕或者正在哺乳自己婴儿的妇女，采取取保候审不致发生社会危险性的，可以取保候审；第74条规定，人民法院、人民检察院和公安机关对符合逮捕条件的犯罪嫌疑人、被告人，可以监视居住，包括怀孕或者正在哺乳自己婴儿的妇女。

四、课程思政解读

（一）有助于实现预防犯罪的刑罚目的

　　刑罚目的是指人民法院代表国家对犯罪分子适用刑罚所要达到的目标或结果，即预防犯罪。刑罚目的所预防的犯罪包括已然之罪和未然之罪。因为预防对象不同，所以刑罚目的分为特殊预防和一般预防。所谓特殊预防，是指通过对犯罪分子适用刑罚，惩罚改造犯罪分子，预防他们重新犯罪。对犯罪分子适用刑罚，除对极少数罪行特别严重的适用死刑外，主要是利用刑罚的剥夺、惩罚和教育改造功能限制或剥夺犯罪分子的再犯能力，使其认罪服法，悔过自新，重新做人。

　　剥夺与惩罚是预防犯罪分子再次犯罪的前提。教育改造是预防犯罪分子重新犯罪的根本措施。国际社会对孕妇不适用死刑的原则达成了共识。联合国《公民权利和政治权利国际公约》第6条第5款规定，对孕妇不得执行死刑。这一条款旨在保护孕妇的生命和人权，确保她们远离死刑的威胁。联合国经济及社会理事会的《关于保护面对死刑的人的权利的保障措施》第3条规定，对孕妇不得执行死刑。这进一步强调了对孕妇权益的保护，确保她们能够得到适当的尊重和关怀。联合国人权委员会也规定，妇女在怀孕期间享有特殊的保护和关注，以确保她们的权益得到充分尊重。在我国，审判时怀孕的妇女不适用死刑这一规定，给予了有罪的孕妇未来认罪服法、积极改造并从正面引导下一代的机会，使其切实感受到国家的关爱，从而悔过自新，积极改造，在刑满释放后能够更好地重新融入社会。

　　一般预防，是指通过对犯罪分子适用刑罚，威慑、警诫潜在的犯罪人，防止他们走上犯罪道路。我国刑罚一般预防的对象不是犯罪人，而是没有犯罪的社会成员。在刑事立法和刑事审判中，不能将重刑化作为实现一般预防的手段，认为处刑越重威慑效果越强。如果刑罚过重就会在公民中建立刑罚严酷、不人道的形象，使其转而同情犯罪分子。如对审判时怀孕的妇女适用死刑，那么有些犯罪分子的家属可能会产生不满情绪，甚至产生报复社会的念头，走上犯罪道路。而对审判时怀孕的妇女不适用死刑，使得犯罪分子家属认识到我国刑法贯彻的宽严相济刑事政策，对审判时怀孕的妇女采取了宽大政策，进而产生强烈的认同感，不仅自觉遵纪守法，而且积极参与对服刑犯罪分子的帮教。罪犯的家庭支持是指罪犯家庭给予罪犯的物质、情感和信息等支持性资源。高支持度的家庭和罪犯对监狱的教育改造措施认同度高，家人带给罪犯的正能量多，罪犯的服刑适应性较佳，改造信心较足。[1] 罪犯的家庭支持有助于服刑罪犯积极改造，改恶从善，重新做人，顺利回归社会。

(二) 体现了对生命和人权的尊重

随着我国社会主义法治和人权保障制度的不断完善，"国家尊重和保障人权"被正式写入宪法，无刑事法治就无法治，也无人权。2004 年 3 月 14 日，第十届全国人民代表大会第二次会议通过的《中华人民共和国宪法修正案》首次将"人权"概念引入宪法，载明"国家尊重和保障人权"。尊重和保障人权原则，其含义就是尊重和保障人因其为人而应享有的基本权利。这应该说是该原则的第一层内涵。此外，将"国家尊重和保障人权"这一规定写入作为根本大法的宪法，必然要求从我国现行法律体系的整体出发，最大限度地尊重人权和最全面地保障人权。

作为国家法治的重要组成部分，刑法直接关系公民的基本人权，保障人权是刑法的基础性要求，是当代刑法机能所蕴含的重要内容。刑法不仅可以通过依法惩罚犯罪来维护社会正常秩序，保护守法公民免受犯罪侵害，也可以保障无罪的人不受刑罚处罚，防止惩罚权的滥用。在惩罚罪犯时也要维护其应有权益，使其所受到的惩罚与其犯罪行为和承担的刑事责任相适应，保证其免受不公正惩罚，并通过刑罚的执行来感化和改造，促使其重新回归社会。刑法对人权的保障，既包括对犯罪分子人权的依法保障，也应当包括对被害人及广大守法公民人权的依法保障。我国刑法在人权保障方面进行了不懈努力。秉承保障人权原则而进一步强化刑法的人权保护机能，推动刑罚更加人道化，也是当代我国刑法发展完善的鲜明主题之一。保障人权原则强调的是对公民人权的维护，以对犯罪分子的人权保障为首要目标，并以此为基础实现对全体公民特别是对被害人权利的保障。从权力运作角度看，刑法的人权保障机能起到了限制国家刑罚权的功效，避免了无限度动用刑罚权给公民权利带来的侵害。

审判时怀孕的妇女不适用死刑这一规定旨在保护孕妇的特殊权益，体现了对生命和人权的尊重。从胚胎、胎儿到新生儿，是生命成长的连带过程。

---

[1] 缪文海：《罪犯家庭支持的困境及其对策》，《犯罪与改造研究》2021 年第 11 期，第 67—68 页。

《刑法》之所以规定怀孕妇女不适用死刑，主要是考虑怀孕妇女腹中的胎儿或刚出生的婴儿是无辜的，而要维系胎儿的生命体征，尤须优先保护其母体。[1] 如果判处怀孕妇女死刑，那么必然会伤及无辜的胎儿或者影响到刚出生婴儿的正常发育与成长。从尊重生命的宪法价值角度来讲，对生命权的保障应始于胚胎。因此，从尊重生命的宪法价值出发，对生命权的保障应追溯至胚胎的形成，胚胎与胎儿的生命都在宪法上的生命权的保障范围之内。[2]考虑到孕妇的身份和责任，以及胎儿的利益，对孕妇适用死刑是不公平的做法。将孕妇纳入死刑执行范围将会对无辜的胎儿造成不可逆转的损害，孕妇不适用死刑的法律规定体现了法律对生命和人权的尊重，也体现了法律所倡导的人道主义价值。

五、问题拓展讨论

1. 什么叫刑罚？它有哪些特征？
2. 如何区分刑罚与其他法律制裁方法？
3. 主刑的特征有哪些？
4. 我国刑法对死刑做了哪些限制性规定？
5. 如何区分没收财产与没收犯罪物品？

六、阅读文献推荐

1. 向准：《我国刑罚体系研究》，中国政法大学出版社，2019 年。
2. 张学永：《法律经济学视阈下我国刑罚体系改革完善研究》，中国人民公安大学出版社，2019 年。
3. 蔡一军：《刑罚立法技术初论》，中国政法大学出版社，2020 年。
4. 郝方昉：《刑罚现代化研究》，中国政法大学出版社，2011 年。
5. 樊凤林：《刑罚通论》，中国政法大学出版社，1994 年。
6. 刘宪权：《人工智能时代我国刑罚体系重构的法理基础》，《法律科学

---

[1] 钱岩：《非羁押期间怀孕、分娩的妇女能否适用死刑》，《人民法院报》2016 年 8 月 17 日，第 6 版。
[2] 孟凡壮：《"审判的时候怀孕的妇女不适用死刑"的宪法学思考》，《国家检察官学院学报》2014 年第 5 期，第 34-35 页。

（西北政法大学学报）》2018 年第 4 期。

7. 劳东燕：《死刑适用标准的体系化构造》，《法学研究》2015 年第 1 期。

8. 曾文科：《免除刑罚制度的比较考察》，《法学研究》2017 年第 6 期。

9. 李翔：《论刑法修正与刑罚结构调整》，《华东政法大学学报》2016 年第 4 期。

10. 朱建华、彭景理：《刑罚变动根据与趋势的应然分析——基于刑罚轻缓化的反思》，《社会科学研究》2020 年第 2 期。

11. 彭文华：《刑罚的分配正义与刑罚制度体系化》，《中外法学》2021 年第 5 期。

12. 陈伟：《刑罚退出机制如何实现——从对积极刑法观的反思切入》，《社会科学》2023 年第 8 期。

刑罚的裁量与执行

案例 8：罪犯魏玉庆假释案①

一、知识点提要

（一）刑罚的裁量

刑罚的裁量简称量刑，是指人民法院在定罪的基础上，依法确定对犯罪分子是否判处刑罚、判处何种刑罚及判处多重的刑罚，并决定所判刑罚是否立即执行的审判活动。刑罚裁量具有的特征：第一，刑罚裁量的主体是人民法院。第二，刑罚裁量的性质是刑事审判活动。第三，刑罚裁量的基础是定罪。第四，刑罚裁量的依据是刑事责任的轻重或大小。第五，刑罚裁量的内容是确定与刑罚有关的问题。量刑的内容即确定是否判处刑罚、判处何种刑罚、判处多重的刑罚，以及所判处的刑罚是否立即执行等问题。对犯罪分子决定刑罚的时候，应当根据犯罪的事实、犯罪的性质、犯罪的情节和对社会的危害程度，依照刑法的有关规定判处。

1. 累犯

累犯分为一般累犯与特别累犯两类。一般累犯，是指因故意犯罪被判处有期徒刑以上刑罚，刑罚执行完毕或者赦免以后，在五年以内再犯应当判处有期徒刑以上刑罚之故意犯罪的犯罪分子。特别累犯包括危害国家安全犯罪、恐怖活动犯罪、黑社会性质的组织犯罪特别累犯，以及毒品犯罪特别累犯。前者是指犯危害国家安全罪、恐怖活动犯罪、黑社会性质的组织犯罪的

---

① 《最高法发布减刑、假释、暂予监外执行典型》，中华人民共和国最高人民法院官网，https://www.court.gov.cn/zixun/xiangqing/13473.html，访问日期：2023 年 9 月 18 日。

犯罪分子受过刑罚处罚，刑罚执行完毕或者赦免后，在任何时候再犯上述任一类罪的犯罪分子；后者则指曾因犯走私、贩卖、运输、制造、非法持有毒品罪被判刑，在之后的任何时候再次涉及毒品犯罪的犯罪分子。对于累犯，应当依法从重处罚。

2. 自首

自首可以分为一般自首、准自首和特别自首三种情形。一般自首，是指犯罪分子犯罪以后自动投案，如实供述自己罪行的行为。准自首，是指被采取强制措施的犯罪嫌疑人、被告人和正在服刑的罪犯，如实供述司法机关尚未掌握的本人其他罪行的行为。特别自首，是指犯对非国家工作人员行贿罪、行贿罪或介绍贿赂罪的人员，在被追诉前主动交代行贿行为或者介绍贿赂行为的行为。对于成立一般自首、准自首的犯罪分子，可以从轻或者减轻处罚，其中犯罪较轻的，可以免除处罚。对于犯对非国家工作人员行贿罪、介绍贿赂罪成立特别自首的犯罪分子，可以减轻或者免除处罚。对于犯行贿罪成立特别自首的犯罪分子，可以从轻或者减轻处罚。其中，犯罪较轻的，对侦破重大案件起关键作用的，或者有重大立功表现的，可以减轻或者免除处罚。

3. 坦白

坦白是指犯罪嫌疑人在被动归案之后、被依法提起公诉之前，如实供述自己罪行的行为。对于坦白的犯罪分子，可以从轻处罚；因其如实供述自己罪行，避免特别严重后果发生的，可以减轻处罚。

4. 立功

立功有一般立功与重大立功之分。一般立功，是指犯罪分子揭发他人犯罪行为，查证属实，或者提供重要线索，从而得以侦破其他案件的，或者协助司法机关抓捕其他犯罪嫌疑人，或者具有其他有利于国家和社会的突出表现的行为。具体表现为：犯罪分子揭发他人犯罪行为，查证属实；提供重要线索，从而得以侦破其他案件的；协助司法机关抓捕其他犯罪嫌疑人（包括同案犯）；具有其他有利于国家和社会的突出表现的行为，如阻止他人犯罪活动、阻止其他犯罪人逃跑、发明创造等。重大立功是指犯罪分子到案后具有检举、揭发他人重大犯罪行为，经查证属实的，或者提供侦破其他案件的重要线索，经查证属实的，或者阻止他人重大犯罪活动的，或者协助司法机关抓捕其他重大犯罪嫌疑人，或者具有其他对国家和社会有重大贡献的表现。其中，重大犯罪、重大案件、重大犯罪嫌疑人的标准，一般是指犯罪嫌疑人、被告人可能被判处无期徒刑以上刑罚，或者案件在本省、自治区、直辖市或者在全国范围内有较大影响等情形。犯罪分子有一般立功表现的，可以从轻或者减轻处罚；犯罪分子有重大立功表现的，可以减轻或者免除处罚。

5. 数罪并罚

数罪并罚是指对一人所犯数罪如何判处实际执行的刑罚的制度。在我国，判决宣告数个死刑或最重刑为死刑的，采用吸收原则，仅决定执行一个死刑。判决宣告数个无期徒刑或最重刑为无期徒刑的，采用吸收原则，应决定执行一个无期徒刑。判决宣告的数个主刑均为有期徒刑或均为拘役或均为管制的，采取限制加重原则，应当在总和刑期以下，数刑中最高刑期以上，酌情决定执行的刑期。判决宣告的数个主刑有有期徒刑和拘役的，采取吸收原则，执行有期徒刑。判决宣告的数个主刑有有期徒刑和管制，或者拘役和管制的，采取并科原则，在有期徒刑或拘役执行完毕之后再执行管制。数罪中有判处附加刑的，同种附加刑可以考虑吸收原则，而不同种附加刑只能考虑并科原则。

6. 缓刑

缓刑包括一般缓刑与战时缓刑。一般缓刑，是指人民法院对于被判处拘役、三年以下有期徒刑的犯罪分子，在符合法律规定条件的前提下，暂缓其刑罚的执行，并规定一定的考验期，在考验期内实行社区矫正，如果被宣告缓刑者在考验期内没有发生法律规定应当撤销缓刑的事由，原判刑罚就不再执行的制度。适用一般缓刑必须具备下列条件：犯罪分子被判处拘役或者三年以下有期徒刑的刑罚；犯罪情节较轻，有悔罪表现，没有再犯罪的危险，宣告缓刑对所居住社区没有重大不良影响；犯罪分子必须不是累犯和犯罪集团的首要分子。对符合缓刑条件的犯罪分子，可以宣告缓刑，对其中不满18周岁的人、怀孕的妇女和已满75周岁的人，应当宣告缓刑。对宣告缓刑的犯罪分子，在缓刑考验期限内，依法实行社区矫正。被宣告缓刑的犯罪分子，应当遵守下列规定：遵守法律、行政法规，服从监督；按照考察机关的规定报告自己的活动情况；遵守考察机关关于会客的规定；离开所居住的市、县或者迁居，应当报经考察机关批准。战时缓刑，是指在战时对被判处三年以下有期徒刑没有现实危险宣告缓刑的犯罪军人，允许其戴罪立功，确有立功表现时，可以撤销原判刑罚，不以犯罪论处。

（二）刑罚的执行

刑罚的执行简称行刑，是指司法机关将已生效判决所宣告的刑罚付诸实施。其特征是：第一，刑罚执行是将刑罚付诸实施的一种司法活动。第二，刑罚执行的前提和基础是人民法院的生效刑事裁判。第三，刑罚执行的主体是有行刑权的司法机关。

1. 减刑

减刑是指对被判处管制、拘役、有期徒刑或者无期徒刑的犯罪分子，因其在刑罚执行期间认真遵守监规，接受教育改造，确有悔改表现或者立功表现的，而适当减轻其原判刑罚的制度。减刑可分为可以减刑与应当减刑。可以减刑的实质条件是犯罪分子在刑罚执行期间，确有悔改表现，或者有立功表现。应当减刑的实质条件是犯罪分子在刑罚执行期间有重大立功表现。减刑以后实际执行的刑期不能少于下列期限：判处管制、拘役、有期徒刑的，不能少于原判刑期的 1/2；判处无期徒刑的，不能少于十三年；人民法院依照《刑法》第 50 条第 2 款规定限制减刑的死刑缓期执行的犯罪分子，缓期执行期满后依法减为无期徒刑的，不能少于二十五年，缓期执行期满后依法减为二十五年有期徒刑的，不能少于二十年。

2. 假释

假释是对被判处有期徒刑、无期徒刑的犯罪分子，在执行一定刑期之后，因其认真遵守监规，接受教育改造，确有悔改表现，没有再犯罪的危险，而附条件地将其提前释放，在假释考验期内若未出现法定的情形，就认为原判刑罚已经执行完毕的制度。有期徒刑的假释考验期限，为没有执行完毕的刑期；无期徒刑的假释考验期限为十年。假释考验期限从假释之日起计算。《刑法》第 84 条规定："被宣告假释的犯罪分子，应当遵守下列规定：（一）遵守法律、行政法规，服从监督；（二）按照监督机关的规定报告自己的活动情况；（三）遵守监督机关关于会客的规定；（四）离开所居住的市、县或者迁居，应当报经监督机关批准。"对假释的犯罪分子，在假释考验期限内，依法实行社区矫正，如果没有《刑法》第 86 条规定的情形，假释考验期满，就认为原判刑罚已经执行完毕，并公开予以宣告。被假释的犯罪分子，在假释考验期限内犯新罪，应当撤销假释，依照《刑法》第 71 条的规定实行数罪并罚。在假释考验期限内，发现被假释的犯罪分子在判决宣告以前还有其他罪没有判决的，应当撤销假释，依照《刑法》第 70 条的规定实行数罪并罚。被假释的犯罪分子，在假释考验期限内，有违反法律、行政法规或者国务院有关部门关于假释的监督管理规定的行为，尚未构成新的犯罪的，应当依照法定程序撤销假释，收监执行未执行完毕的刑罚。

二、案例介绍

（一）基本案情

罪犯魏玉庆，男，1985年4月13日出生，汉族，河南省林州市人，大学文化程度，因犯招摇撞骗罪于2012年8月14日被河南省林州市人民法院判处有期徒刑三年六个月。① 后魏玉庆提出上诉，河南省安阳市中级人民法院于2012年11月18日作出驳回上诉、维持原判的裁定。② 判决生效后于2012年12月24日送安阳市监狱服刑。魏玉庆服刑一年九个月后，安阳市监狱提出其确有悔改表现，建议对其假释，并将案件相关材料依法通过互联网等渠道向社会公示，报送安阳市中级人民法院审理。安阳市中级人民法院于2014年9月2日立案后依法组成合议庭，同年9月12日公开开庭审理了此案。安阳市人民检察院、安阳市监狱分别派代表出席了法庭，罪犯魏玉庆到庭参加诉讼。

安阳市中级人民法院经审理查明：罪犯魏玉庆犯罪事实清楚，证据确凿，河南省林州市人民法院判决无误。罪犯魏玉庆在服刑期间能够认罪服法；遵守监规，接受教育改造；能够积极参加政治、文化、技术学习；积极参加劳动、完成生产任务；受表扬一次，记功一次。另查明：（1）林州市司法局出具的社会调查评估报告证实，魏玉庆家在农村，父母常年身体不好，家庭经济条件困难，其本人及家人平常无不良嗜好，与邻居相处和睦。其居住地村委会、邻居及其家属均表示愿意协助对其进行监管教育。（2）刑事判决书及谅解书证实，魏玉庆虽在犯罪中骗取他人一定数量的钱款，但案发后与被害人达成和解协议，全部退还所骗款项，取得了被害人谅解，社会影响不大。（3）魏玉庆具有较高文化程度，假释后有能力凭借自身的劳动获取生活来源。上述事实，有执行机关提供的生效判决书、执行通知书、罪犯计分

---

① 河南省林州市人民法院刑事判决书（2012）林刑初字第233号。
② 河南省安阳市中级人民法院裁定书（2012）安中刑一终字第202号。

考核情况汇总表、罪犯改造评审鉴定表、罪犯奖励审批表、社会调查评估报告、罪犯假释审核表等证据在案佐证。

（二）法院审理结果

安阳市中级人民法院认为，罪犯魏玉庆自入狱以来确有悔改表现，不致再危害社会，符合假释条件，可予假释。根据其改造表现和所犯罪行及情节，依照《刑事诉讼法》第262条第2款和《刑法》第81条、第82条、第83条之规定，裁定如下：对罪犯魏玉庆准予假释。

三、案例分析

本案中，人民法院对于魏玉庆能否裁定假释，关键看其是否符合假释的条件。

（一）对象条件

假释只能适用于被判处有期徒刑或者无期徒刑的犯罪分子，其中包括由判处死刑缓期二年执行后减为无期徒刑或者有期徒刑的犯罪分子。但对累犯和因故意杀人、抢劫、强奸、绑架、放火、爆炸、投放危险物质或有组织的暴力性犯罪被判处十年以上有期徒刑、无期徒刑的犯罪分子，以及因犯贪污罪、受贿罪被判处死刑缓期执行且被同时决定在死缓执行期满减为无期徒刑后应终身监禁的犯罪分子不得假释。本案中魏玉庆犯招摇撞骗罪，判处有期徒刑三年六个月，符合假释的对象条件。

（二）限制条件

被判处有期徒刑、无期徒刑的犯罪分子，只有在执行了一定的刑期以后，才能适用假释。根据《刑法》第81条规定，被判处有期徒刑的犯罪分子，必须执行原判刑期1/2以上；被判处无期徒刑的犯罪分子，必须实际执行十三年以上。刑法规定，如果有特殊情况，经最高人民法院核准，可以不受上述执行刑期的限制。其中的特殊情况是指有国家政治、国防、外交等方面特殊的需要。假释具有一定的灵活性，以满足国家政治、经济等方面的特殊需要。被判处死刑缓期执行的罪犯减为无期徒刑或者有期徒刑后，实际执行十五年以上才能假释，该实际执行时间应当从死刑缓期执行期满之日起计算，死刑缓期执行期间不包括在内，判决确定以前先行羁押时间不予折抵。魏玉庆服刑一年九个月后，安阳市监狱建议对其假释，其时对魏玉庆已经执行原判刑期 1/2 以上，符合假释的限制条件。

(三) 实质条件

对于假释条件的理解，其难点集中于实质条件，即"认真遵守监规，接受教育改造，确有悔改表现，没有再犯罪的危险的"，"对犯罪分子决定假释时，应当考虑其假释后对所居住社区的影响"。假释的实质条件是出于特殊预防主义的功利主义价值的考量，该实质条件不仅要求考察行为人在监禁状态下的表现，而且要求考察行为人从监禁内到监禁外的再犯可能。①

1. 认真遵守监规，接受教育改造，确有悔改表现，没有再犯罪的危险的

适用假释的实质条件是：在服刑期间，能够认罪服判，认真遵守法律法规及监规，接受教育改造，积极参加各项学习；积极参加劳动，确有悔改表现，没有再犯罪的危险。最高人民法院 2016 年出台的《关于办理减刑、假释案件具体应用法律的规定》第 3 条规定："'确有悔改表现'是指同时具备以下条件：（一）认罪悔罪；（二）遵守法律法规及监规，接受教育改造；（三）积极参加思想、文化、职业技术教育；（四）积极参加劳动，努力完成劳动任务。对职务犯罪、破坏金融管理秩序和金融诈骗犯罪、组织（领导、参加、包庇、纵容）黑社会性质组织犯罪等罪犯，不积极退赃、协助追缴赃款赃物、赔偿损失，或者服刑期间利用个人影响力和社会关系等不正当手段意图获得减刑、假释的，不认定其'确有悔改表现'。罪犯在刑罚执行期间的申诉权利应当依法保护，对其正当申诉不能不加分析地认为是不认罪悔罪。"所谓"没有再犯罪的危险"，是指综合犯罪分子的犯罪情节和悔改表现及其品行等个人情况，认为其人身危险性很小甚至没有人身危险性，可以预测其今后不会再次实行犯罪。认定"没有再犯罪的危险"，除应符合《刑法》第 81 条规定的情形外，还应当根据犯罪的具体情节，原判刑罚情况，罪犯在刑罚执行中的一贯表现，以及罪犯的年龄、身体状况、性格特征，假释后生活来源及监管条件等因素综合考虑。《关于办理减刑、假释案件具体应用法律的规定》第 26 条规定："对下列罪犯适用假释时可以依法从

---

① 陈伟：《刑罚退出机制视域下减刑假释制度的体系完善》，《中国刑事法杂志》2022 年第 4 期，第 33 页。

宽掌握：（一）过失犯罪的罪犯、中止犯罪的罪犯、被胁迫参加犯罪的罪犯；（二）因防卫过当或者紧急避险过当而被判处有期徒刑以上刑罚的罪犯；（三）犯罪时未满十八周岁的罪犯；（四）基本丧失劳动能力、生活难以自理，假释后生活确有着落的老年罪犯、患严重疾病罪犯或者身体残疾罪犯；（五）服刑期间改造表现特别突出的罪犯；（六）具有其他可以从宽假释情形的罪犯。罪犯既符合法定减刑条件，又符合法定假释条件的，可以优先适用假释。"《关于办理减刑、假释案件具体应用法律的规定》第27条规定："对于生效裁判中有财产性判项，罪犯确有履行能力而不履行或者不全部履行的，不予假释。"2019年最高人民法院公布的《关于办理减刑、假释案件具体应用法律的补充规定》（以下简称《补充规定》）第1条规定："对拒不认罪悔罪的，或者确有履行能力而不履行或者不全部履行生效裁判中财产性判项的，不予假释，一般不予减刑。"《补充规定》第6条规定："对本规定所指贪污贿赂罪犯适用假释时，应当从严掌握。"

2. 假释后不会对其所居住社区产生重大不良影响

所谓"假释后不会对其所居住社区产生重大不良影响"，是指对犯罪分子适用假释不会对其所居住社区的安全、秩序和稳定等带来重大不良影响。假释对犯罪分子不予关押，而将其留在社会上进行监督考察，因此，为了避免社会再次遭受犯罪分子的侵犯，在考虑是否对犯罪分子予以假释时，必须准确判断对犯罪分子假释后不会对其所居住社区产生重大不良影响。进行这种判断和预测除了依据犯罪情节和犯罪分子的悔罪表现外，还必须对犯罪分子的个人情况进行详细的考察。犯罪分子的性格、品行、生活环境等个人情况的不同，体现着犯罪分子重新犯罪可能性的大小、改造的难易程度及假释对犯罪分子所可能具有的作用差异性，所以在决定对犯罪分子是否适用假释时要对这些个人情况加以考虑。犯罪分子的生活环境（包括犯罪分子的家庭环境、生活的社区环境、接触的周围人群、个人的生活水平等）、对犯罪分子适用假释可以期待的效果、影响犯罪分子再犯可能性的客观情况，也应当属于适用假释时加以考虑的因素。例如性格宽和的犯罪分子，更加容易适应社会，在假释考验期间一般能够较好地配合社区矫正机构的监管，改过自新，顺利回归社会。而性格孤僻的犯罪分子，较难与社会融为一体，在对其自由予以限制、行为受到管束的假释状态下，很难配合社区矫正机构的教育改造，甚至可能导致其性格和行为扭曲更加严重而重新犯罪。因此，对性格温和的犯罪分子应当倾向于适用假释；对于性格孤僻的犯罪分子则应当继续予以关押，进一步进行人格康复矫正。罪犯被假释后的生活来源、监管条件和共同居住的家庭成员及收入情况等，对于罪犯能否顺利重新回归社会有重要影响，也是决定假释适用的重要因素。[①]

法院经审理查明罪犯魏玉庆自入狱以来认真遵守监规，接受教育改造，确有悔改表现，没有再犯罪的危险，假释后不会对其所居住社区产生重大不良影响，符合假释实质条件。

四、课程思政解读

国家刑罚的目的是惩罚犯罪，保护人民。用刑罚同一切犯罪行为作斗争，以保卫国家安全，保卫人民民主专政的政权和社会主义制度，保护国有财产和劳动群众集体所有的财产，保护公民私人所有的财产，保护公民的人身权利、民主权利和其他权利，维护社会秩序、经济秩序，保障社会主义建设事业的顺利进行。刑罚执行可以让罪犯承担其犯罪行为所带来的后果，起到威慑作用，减少犯罪行为的发生，维护社会的稳定和安宁。同时，也可以让罪犯认识到自己的错误，积极改造自己，成为对社会有益的人。

（一）有助于增强假释犯罪分子的自律性，促使其改恶从善

假释制度体现了国家对经过一定期限服刑改造、没有再犯罪危险的犯罪分子实行的宽大处理政策，对于激励犯罪分子，特别是被判处长期徒刑和无期徒刑的犯罪分子，使其积极向上，改恶从善，争取早日回归社会，成为自食其力的新人，具有重要的作用。被适用假释的犯罪分子无须继续在监狱执行刑罚，其生活和工作的环境相对宽松，但其在假释考验期内，需要履行法定的义务，否则，将会被投入监狱继续执行刑罚。因此，被适用假释的犯罪分子基本会珍惜假释机会，严于律己，重新做人。被假释的犯罪分子的矫正离不开犯罪分子的主观努力，较之将其继续关押于监禁设施内执行刑罚，在以自律为主的社会生活中能获得更好的刑罚特殊预防效果。

（二）有助于假释犯罪分子的再社会化

每个人的成长既是自然发育的过程，同时又是社会化的过程。犯罪分子

[①] 黄永维、聂洪勇、李宗诚：《〈关于办理减刑、假释案件具体应用法律若干问题的规定〉的理解与适用》，《人民司法》2012年第7期，第24页。

实施犯罪表明其在成长过程中社会化未取得成功。被适用假释的犯罪分子认罪悔罪态度较好，因而再次犯罪的可能性比较小，若继续由监狱执行自由刑，具有与社会隔绝、重返社会困难、罪犯间交互感染等诸项弊端，因而可能不但没有使犯罪分子受到教育改造，反而染上犯罪的恶习，且在出狱之后重返社会出现诸多不适应的问题，进而有悖于预防犯罪之刑罚目的的实现。因此，为了预防其再次实施犯罪，就应该力促其社会化取得成功。将符合假释条件的犯罪分子提前附条件释放，让其在社会上接受一定的教育矫正，与将其继续关押在监狱服刑比较，更能在重新社会化上获得积极的效果。

（三）公开审理假释案件有助于提高司法公信力

长期以来，监狱行刑工作是在高墙电网、武警站岗的封闭环境中进行的，外界对罪犯在监狱中的活动充满好奇。假释工作大多限于书面审理，一定程度上增加了这一司法活动的神秘性。与世隔绝的监狱和停留在办公室内的假释审理使这项司法活动不像刑事审判活动一样能为公众所接触，因此变更宣告刑的实际执行时间或者执行地点成为人们十分感兴趣的事情，一些人甚至认为其中容易存在暗箱操作。罪犯获得假释出狱，在有些情况下会再次实施犯罪，媒体报道中常常提起该罪犯曾经多次获得减刑，话语中充满了对假释的不理解和不满意。对部分假释案件公开审理，把罪犯在监狱中的表现公之于众，能够令公众对罪犯确有悔改表现、立功或者重大立功的情形有直观的认识。对罪犯裁定假释的司法过程向公民、媒体公布，能够使公民理解相关法律的设立原因、适用背景及罪犯在监狱内的活动情况，有利于去除减刑、假释工作的神秘色彩，增加公民对法律适用、执行的感性认识，从而增强司法公信。

五、问题拓展讨论

1. 刑罚裁量的基本原则是什么？
2. 刑罚执行的基本原则是什么？
3. 刑罚裁量与刑罚执行的区别是什么？
4. 如何适用数罪并罚？
5. 如何理解假释的法律后果？

👍 六、阅读文献推荐

1. 阮齐林：《犯罪与刑罚论要》，中国政法大学出版社，2021 年。

2. 王志亮：《外国刑罚执行制度研究》（修订版），中国人民公安大学出版社，2019 年。

3. 陈岚：《量刑建议制度研究》，武汉大学出版社，2009 年。

4. 石经海：《量刑研究》，社会科学文献出版社，2019 年。

5. 王利荣：《行刑法律机能研究》，法律出版社，2001 年。

6. 张峰、连春亮：《行刑与罪犯矫治社会化研究》，群众出版社，2007 年。

7. 董文辉：《中国减刑、假释制度改革研究》，法律出版社，2016 年。

8. 孙存德、赵芳芳、宋红伟：《建立健全减刑假释案件开庭审理检察监督保障机制》，《人民检察》2014 年第 6 期。

9. 陈伟：《刑罚退出机制视域下减刑假释制度的体系完善》，《中国刑事法杂志》2022 年第 4 期。

10. 董邦俊、赵聪：《假释的实质条件及其评估保障机制研究》，《政法论丛》2019 年第 5 期。

11. 罗智勇、董朝阳、孙自中：《〈关于加强减刑、假释案件实质化审理的意见〉的理解与适用》，《中国应用法学》2022 年第 3 期。

12. 翟中东：《减刑、假释实质化审理背景下监狱行刑的思考》，《犯罪与改造研究》2022 年第 3 期。

13. 李豫黔：《减刑假释暂予监外执行的问题与改进探讨》，《犯罪与改造研究》2022 年第 2 期。

14. 朱曙光：《我国减刑假释制度的历史回顾与启示》，《犯罪与改造研究》2023 年第 9 期。

15. 彭文华：《刑罚的分配正义与刑罚制度体系化》，《中外法学》2021 年第 5 期。

危害国家安全罪

案例 9：林旭亮为境外刺探国家秘密案①

⬡ 一、知识点提要

（一）危害国家安全罪的概念

危害国家安全罪，是指故意危害中华人民共和国国家安全的行为。我国刑法分则第一章即规定了危害国家安全罪，从危害国家安全罪在刑法中所处的位置可以判断出本章罪名的严重性与严肃性。

（二）危害国家安全罪的种类

根据实施危害国家安全的行为方式不同，可以将危害国家安全罪分为：

1. 危害国家、颠覆政权的犯罪

包括背叛国家罪，分裂国家罪，煽动分裂国家罪，武装叛乱、暴乱罪，颠覆国家政权罪，煽动颠覆国家政权罪和资助危害国家安全犯罪活动罪。

2. 叛变、叛逃的犯罪

包括投敌叛变罪和叛逃罪。

3. 间谍、资敌的犯罪

包括间谍罪，为境外窃取、刺探、收买、非法提供国家秘密、情报罪和资敌罪。

---

① 最高人民法院中国应用法学研究所：《人民法院案例选》，人民法院出版社，2016 年，第 77–85 页。

（三）危害国家安全罪的构成特征

1. 犯罪客体

本类罪保护的客体是国家安全。根据《中华人民共和国国家安全法》第2条的规定，国家安全是指"国家政权、主权、统一和领土完整、人民福祉、经济社会可持续发展和国家其他重大利益相对处于没有危险和不受内外威胁的状态，以及保障持续安全状态的能力"。从国家安全的基本内容上看，国家安全具体是指一个国家的独立、主权和领土主权没有被侵犯，国家的政治和社会制度没有遭受到破坏，国家统一和民族团结不会遭到破坏；社会发展、科技进步、文化繁荣不会遭到破坏；平等互利的交流与政治、商业、技术、文化的交流不受干扰和阻碍；国家秘密不会遭到窃取；国家机构不会被渗透；国家公务人员不会被教唆；等等。国家安全包括政治、经济、文化和社会生活的方方面面，任何违反这些方面的严重犯罪行为，均构成刑法中危害中华人民共和国国家安全的危害国家安全罪。

2. 犯罪客观方面

本类罪在客观行为上表现为《刑法》第102条至第112条规定，具体包含了12个罪名：背叛国家罪（第102条），分裂国家罪（第103条），煽动分裂国家罪（第103条），武装叛乱、暴乱罪（第104条），颠覆国家政权罪（第105条），煽动颠覆国家政权罪（第105条），资助危害国家安全犯罪活动罪（第107条），投敌叛变罪（第108条），叛逃罪（第109条），间谍罪（第110条），为境外窃取、刺探、收买、非法提供国家秘密、情报罪（第111条），资敌罪（第112条）。但需要注意的是，在客观行为的具体判断过程中，要注意定性的准确性，不得任意、随意扩大范围。比如，根据《中华人民共和国宪法》第35条规定：中华人民共和国公民有言论、出版、集会、结社、游行、示威的自由。这一规定的核心目的就是政治性的，即保障公民通过发表言论参与公共事务的管理。公民对公共事务发表言论，即便是对政府的有关政策提出了批评，只要是基于事实表达的个人价值判断或者见解，无论正确与否，都应注意区分煽动性犯罪与言论自由之间的界限。①

3. 犯罪主体

本类罪的犯罪主体多为一般主体，即达到刑事责任年龄，具备刑事责任

---

① 张明楷：《刑法学·下》（第五版），法律出版社，2016年，第679-680页。

能力者均可以构成本类罪。少数犯罪对主体有特别要求，例如，背叛国家罪、投敌叛变罪、叛逃罪的主体只能是中国公民，其中叛逃罪的主体还必须是我国国家机关工作人员或者掌握国家秘密的国家工作人员。本类犯罪中除了资助危害国家安全犯罪活动罪可由境外机构、组织或者个人构成外，其他犯罪的主体均为自然人主体。①

4. 犯罪主观方面

本类犯罪的主观方面表现为故意，即明知自己的行为会发生危害中华人民共和国国家安全的结果，并且希望或者放任这种结果的发生。不过，对于本类罪明知的判断，往往是司法实践中争议的一个重要焦点。一般而言，如果可以通过具体的客观事实判断出行为人主观上"明确知道"是较为理想的模式，但在司法实践中，对于客观事实无法直接反映行为人主观的，特别是客观事实本身还需要通过鉴定方式予以确立的，能否通过一般人的判断来推定行为人主观上"应当知道"以确立明知，当前学界仍然存在一定的争议。

(四) 危害国家安全罪的处罚

危害国家安全罪中罪名的刑罚是非常严厉的，多个罪名的法定刑包含了无期徒刑。特别是，根据《刑法》第 113 条规定，"本章上述危害国家安全罪行中，除第一百零三条第二款、第一百零五条、第一百零七条、第一百零九条外，对国家和人民危害特别严重、情节特别恶劣的，可以判处死刑。犯本章之罪的，可以并处没收财产"。

二、案例介绍

(一) 基本案情

2012 年 8 月，被告人林旭亮在互联网上发布求职信息后，被境外人员"丹"许以经济报酬诱惑勾连。2012 年 11 月至 2014 年 2 月期间，被告人林旭亮按照"丹"的要求，以兼职做市场调查、项目调查的名义，以厦门水警区码头为主要目标，每月数次到码头周边，采取观察、绘图、记录、拍照、编制等方式，搜集获取码头周边及内部布局图、工程建设进展、军舰停泊动

---

① 《刑法学》编写组：《刑法学（下册·各论）》，高等教育出版社，2019 年，第 15 页。

态等军事信息，并整理制作成电子资料，通过互联网以发送邮件、共用邮箱等方式提供给"丹"，先后收受对方支付的报酬共计 56837 元。经鉴定，上述资料涉及 3 项军事秘密，具体如下：

（1）2012 年 12 月，被告人林旭亮按照"丹"的要求，到厦门市和平码头用手机对码头修建项目和船只进行拍照，在军港外围观察建筑物布局，到演武大桥拍摄军舰等照片，将照片、绘制的布局图及搜集情况一并发给了对方。其中，被告人林旭亮绘制的某猎潜艇大队内部及周边布局图，经鉴定为机密级军事秘密。

（2）2013 年 9 月，被告人林旭亮按照"丹"的要求，将其在上述码头观测到的舰艇数量、舷号及停泊变动情况予以记录，与之前所拍照片一起编制成 40 余条记录发给了对方。其中，该观测记录反映了厦门水警区某船参加反袭扰演练、训练等情况，经鉴定为机密级军事秘密。

（3）在被告人林旭亮另所拍摄并发给"丹"的照片中，有关营区门岗、厦门港码头、军用船舰的照片，为某猎潜艇大队门岗、码头、舰船靠泊情况，经鉴定为秘密级军事秘密。

（二）裁判结果

福建省厦门市中级人民法院于 2014 年 12 月 5 日作出刑事判决：（1）被告人林旭亮犯为境外刺探国家秘密罪，判处有期徒刑五年，剥夺政治权利一年。（2）追缴被告人林旭亮违法犯罪所得人民币 56837 元。（3）随案移送的被告人林旭亮的建设银行储蓄卡用于执行第二项判决，笔记本电脑 1 台予以没收。宣判后，林旭亮未提起上诉，判决已生效。

（三）裁判理由

（1）关于被告人林旭亮提出的其中一项机密级军事秘密的认定问题。经查，在案的鉴定意见表明，案发期间被告人林旭亮对厦门港码头的观测记录之所以被认定为机密级军事秘密，是因为其动态反映了厦门水警区某大队某船参加反袭扰演练及编队位厦门港内训练等情况，无论该码头设施是否存在保密性的欠缺，随手摄制的静态照片是否构成军事秘密，被告人在同一时间段、同一区域的观测都形成了动态记录，即使其记录中存有个别无关或不实信息，仍能够反映上述军用船艇的相关部署和调动情况，不影响该项机密级军事秘密的认定。被告人相关辩解意见理由不足，不予采纳。

（2）关于被告人林旭亮的辩护人提出的涉案军事信息易获取、危害性小的辩护意见。本院认为，国家秘密是指关系国家安全和利益，依法定程序确定，在一定时间内只限一定范围的人员知悉的事项，包括国防建设和武装力量活动中的秘密事项，即本案所涉军事秘密；国家秘密一旦被泄漏就有可能会使国家安全和利益遭受损失，其行为危害程度与保密程度、获取难易程度无关，而是取决于国家秘密的数量、级别及对国家安全和利益造成的损害后果。从本案的作案工具及技术手段来看，虽然被告人林旭亮并未使用专业的间谍器材或者高科技手段，即探听获取了相关军事秘密，涉案单位可能存在保密性上的欠缺，但不能以此来衡量其行为的社会危害性及情节轻重，而应当以鉴定的二项机密级、一项秘密级国家秘密来确定其量刑档次。辩护人相关辩护意见理由不足，不予采纳。

三、案例分析

本案涉及的具体罪名是《刑法》第 111 条为境外刺探国家秘密罪，即"为境外的机构、组织、人员窃取、刺探、收买、非法提供国家秘密或者情报的，处五年以上十年以下有期徒刑；情节特别严重的，处十年以上有期徒刑或者无期徒刑；情节较轻的，处五年以下有期徒刑、拘役、管制或者剥夺政治权利"。本罪的构成主要涉及两个方面：一是有无为境外刺探国家秘密；二是对于为境外刺探国家秘密是否明知。根据本案已查明的事实，被告人林旭亮在互联网上发布求职信息后，被境外人员"丹"许以经济报酬诱惑勾连。2012 年 11 月至 2014 年 2 月期间，被告人林旭亮按照"丹"的要求行事。应当说，被告人为境外刺探相关信息的事实是没有争议的。本案争议的两个关键点为：其一，被告人林旭亮以厦门水警区码头为主要目标，每月数次到码头周边，采取观察、绘图、记录、拍照、编制等方式，搜集获取码头周边及内部布局图、工程建设进展、军舰停泊动态等军事信息，并整理制作成电子资料是否属于"国家秘密"；其二，能否认定被告人林旭亮明知自己的行为是在为境外刺探国家秘密。

（一）关于国家秘密的认定

关于何为《刑法》第 111 条规定中的国家秘密，刑法并没有给出明确的解释。但根据 2001 年 1 月 17 日最高人民法院发布的《关于审理为境外窃取、刺探、收买、非法提供国家秘密、情报案件具体应用法律若干问题的解释》（以下简称《解释》）第 1 条规定："刑法第一百一十一条规定的'国家秘密'，是指《中华人民共和国保守国家秘密法》第二条、第八条以及《中华人民共和国保守国家秘密法实施办法》第四条确定的事项。"① 根据《中华人民共和国保守国家秘密法》（2010 年）第 2 条规定："国家秘密是关系国家安全和利益，依照法定程序确定，在一定时间内只限一定范围的人员知悉的事项。"第 9 条规定："下列涉及国家安全和利益的事项，泄露后可能损害国家在政治、经济、国防、外交等领域的安全和利益的，应当确定为国家秘密：（一）国家事务重大决策中的秘密事项；（二）国防建设和武装力量活动中的秘密事项；（三）外交和外事活动中的秘密事项以及对外承担保密义务的秘密事项；（四）国民经济和社会发展中的秘密事项；（五）科学技术中的秘密事项；（六）维护国家安全活动和追查刑事犯罪中的秘密事项；（七）经国家保密行政管理部门确定的其他秘密事项。政党的秘密事项中符合前款规定的，属于国家秘密。"《解释》第 7 条还规定："审理为境外窃取、刺探、收买、非法提供国家秘密案件，需要对有关事项是否属于国家秘密以及属于何种密级进行鉴定的，由国家保密工作部门或者省、自治区、直辖市保密工作部门鉴定。"

就此而言，在本案中，根据《解释》规定，经过保密工作部门的鉴定，被告人林旭亮收集整理的信息被鉴定为秘密级、机密级国家秘密，认定被告人为境外刺探国家秘密似乎并无不妥。不过，对于"国家秘密"的认定是否仅依据鉴定就一定没有问题，理论界存在不同的声音。因为鉴定在某种意义上只是通过程序确立了结论的合法性，而对于结论本身是否合理仍有讨论的

---

① 需要作出说明的是，《中华人民共和国保守国家秘密法》经 2010 年修订后，原第 8 条调整为第 9 条；《中华人民共和国保守国家秘密法实施办法》已于 2014 年 3 月 1 日被废止。

余地。在李某、孟某为境外非法提供国家秘密一案①分析中，有学者就指出，"其为境外收买的国家秘密是 25 期《内部参考》、3 份《今日政法动态》和 1 份《关于印发〈进一步加强本市综合治理公安监所安全管理工作的意见〉的通知》。首先，《关于印发〈进一步加强本市综合治理公安监所安全管理工作的意见〉的通知》很难说关系国家安全。如果说监所安全就是国家安全，则国家安全这个概念就被泛化和滥用了。其次，3 份《今日政法动态》也很难说关系国家安全。以 2012 年 12 月 20 日第 243 期《今日政法动态》为例，显然不能认为政法系统的一位领导在关于检务效能监察的情况报告上批示关系到国家安全和政法委领导班子过常规的民主生活会关系到国家安全。接下来，重点分析一下作为涉案国家秘密大部分的《内部参考》。从前述所罗列的《内部参考》文章来看，其内容关涉我国的政党建设、经济发展、文化教育、犯罪预防、社会管理创新等方面，甚至还有国外经济发展的内容。我们同样很难说这些内容直接关系国家安全，从而很难说载有这些内容的资料就是关系国家安全的国家秘密。如果本案中的国家秘密涉及领土划界、国防建设、维护国家安全活动、核技术、航天技术等内容，则要作出相反的结论了。因为领土划界、国防建设、维护国家安全活动、核技术、航天秘密等显然是关系国家安全的。但本案中的国家秘密并未涉及这些内容。按照我们通常的理解，危害国家安全罪中的'国家安全'，指向的是中华人民共和国的主权、领土完整和安全、人民民主专政的政权和社会主义制度。前述理解符合我们对'国家安全'的社会常识和公众认知。显然，将李某案中

---

① 该案基本案情为：李某系某市某家律师事务所的律师，长期从事非诉业务。因多年来业绩突出，李某被派往日本研修。在日本研修期间，李某结识境外人士刘某。在刘某以搞学术研究的蒙蔽和物质利诱之下，李某回国后便联系其在攻读在职法律硕士期间的同学孟某，以图孟某为其提供刘某所需的名为研究资料而实为国家秘密的相关材料。孟某系该市某市铁路中级法院的一名法官。碍于同学情面和国家秘密意识淡薄，孟某利用工作之便将其获得的涉案国家秘密材料以快递、当面等方式交与李某。李某在得到孟某所提供的秘密材料后，先予拍照，后通过互联网将秘密材料发送境外即发送给刘某。在此案中，李某从刘某处得到报酬 20 余万元人民币，孟某又从李某处得到报酬 7000 元人民币。孟某提供、李某拍照发送的秘密材料经保密机关鉴定：新华通讯社《内部参考》共计 25 期，属于机密级国家秘密；该市委政法委编发的《今日政法动态》共计 3 份，属于秘密级国家秘密；该市公安等多部门联合下发的《关于印发〈进一步加强本市综合治理公安监所安全管理工作的意见〉的通知》共计 1 份，属于秘密级国家秘密。后该市某法院判决李某的行为构成为境外收买、非法提供国家秘密罪，判处有期徒刑十五年；孟某的行为构成为境外非法提供国家秘密罪，判处有期徒刑十年。参见马荣春、马卫东：《对刑法第 111 条的理解适用及其引申——以李某为境外收买、非法提供国家秘密案为例》，《江苏警官学院学报》2016 年第 4 期，第 25-26 页。

的国家秘密与国家安全挂钩，实在是太牵强了，因为我们实难从涉案国家秘密中看到国家安全的'含金量'"。①

就本案而言，从在案查明的事实来看，被告人林旭亮是以厦门水警区码头为主要目标，每月数次到码头周边，采取观察、绘图、记录、拍照、编制等方式，搜集获取码头周边及内部布局图、工程建设进展、军舰停泊动态等军事信息的。不同于李某案中涉及的公安监所、政法批示等内容，本案中军事信息关涉国家安全应当是不用质疑的。不过，学者关于李某案分析的国家秘密涉及的国家安全的"含金量"对本案的分析具有指导作用。尽管本案判决理由指出，"国家秘密一旦被泄漏就有可能会使国家安全和利益遭受损失，其行为危害程度与保密程度、获取难易程度无关，而是取决于国家秘密的数量、级别及对国家安全和利益造成的损害后果。从本案的作案工具及技术手段来看，虽然被告人林旭亮并未使用专业的间谍器材或者高科技手段，即探听获取了相关军事秘密，涉案单位可能存在保密性上的欠缺，但不能以此来衡量其行为的社会危害性及情节轻重"，但事实上，一般人通过日常使用工具，未进入非禁止区域便能够拍摄或者观察、记录信息，至少反映了这类信息涉及的国家安全的"含金量"是较低的。"《刑法》乃国之大法，其适用关系到公民的人身自由和政治权利等重大利益，不可不慎之又慎。"② 特别是，本罪为重罪，对于国家秘密的甄别至关重要。换言之，对于侵犯国家秘密的行为当然要严厉打击，但是对于国家秘密的准确判断当慎之又慎。本案中，国家秘密的认定还可以进一步研究。

（二）关于明知的认定

关于本案，能否认定被告人林旭亮明知自己的行为是在为境外刺探国家秘密，这一点在辩护理由和裁判说理中并没有作为重点提及。不过，事实上，作为为境外刺探国家秘密罪中的主观要素，明知的认定同样是本罪是否构成的关键。关于明知的认定，学界存在不同观点。有学者统计大体如下：狭义说认为，"明知"是"故意"所需要具备的主观心理表现，仅指"确知"，即"明确知道"；"应知"则是"应当知道却不知道"，与"明确知

---

① 马荣春、马卫东：《对刑法第 111 条的理解适用及其引申——以李某为境外收买、非法提供国家秘密案为例》，《江苏警官学院学报》2016 年第 4 期，第 26-27 页。

② 龙文懋：《侵犯国家秘密犯罪中国家秘密的甄别问题研究》，《中国人民公安大学学报（社会科学版）》2008 年第 1 期，第 55 页。

道"的认识程度相差甚远，属于过失的心理表现。广义说并不赞成这一看法，认为"明知"不能仅停留在"确知"的层面，还应包含其他的情形。据此，在该观点内部又形成了不同的看法，包括"应知说""推定说""可能说"等。学者江溯主张"应知说"。他从服务司法认定、有效打击犯罪的视角出发，认为若"明知"限制在"明确知道"的范围内则有放纵犯罪之嫌，所以还应当包括"应当知道"。该观点被司法解释所采纳。"推定说"为陈兴良教授所提倡，他在否定"应知说"的基础上提出了"推定说"，认为在理解"明知"时要摒弃"应当知道"的提法，将其分为"确切知道"和"推定知道"。他同时指出，"推定知道"虽然达不到确切的程度，但经过充分的事实证明也可以视为行为人知道。"可能说"是高铭暄教授的观点，他指出"明知"不一定通过绝对确定的被告人供述认定，只要根据证据足以认定其具有该主观表现即可，因此"明知"不仅包括"确切知道"，还包括"可能知道"。冷大伟博士则从逻辑出发，认为"应知"是以"不知道"为逻辑前提的，与"明知"显然不同，所以应将"应知"的说法舍弃，改为"可能知道"。①

不过，就本罪来说，根据《解释》第5条规定，"行为人知道或者应当知道没有标明密级的事项关系国家安全和利益，而为境外窃取、刺探、收买、非法提供的，依照刑法第一百一十一条的规定以为境外窃取、刺探、收买、非法提供国家秘密罪定罪处罚"。本罪的"明知"在司法解释层面上包括了"应当知道"。但即便如此，本案中，对于被告人明知或者应当知道拍摄的信息属于国家秘密的认定还可以进一步研究。一方面，虽然从为境外有偿提供信息而言，可以推定被告人有可能意识到自己的行为存在"违法"，但是另一方面，本案的客观事实又同时反映出被告人对自己的行为是在刺探国家秘密的具体认识显然不足。因为，从本案的作案工具及技术手段来看，被告人林旭亮并未使用专业的间谍器材或者高科技手段，其也没有进入禁止进入的区域。可见，对于所拍摄信息的"国家秘密"属性，被告人的认识或者判断是不足的。换言之，即便赞成刑法中的明知包括应当知道或者推定知道，但就本案而言，认定被告人明知自己的行为是在为境外刺探国家秘密还需要进一步思考。

① 任静、张可：《刑法"明知"的规范分析及司法认定》，《西安石油大学学报（社会科学版）》2023年第2期，第87页。

四、课程思政解读

尽管我们从学术的不同观点对林旭亮为境外刺探国家秘密案进行了分析和探讨，但毋庸置疑的是林旭亮的行为是与社会主义核心价值观背道而驰的，值得我们高度重视。国家安全是国家生存发展的基本前提，维护国家安全是全国各族人民根本利益所在。2014 年 4 月，习近平总书记在中央国家安全委员会第一次会议上首次提出了总体国家安全观，并系统提出了"11 种安全"，要求构建集政治安全、国土安全、军事安全、经济安全、文化安全、社会安全、科技安全、信息安全、生态安全、资源安全、核安全等于一体的国家安全体系。这极大地丰富了当前我国国家安全的内涵与外延。没有国家安全的基础，任何美好蓝图都是空中楼阁。我们必须从以下三个方面来把握国家安全。

（一）深刻体会并牢记国家安全的重要性

习近平总书记高度重视国家安全问题，多次强调要增强忧患意识，做到居安思危，把安全发展贯穿国家发展各领域和全过程。在 2016 年 4 月 15 日首个全民国家安全教育日到来之际，习近平总书记作出指示："国泰民安是人民群众最基本、最普遍的愿望。实现中华民族伟大复兴的中国梦，保证人民安居乐业，国家安全是头等大事。"在 2014 年 4 月 15 日中央国家安全委员会第一次会议上的讲话中，习近平总书记指出："当前我国国家安全内涵和外延比历史上任何时候都要丰富，时空领域比历史上任何时候都要宽广，内外因素比历史上任何时候都要复杂，必须坚持总体国家安全观，以人民安全为宗旨，以政治安全为根本，以经济安全为基础，以军事、文化、社会安全为保障，以促进国际安全为依托，走出一条中国特色国家安全道路。"在 2021 年 7 月 1 日庆祝中国共产党成立 100 周年大会上，习近平总书记指出："新的征程上，我们必须增强忧患意识、始终居安思危，贯彻总体国家安全观，统筹发展和安全，统筹中华民族伟大复兴战略全局和世界百年未有之大变局，深刻认识我国社会主要矛盾变化带来的新特征新要求，深刻认识错综复杂的国际环境带来的新矛盾新挑战，敢于斗争，善于斗争，逢山开道、遇水架桥，勇于战胜一切风险挑战！"国家安全无论是对于国家，还是对于个人而言都是至关重要的，必须牢记并深刻把握国家安全的重要性。

（二）必须树立杜绝危害国家安全行为的坚定立场

从国家、民族、个人利益而言，国家安全无小事。国家稳定安全是人民群众最基本、最普遍的愿望。近代以后，中国逐步沦为半殖民地半封建社会，国家蒙辱、人民蒙难、文明蒙尘，中华民族遭受了前所未有的劫难。人们希望救亡图存、振兴中华，希望安邦定国、走向复兴。正是在中国共产党的团结带领下，民族独立、人民解放得以实现，中华民族伟大复兴也进入了不可逆转的历史进程。奋进新征程、建功新时代，只有始终筑牢国家安全的基石，我们擘画的美好蓝图才能扎牢根基，化为现实。《三国志·蜀书·先主传》："勿以恶小而为之，勿以善小而不为。"对于任何可能涉及国家安全的危害行为，哪怕是再小都必须予以坚决的拒绝，树立坚定的立场。

（三）提高对信息甄别、交友的谨慎性和判断性

包括本案在内的很多案例显示，有些危害国家安全的行为并不是行为人"主动自发"实施的，而是行为人在浏览了一些反动网站，收听了一些反动广播，认识了一些所谓的朋友、同事、亲戚等后，或受到各类诱惑或受到欺骗或受到蒙蔽等后实施的。特别是青少年学生，他们正处于认识世界的重要阶段，对于很多事物都有自己的一番见解，但在原则性问题上的认识还十分不足。在这一阶段接触境外有害政治信息，很容易被西方意识形态影响。加之青少年学生对新事物接受快，运用新型工具的能力强，更具活力，容易成为境外反华敌对势力的渗透目标。当前，反华敌对势力针对我国的渗透方式越发隐蔽，公民在浏览境外信息时容易在不知不觉中被误导。尤其是在涉及国家政治制度、民族政策等方面，反华敌对势力或以所谓的"真实案例"煽动对立，或以"普世价值观"为由进行诱导。对此，我们务必要提高警惕、保持警觉。

💬 **五、问题拓展讨论**

1. 如何在刑法上把握国家安全的具体内容？
2. 如何把握公民行使权利与危害国家安全犯罪之间的界限？
3. 为境外窃取、刺探、收买、非法提供国家秘密、情报罪与非法获取国家秘密罪、故意泄露国家秘密罪的区别是什么？

4. 如何判断危害国家安全犯罪中行为人的"明知"？

5. 间谍罪的行为方式有哪些？

六、阅读文献推荐

1. 总体国家安全观研究中心：《总体国家安全观透视——历史长河、全球视野、哲学思维》，时事出版社，2023 年。

2. 石发勇、辛方坤：《风险社会治理与国家安全——以重大突发公共危机为背景》，北京大学出版社，2022 年。

3. 侯健：《表达自由的法理》，上海三联书店，2008 年。

4. 尹建国：《危害国家安全网络有害信息的范围判定与法律边界》，《法学评论》2023 年第 3 期。

5. 虞文梁：《论国家安全法治中刑法基本价值冲突与平衡》，《东方法学》2022 年第 5 期。

6. 周光权：《明知与刑事推定》，《现代法学》2009 年第 2 期。

7. 张继承：《对"知道""应当知道""明知"及其关联概念的法逻辑诠释》，《法学》2023 年第 6 期。

危害公共安全罪

案例 10：钟某平以危险方法危害公共安全案①

⚠ 一、知识点提要

（一）危害公共安全罪的概念

我国刑法分则第二章规定了危害公共安全罪，是指故意或者过失实施危害不特定多数人的生命、健康、重大公私财产安全的犯罪行为。

（二）危害公共安全罪的种类

根据犯罪行为方式、对象、罪过形式的不同，危害公共安全罪大体可分为 5 类：

1. 使用危险方法危害公共安全的犯罪

包括放火罪，决水罪，爆炸罪，以危险方法危害公共安全罪等。

2. 破坏公共设备、设施危害公共安全的犯罪

包括破坏交通工具罪，破坏交通设施罪等。

3. 实施恐怖活动危害公共安全的犯罪

包括组织、领导、参加恐怖组织罪，帮助恐怖活动罪，准备实施恐怖活动罪等。

4. 违反枪支、弹药、爆炸物及核材料管理的犯罪

包括非法制造、买卖、运输、邮寄、储存枪支、弹药、爆炸物罪等。

---

① 江苏省苏州市虎丘区人民法院（2008）虎刑初字第 0235 号判决书，江苏省苏州市中级人民法院（2008）苏中刑终字第 0135 号裁定书。

5. 重大责任事故的犯罪

包括重大飞行事故罪，铁路运营安全事故罪，交通肇事罪等。

(三) 危害公共安全罪的构成特征

1. 犯罪客体

本类罪保护的客体是公共安全，即不特定多数人的生命、健康、重大公私财产安全。不过对于如何理解不特定多数人及重大公私财产安全，学界存有一定的争议。有观点认为公共安全中的不特定多数人是指"不特定+多数人"，也有观点认为不特定多数人是指"不特定或者多数人"[1]，还有观点认为不特定多数人是指"不是某个、某几个特定的人"[2]。应当说"不特定或者多数人""不是某个、某几个特定的人"的观点更具有合理性。公共安全中的"公共"强调、表达的有两层含义：一层含义是公共就是多数，或者说多数是公共含义的核心；另一层含义则是不特定随时可能演变成多数的现实性，比如破坏交通设施时，尽管对于造成多数人生命、健康安全的结果事前无法确定，但是危险或者损害结果可能随时扩大和增加为多数人是具有完成现实可能的，这种不特定且随时向多数发展的现实可能性同样是公共的含义。这也是 2020 年《刑法修正案（十一）》将高空抛物罪置于《刑法》第六章妨害社会管理秩序罪中而非本类罪中的原因所在。关于重大公私财产安全能否成为公共安全的内容，有观点持肯定意见，也有观点认为，对重大财产侵害只有在危及公众人身安全时，方可认为其具有公共安全性[3]，还有观点认为，单纯的重大公私财产不应作为公共安全内容，可以考虑将"公众生活的平稳与安宁"作为公共安全的内容，比如本类罪中的破坏广播电视设施、公用电信设施罪通常并不直接侵害和威胁人的生命、身体，而是扰乱了公众生活的平稳和安宁[4]。应当说，单纯的重大财产损失作为公共安全的内容是不妥当的，对重大财产侵害在危及公众人身安全时可评价为公共安全内容的观点是可取的，将"公众生活的平稳与安宁"作为公共安全的内容虽然有其合理性，但仍然应当从可能造成公众人身安全危险的层面去把握和理解，否则容易与刑法中妨害社会管理秩序罪中的罪名相混淆。

---

① 张明楷：《刑法学·下》（第六版），法律出版社，2021 年，第 878-879 页。
② 《刑法学》编写组：《刑法学（下册·各论）》，高等教育出版社，2019 年，第 31 页。
③ 《刑法学》编写组：《刑法学（下册·各论）》，高等教育出版社，2019 年，第 31 页。
④ 张明楷：《刑法学·下》（第六版），法律出版社，2021 年，第 881 页。

2. 犯罪客观方面

本类罪在客观方面表现为实施危及公共安全，已经造成严重后果或者足以造成严重后果的行为。行为既可以以作为方式实施，也可以以不作为方式实施。在实践中，适用争议较多的是以危险方法危害公共安全罪客观行为的认定。对于司法实践中有判决将"在高速公路上点燃火堆的行为""投寄装有虚假炭疽杆菌信件的行为""盗窃消防栓铜芯的行为""掌掴公交车司机的行为"定为以危险方法危害公共安全罪，学界提出了不同的观点，主要认为上述行为与"放火、决水、爆炸等"的危害相当性相去甚远。应当说，以危险方法危害公共安全罪中的"其他危险方法"作为《刑法》第 114 条的兜底条款，其解释与适用有其特殊性所在，需在罪刑法定的视野下运用同类解释规则以防止司法的不当扩张。

3. 犯罪主体

本类罪的犯罪主体以一般主体为主，部分罪名如违规制造、销售枪支罪，非法出租、出借枪支罪，丢失枪支不报罪等要求特殊主体。

4. 犯罪主观方面

本类罪在主观方面既有故意，也有过失。

（四）危害公共安全罪的刑罚

危害公共安全罪侵犯不特定多数人的生命、健康、重大财产安全，因此法定刑相较其他章节罪名较重。多个罪名，比如放火罪、爆炸罪、以危险方法危害公共安全罪等尚未造成严重后果的，法定刑就达到三年以上十年以下有期徒刑；造成严重后果的，法定最高刑为死刑。甚至，劫持航空器的，处十年以上有期徒刑或者无期徒刑；致人重伤、死亡或者使航空器遭受严重破坏的，处死刑。

二、案例介绍

（一）案情简介

2007 年 6 月的一天，被告人钟某平伙同他人至苏州市虎丘区通安镇通浒路北侧，在明知盗窃消防栓铜芯将使消防栓丧失功能的情况下，仍将路侧草坪上正在使用的 25 个消防栓铜芯（价值人民币 1000 元）窃走。同月，被告人钟某平伙同他人至苏州市虎丘区华通路、东唐路、中唐路、西塘路南段，将华通花园二区、三区交界路面上正在使用的 22 个消防栓铜芯（价值人民币 880 元）窃走。2007 年 6 月至 7 月间，被告人钟某平伙同他人至苏州市虎丘区观山路、银燕路、石阳路、东金芝路、西金芝路附近路面，将路侧正在使用的 43 个消防栓铜芯（价值人民币 1720 元）窃走。

（二）观点争议

对于本案钟某平盗窃消防栓铜芯的行为应如何定性，主要有两种观点：

一种观点认为：钟某平以非法占有为目的，以秘密手段窃取消防栓上的铜部件，数额较大，其行为已构成盗窃罪；但同时，消防栓作为消防设施，是公共安全设施的必要组成部分，该盗窃行为破坏了数个正在使用中的消防栓，因被盗消防栓所覆盖的区域内有大片的居民住宅小区和数量众多的工厂，一旦发生火灾，消防栓与消防车上的消防水管连接不上，消防栓的消防功能将全部失效，可能导致火灾因缺水无法及时扑灭，从而危及不特定财产及人身安全，造成很大的安全隐患，因而该行为具有危害公共安全的现实危险性，与一般的盗窃犯罪有所区别，应当以以危险方法危害公共安全罪定性。

另一种观点认为：《刑法》第 114 条规定的以放火等危险方法危害公共安全罪，列举了"放火、决水、爆炸以及投放毒害性、放射性、传染病病原体等物质"等危险方法，然后以"其他危险方法"做概括性的规定，因此"其他危险方法"在危险性上应当与"放火、决水、爆炸以及投放毒害性、放射性、传染病病原体等物质"等方法具有相当性。盗窃消防栓铜芯的确是对消防设施造成了破坏，但是消防栓只是一种预防设备，盗窃消防栓铜芯的行为并不必然危害公共安全，与"放火、决水、爆炸以及投放毒害性、放射性、传染病病原体等物质"等方法的直接危害性是有差别的。因此，不宜以以危险方法危害公共安全罪定性，应该定为盗窃罪。

（三）判决理由

一审法院判决：被告人钟某平伙同他人盗窃数额较大的消防栓铜芯的行为，确已构成盗窃罪。但该行为又损害了多个正在使用中的消防栓，一旦发生火灾，则因消防水带与消防栓无法连接，而使消防栓内的水无法被引导，将导致火灾无法及时扑灭。况且，被告人钟某平等人盗窃消防栓铜芯数量大，涉及区域广，且在被盗区域内有大型的居民住宅小区及多家企业，被告人钟某平的行为足以危及不特定多人的人身及重大财产安全，具有危害公共安全的现实危险性。此外，被告人钟某平的犯罪动机虽然只是为了非法占有消防栓铜芯，但其主观上对危害公共安全持放任的态度，根据主客观相一致的原则，被告人钟某平盗窃消防栓铜芯的行为又已构成以危险方法危害公共安全罪。对于被告人钟某平的行为，择一重罪处罚，即以危险方法危害公共安全罪定罪处刑，判处被告人有期徒刑三年六个月。

二审法院驳回上诉，维持原判。

三、案例分析

本案中，判断被告人钟某平盗窃消防栓铜芯的行为是否构成以危险方法危害公共安全罪，关键在于如何理解、解释《刑法》第 114 条规定"放火、决水、爆炸以及投放毒害性、放射性、传染病病原体等物质或者以其他危险方法危害公共安全，尚未造成严重后果的，处三年以上十年以下有期徒刑"中的"其他危险方法"这一兜底条款。

（一）关于兜底条款的认识及解释立场分歧

兜底条款[①]作为一种语言表达的技术，具有鲜明的优势所在，其不仅能够使语言简练，突出核心，也能够尽可能地涵盖无法穷尽、无法预料的类型。也正因如此，在法律的制定过程中，立法者对兜底条款青睐有加。不过，在刑事立法中能否使用兜底条款却一直备受争议。赞成者认为，刑法中兜底条款的设置不仅在所难免，而且可以保障刑法的社会适应性、稳定性和简洁性[②]；反对者则旗帜鲜明地指出，兜底条款在表述上具有高度的抽象性与概括性，这与罪刑法定原则的价值选择背道而驰，而内容上的不明确性和不可预测性，可能导致刑罚权的滥用，应当废除[③]。也有学者从兜底条款的类型出发，将刑法兜底条款分为相对的兜底罪名、兜底的行为方式和兜底的

---

① 兜底条款一般具体表现为，在列明示例内容后，使用"其他""等"方式进行内容的兜底。
② 张建军：《论刑法中兜底条款的明确性》，《法律科学（西北政法大学学报）》2014 年第 2 期，第 86 页。
③ 唐稷尧、王燕莉：《非法经营罪的价值取向与质疑——对〈刑法〉第二百二十五条第三项的分析》，《四川师范大学学报（社会科学版）》2002 年第 1 期，第 59 页。

行为方法，并提出，除了兜底的行为方法不存在违反罪刑法定原则的困扰，相对的兜底罪名与兜底的行为方式均因类型化程度低而有违罪刑法定原则所要求的明确性原则。①

基于对刑法中兜底条款存在的认识观点不同，现有对刑法兜底条款的解释也存在截然不同的立场态度。有观点主张，应积极解释刑法兜底条款，发挥其兜底作用，"堵截构成要件有功能性，可因不同层面的挖掘而丰富其类型性形象，以因应现实的需要"②。"法条要活在当下……解释也是创造性的，而不是机械的……法官必须调动自己的一切想象和移情的能力……人类要用前人的工具，让今天的生活更美好；法官要用前人的制度，让今日的生活更有秩序。"③ 相反，亦有观点认为兜底条款与明确性之间存在紧张关系，应严格解释，甚至站在限制解释的立场。"刑法'兜底条款'的适用应严守刑法谦抑精神，启动'兜底条款'评价相关行为必须秉持谨慎原则，其核心就是对'兜底条款'坚守限制解释的立场。"④ "如果对'兜底条款'不作必要的限制解释，'兜底条款'可能变成可以包罗万象的事实上的'口袋罪'，司法解释与司法实践中的个案处理现状，已经越来越体现'兜底条款'的扩张性趋势。"⑤ 还有观点认为，兜底条款的解释应有所区分，兜底规定存在不同的情形，其不是扩张性的规定，不是所谓不明确或者抽象性的规定，不应要求限制解释。⑥

（二）本书观点

兜底条款的设立有助于保持刑法的适应性与稳定性，是正当且不可避免的。但为保障人权、防止司法滥用，在罪刑法定视野下，刑法兜底条款应确立限制解释立场。具体在解释规则上，当前，我国学界形成的较大共识是，

---

① 陈兴良：《口袋罪的法教义学分析——以以危险方法危害公共安全罪为例》，《政治与法律》2013 年第 3 期，第 6-8 页。
② 王安异：《对刑法兜底条款的解释》，《环球法律评论》2016 年第 5 期，第 28 页。
③ 高艳东：《破坏生产经营罪包括妨害行为业务——批量恶意注册账号的处理》，《预防青少年犯罪研究》2016 年第 2 期，第 13 页。
④ 刘宪权：《操纵证券、期货市场罪"兜底条款"解释规则的建构与应用——抢帽子交易刑法属性辨正》，《中外法学》2013 年第 6 期，第 1181 页。
⑤ 蔡道通：《经济犯罪"兜底条款"的限制解释》，《国家检察官学院学报》2016 年第 3 期，第 85 页。
⑥ 张明楷：《合同诈骗罪行为类型的边缘问题》，《东方法学》2020 年第 1 期，第 46-47 页。

刑法兜底条款的解释应遵循同类解释规则，即只能限于与所列举事项同类的事项。如储槐植教授提出："对于兜底条款的理解必须结合其列举事项，限于与之同类的情形，而不能包括不同类的部分。"① 陈兴良教授也认为，同类解释是法解释学上的一种较为特殊的解释规则，这一规则对于解读"其他规定"等这样一些概然性规定具有方法论上的意义。如果法律上列举了具体的人或物，然后将其归属于"一般性的类别"，那么，这个一般性的类别，就应当与具体列举的人或物属于同一类型。② 而之所以确立同类解释规则是因为：

1. 语义学下同类解释规则具有必然性

法律首先是由语言建构的，法律的制定者通过语言来传递自己的价值观念和立场，也借助语言与司法、公民展开交流和沟通。因此，法律的解释与理解必须符合语义学的要求，刑法当然也不例外。而刑法兜底条款的解释从语义学层面来说，在列举事项之后使用"其他""等"这样一种语言方式，就是用来表示是对前述列举事项的一种补充和完善，是对未穷尽的同类事项的概括。③ 例如，在给热带水果下定义时，我们会说热带水果是生长在热带地区的如香蕉、腰果、菠萝、荔枝及其他水果。这里的其他水果，就是对前述香蕉、腰果、菠萝、荔枝的一个补充和完善，而这一补充和完善必定是与前者同类的热带水果。因此，在作兜底条款解释时，必须结合已有的列举事项，受其制约保持同种类别，即遵循同类解释。

2. 法律内容内在一致性要求同类解释规则

法律内容应当具有一致性，这是法治的基本要求。美国学者富勒在论述法治时就明确提出，符合法治道德的法律应当具备 8 个要素：一般性、公开或公布、可预期、明确、无内在矛盾、可遵循、稳定性和一致性。④ 基于法律内容内在一致性的要求，对于刑法兜底条款的解释就应当遵循同类解释规则。一个显而易见的道理是：刑事立法者在同一刑法条文中列举 a、b、c 等事项后辅以"其他""等"兜底，当然是因为在立法者看来，兜底条款所包

---

① 储槐植：《刑事一体化与关系刑法论》，北京大学出版社，1996 年，第 359 页。
② 陈兴良：《口袋罪的法教义学分析——以以危险方法危害公共安全罪为例》，《政治与法律》2013 年第 3 期，第 10 页。
③ 张建军：《论刑法中兜底条款的明确性》，《法律科学（西北政法大学学报）》2014 年第 2 期，第 93 页。
④ 富勒：《法律的道德性》，郑戈译，商务印书馆，2005 年，第 46-50 页。

含的事项是与列举事项相一致的，即具有同类性，而排斥非同类事项。

3. 同类解释规则是普遍被认可和习惯的解释规则

尽管同类解释规则在我国法律解释的研究中起步较晚，但其实这一规则早已被世界普遍认可与习惯。有学者研究表明：同类解释早在罗马时期就已经作为一种法的解释规则被认可，即在法律或者契约中的一些列举事项之后添加兜底事项，这个兜底事项就必须与列举事项保持同种类别，或者只允许参考同种类的因素。在英美法体系中，同类解释同样是一种有效力的解释规则。例如，在 Sun Fire Office v. Hart 一案中，Mr. Watson 说道："同类解释是一个闻名遐迩的解释规则，除非合同中有例外规定可以扩大，否则对于列举事项之后的'等'表述，其'等'的解释只能限定于既有的列举事项范围内。"在大陆法系中，对于同类解释规则也是持肯定的态度。比如，法院在格式条款的解释中就明确，在对具体事项之后的"其他""等"用语进行解释时，"其他""等"内容必须要与具体事项保持类型上的统一。①

4. 同类解释规则符合兜底条款解释的基本立场与原则

一方面，限制解释立场要求，在对刑法兜底条款进行解释时，应对兜底条款的字面含义作出必要的限制，以避免不当处罚与司法滥用。而同类解释规则恰恰规定兜底条款的理解必须结合其列举事项，限于与之同类的情形，而不能包括非同类的部分，其本身就在强调一种限制性，符合限制解释立场的要求。另一方面，同类解释规则是对文义的限制解释，必然符合"法无明文规定不为罪，法无明文规定不处罚"的最低文义要求。

（三）本案中"其他危险方法"的解释

对于兜底条款的解释应遵循同类解释规则，张明楷就曾以以危险方法危害公共安全罪中的"其他危险方法"解释为例：刑法分则的许多条文在列举具体要素之后使用"等""其他"用语，以《刑法》第114条为例，放火、决水、爆炸及投放毒害性、放射性、传染病病原体等物质或者以其他危险方法危害公共安全，尚未造成严重后果的，处3年以上10年以下有期徒刑，只有与放火、决水、爆炸等相当的方法才是"其他方法"，这便是同类解释

---

① 张建军：《论刑法中兜底条款的明确性》，《法律科学（西北政法大学学报）》2014年第2期，第93页。

规则的要求。① 本案中，将盗窃消防栓铜芯的行为解释为"其他危险方法"是否遵循了同类解释规则值得思考。

不可否认，本案中，消防栓铜芯对于公共安全的保护确实具有重要作用，即一旦某一区域发生火灾，包括消防队员在内的相关人员，可以通过使用消防栓及时进行灭火，其能够在相当程度上防止火灾可能对不特定或者多数人的生命、健康及重大公私财物造成损失。而如果消防栓缺失铜芯，其将无法与消防水带进行连接，这会导致消防栓的功能几近毁灭。但是，将盗窃消防栓铜芯行为解释为"以其他危险方法危害公共安全"，仍有待研究。基于《刑法》第114条将"以其他危险方法危害公共安全"作为"放火、决水、爆炸以及投放毒害性、放射性、传染病病原体等物质"的兜底，"其他危险方法"遵循同类解释，只能是与"放火、决水、爆炸以及投放毒害性、放射性、传染病病原体等物质"具有相当危险性质的方法。而本案中，盗窃消防栓铜芯行为对公共安全的威胁显然远低于"放火、决水、爆炸以及投放毒害性、放射性、传染病病原体等物质"。一方面，盗窃消防栓铜芯对于公共安全的危害仅在于火灾发生之时，其本身并不会同放火一样直接造成火灾这样的危险。换言之，"不能将火灾所具有的特性移置到盗窃消防栓铜芯的行为之上"②。另一方面，即使是在发生火灾之际，盗窃消防栓铜芯的行为对公共安全的危害也难言与放火对公共安全的危害的现实、紧迫、直接性相当。概言之，应考虑不同行为危害公共安全的程度不同，本案值得进一步思考。

四、课程思政解读

尽管在案例分析中，我们从学术的不同观点对钟某平以危险方法危害公共安全案进行了分析和探讨，对如何解释以危险方法危害公共安全罪中的"其他危险方法"提出了与判决不同的观点，但同时不可否认的是钟某平的行为实际上对于公共安全具有一定的威胁性。判决中所指出的，该行为损害了多个正在使用中的消防栓，一旦发生火灾，则因消防水带与消防栓无法连接，而使消防栓内的水无法被引导，将导致火灾无法及时扑灭，并非危言耸

---

① 张明楷：《刑法分则的解释原理》（第二版），中国人民大学出版社，2011年，第59-60页。
② 劳东燕：《以危险方法危害公共安全罪的解释学研究》，《政治与法律》2013年第3期，第30页。

听。我们既要重视罪刑法定的司法价值，也必须高度重视对公共安全的保护，从小事着手，从身边事做起。

（一）罪刑法定与兜底条款

正如黑格尔所言，"存在即合理"，即凡是存在于现实中的事物都有其存在的原因。客观现实的无限性、立法者认识能力的有限性及人类语言的局限性决定了刑事立法具有不完整性，而这种不完整性与刑法稳定性、刑法社会保护功能之间存在矛盾，这两个矛盾合力决定了兜底条款的存在有其必然性和优越性。但是，即便如此，同样要看到的是，兜底条款的存在并不意味着其可以无限制地解释。自意大利刑法学家贝卡里亚提出罪刑法定以来，现代法治国家无一不将罪刑法定作为刑法的圭臬，我国刑法当然也不例外。而在一定程度上，兜底条款的存在必然与罪刑法定之间存在紧张关系。一方面，罪刑法定不仅要求法是明文规定的，而且要求法在相当程度上是明确的。贝卡里亚在论述罪刑法定时也已明确指出："法律是用一种人民所不了解的语言写成的，这就使人民处于对少数法律解释者的依赖地位，而无从掌握自己的自由，或处置自己的命运。这种语言把一部庄重的公共典籍简直变成了一本家用私书。"① 另一方面，罪刑法定的灵魂旨在限制司法权，避免司法擅断。当然，在今天看来，刑法兼具社会保护功能，无论哪个时代，人们都无法忍受一个充斥着暴力、偷盗、欺诈的社会，法官必须尽可能地在刑法体系内妥当地运用、解释法律以保护社会。但是，罪刑法定主义所主张的限制司法权、避免司法擅断在任何一个时代都不会过时。而兜底条款天生的概括属性，使其容易成为司法擅断的"舞台"，因此应当在罪刑法定下对其进行必要的限制解释。

（二）重视建设平安中国

2015年5月，中共中央政治局就健全公共安全体系进行第二十三次集体学习，习近平总书记在主持学习时强调，公共安全连着千家万户，确保公共安全事关人民群众生命财产安全，事关改革发展稳定大局。要牢固树立安全发展理念，自觉把维护公共安全放在维护最广大人民根本利益中来认识，扎实做好公共安全工作，努力为人民安居乐业、社会安定有序、国家长治久安

---

① 切萨雷·贝卡里亚：《论犯罪与刑罚》，黄风译，北京大学出版社，2014年，第19页。

编织全方位、立体化的公共安全网。2016 年 1 月,习近平总书记在中共中央政治局常委会会议上强调,血的教训警示我们,公共安全绝非小事,必须坚持安全发展,扎实落实安全生产责任制,堵塞各类安全漏洞,坚决遏制重特大事故频发势头,确保人民生命财产安全。2017 年 10 月,习近平总书记在党的十九大报告中提出,树立安全发展理念,弘扬生命至上、安全第一的思想,健全公共安全体系,完善安全生产责任制,坚决遏制重特大安全事故,提升防灾减灾救灾能力。2019 年 10 月,党的十九届四中全会提出,健全公共安全体制机制。完善和落实安全生产责任和管理制度,建立公共安全隐患排查和安全预防控制体系。鉴于公共安全涉及公民的重大人身、财产安全,每个公民都必须高度重视对公共安全的保护。

(三) 维护公共安全从小事做起

或许提起公共安全,大多数人脑海里浮现的画面都是电视剧中的放火、爆炸等事件。但事实上,可能危及公共安全的行为还有很多,甚至很多还是平日里我们觉得的小事。比如,醉酒驾车的行为,自 2011 年《刑法修正案(八)》增设危险驾驶罪以来,至今已有十余年。但从最高人民检察院近年来发布的数据来看,危险驾驶罪在当下仍然是一个起诉人数排名前三的罪名。很多醉驾行为人始终对于醉酒后驾车的行为危害性认识不足,抱有侥幸心理。又如,2020 年《刑法修正案(十一)》增设了妨害安全驾驶罪,对行驶中的公共交通工具的驾驶人员使用暴力或者抢夺驾驶操纵装置,干扰公共交通工具正常行驶,危及公共安全的,以妨害安全驾驶罪定罪处罚。这就提醒我们公共安全其实一直就在我们身边,甚至很多时候都是我们认为的小事,如果我们不注意、不从小事规范自己的言行,很有可能违法,甚至犯罪。因此,必须谨记公共安全无小事。

五、问题拓展讨论

1. 如何理解高空抛物罪与以危险方法危害公共安全罪之间的关系?
2. 如何理解醉酒驾车型危险驾驶罪的刑事司法政策?
3. 如何评价以故意杀人为目的放火烧电影院的行为?
4. 如何理解抽象危险犯与具体危险犯?
5. 交通肇事后逃逸对肇事人的罪责认定有何不利影响?

👍 **六、阅读文献推荐**

1. 英格博格·普珀:《法学思维小学堂——法律人的 6 堂思维训练课》,蔡圣伟译,北京大学出版社,2011 年。

2. 西田典之:《日本刑法各论》(第三版),刘明祥、王昭武译,中国人民大学出版社,2007 年。

3. 张明楷:《论以危险方法危害公共安全罪——扩大适用的成因与限制适用的规则》,《国家检察官学院学报》2012 年第 4 期。

4. 白建军:《坚硬的理论,弹性的规则——罪刑法定研究》,《北京大学学报(哲学社会科学版)》2008 年第 6 期。

5. 周光权:《论刑事一体化视角的危险驾驶罪》,《政治与法律》2022 年第 1 期。

6. 梁根林:《刑事政策与刑法教义学交互审视下的危险驾驶罪》,《中国法律评论》2022 年第 4 期。

7. 张明楷:《抽象危险犯——识别、分类与判断》,《政法论坛》2023 年第 1 期。

8. 邹兵建:《论交通肇事罪中的逃逸问题》,《法治现代化研究》2020 年第 6 期。

生产、销售伪劣商品罪

案例 11：陆勇销售假药案①

⚠ 一、知识点提要

（一）生产、销售伪劣商品罪的概念

我国刑法分则第三章第一节规定了生产、销售伪劣商品罪，是指生产者、销售者在生产、销售过程中生产、销售伪劣产品，假药、劣药（其中假药、劣药还包括提供行为），禁止使用的药品，未取得批准证明文件的药品，不符合安全标准的食品，有毒、有害食品，不符合标准的医用器材，不符合安全标准的产品，伪劣农药、兽药、化肥、种子，不符合卫生标准的化妆品等行为。

（二）生产、销售伪劣商品罪的种类

根据伪劣商品的不同，生产、销售伪劣商品罪可大体分为：

1. 生产、销售一般伪劣产品的犯罪

包括生产、销售伪劣产品罪。

2. 生产、销售、提供伪劣药品类的犯罪

包括生产、销售、提供假药罪，生产、销售、提供劣药罪，妨害药品管理罪。

---

① 湖南省沅江市人民检察院沅检公刑不诉〔2015〕1号。本案入选中华人民共和国最高人民检察院官网发布的《2015年度检察机关十大法律监督案例》。

3. 生产、销售伪劣食品类的犯罪

包括生产、销售有毒、有害食品罪，生产、销售不符合安全标准的食品罪。

4. 生产、销售伪劣医疗器材的犯罪

包括生产、销售不符合标准的医用器材罪。

5. 生产、销售伪劣电器、压力容器、易燃易爆产品或者其他产品的犯罪

包括生产、销售不符合安全标准的产品罪。

6. 生产、销售伪劣农药、兽药、化肥、种子的犯罪

包括生产、销售伪劣农药、兽药、化肥、种子罪。

7. 生产、销售伪劣化妆品的犯罪

包括生产、销售不符合卫生标准的化妆品罪。

(三) 生产、销售伪劣商品罪的构成特征

1. 犯罪客体

通说认为，本类罪保护的客体是国家对于商品质量的管理制度及广大消费者的合法权益，包括经济利益和身体健康。不过，近年来，对于包括生产、销售伪劣商品罪在内的经济犯罪侵犯的客体是否应当认定为同时侵犯经济秩序与个人经济利益，存在不同的观点。有学者以合同诈骗罪为例提出："认为合同诈骗罪既保护合同秩序又保护财产的观点，涉嫌对财产权的二度评价。合同秩序这一法益本身是宽泛的，'作为刑法保护的法益，不能仅是观念性的事物'，其最终落脚点是财产权，因此，两者只能选其一。而刑事立法在传统财产犯罪外大篇幅地规定经济犯罪，并在诈骗犯罪以外设置合同诈骗罪，这表明在区分合同诈骗罪与诈骗罪时，立法者关注的重点在于合同秩序……'立法者在经济领域设立区别于普通生活领域财产犯罪的特别法条，用特别化的行为类型表明破坏社会主义市场经济秩序罪中的犯罪与侵犯财产犯罪是区分的。就金融诈骗犯罪与普通诈骗犯罪而言，在立法者看来，金融诈骗行为涉及侵犯社会法益的市场领域秩序，普通诈骗行为主要关涉个人法益的生活领域安全。'可以认为，合同诈骗罪保护的是市场秩序，具体是合同秩序。而普通诈骗罪保护的是以财产为中心的生活秩序。"① 应当说

---

① 黄何:《合同诈骗罪"兜底条款"的新认识——兼议连云港货代业骗逃运费案的罪与罚》,《大连理工大学学报 (社会科学版)》2018 年第 5 期, 第 91 页。

这一观点有其合理性所在。不过，对于本类罪中的生产、销售、提供假药罪，生产、销售、提供劣药罪，生产、销售有毒、有害食品罪等罪名而言，根据其立法模式，将危害人体健康作为定罪处罚标准，其侵犯的法益包括个人法益中的身体健康是毋庸置疑的。不过这种立法模式，即将危害人体健康的罪名置于破坏社会主义市场经济秩序罪中，遭到了部分学者的质疑和反对。

2. 犯罪客观方面

本类罪在客观方面表现为生产、销售伪劣商品的行为，具体包括《刑法》第 140 条至 148 条规定的内容。不过对于本类罪客观方面的判断，是否要秉持刑法的独立性是当前司法实践与理论研究关注的重点。以生产、销售伪劣产品罪中伪劣产品的判断为例，本罪中的伪劣产品是否只要属于"掺杂、掺假，以假充真，以次充好或者以不合格产品冒充合格产品"，销售金额达到 5 万元以上就构成犯罪，学界对此有不同的观点。有学者就指出，生产、销售伪劣产品罪的法定刑整体偏重，对于本罪的伪劣产品的界定应当持有刑法上的独立判断。比如，在饭店经营过程中，在鲜榨的各类果汁中额外掺加饮用水的，形式上看也属于掺杂、掺假，但是，如果将这样的行为定性为生产、销售伪劣产品罪，加以刑罚处罚，恐怕有违比例原则。应当说，不仅在本类罪客观方面的评价中要注意刑法的独立性，在整体经济犯罪客观方面的评价中都需要重点关注本问题，以防刑罚处罚过于宽泛和严苛。

3. 犯罪主体

本类罪的犯罪主体多为一般主体，单位可以成为本类罪的犯罪主体。

4. 犯罪主观方面

本类犯罪的主观方面表现为故意，即故意生产伪劣商品或者明知是伪劣商品而进行销售或者提供。

（四）生产、销售伪劣商品罪的罪数认定

对于本类罪中生产、销售伪劣产品罪与其他罪名之间的适用关系，根据《刑法》第 149 条规定，"生产、销售本节第一百四十一条至第一百四十八条所列产品，不构成各该条规定的犯罪，但是销售金额在五万元以上的，依照本节第一百四十条的规定定罪处罚。生产、销售本节第一百四十一条至第一百四十八条所列产品，构成各该条规定的犯罪，同时又构成本节第一百四十条规定之罪的，依照处罚较重的规定定罪处罚"。不过，对于该条表述是理解为法条竞合关系特别法优先的例外，还是理解为想象竞合关系，学界存在不同观点。①

（五）生产、销售伪劣商品罪的刑罚

本类罪中，大多数罪名的刑罚是非常严厉的。生产、销售、提供假药罪，生产、销售有毒、有害食品罪，法定最高刑为死刑。生产、销售伪劣产品罪，生产、销售、提供劣药罪，生产、销售不符合安全标准的食品罪，生产、销售不符合标准的医用器材罪，生产、销售伪劣农药、兽药、化肥、种子罪，法定最高刑为无期徒刑。并且本类罪中，均规定了罚金或者没收财产的附加刑。

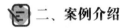

二、案例介绍

（一）基本案情

2002 年，陆勇被查出患有慢粒性白血病，需要长期服用抗癌药品。我国国内对症治疗白血病的正规抗癌药品"格列卫"系列系瑞士进口，每盒需人民币 23500 元，陆勇曾服用该药品。为了进行同病患者之间的交流，相互传递寻医问药信息，通过增加购买同一药品的人数降低药品价格，陆勇从 2004 年 4 月开始建立白血病患者病友网络 QQ 群。2004 年 9 月，陆勇通过他人从日本购买了由印度生产的同类药品，每盒价格约为人民币 4000 元，服用效果与瑞士进口的"格列卫"相同。之后，陆勇通过药品说明书中提供的联系方式，直接联系到了印度抗癌药物的经销商印度赛诺公司，并开始直接从印度赛诺公司购买抗癌药物。陆勇自己服用一段时间后，觉得印度同类药物疗效好、价格便宜，遂通过网络 QQ 群等方式向病友推荐。网络 QQ 群中的病友也加入向印度赛诺公司购买该药品的行列。陆勇及病友首先是通过西联汇款等国际汇款方式向印度赛诺公司支付购药款。

在此过程中，陆勇还利用其懂英文的特长免费为白血病等癌症患者翻译与印度赛诺公司的往来电子邮件等资料。随着病友间的传播，从印度赛诺公司购买该抗癌药品的国内白血病患者逐渐增多，药品价格逐渐降低，直至每

---

① 王彦强：《犯罪竞合中的法益同一性判断》，《法学家》2016 年第 2 期，第 65—66 页。

盒为人民币200余元。前述支付购药款方式，既要先把人民币换成美元，又要使用英文，程序繁琐，操作难度大。于是，求药的患者向印度赛诺公司提出了在中国开设账号便于付款的要求。2013年3月，经印度赛诺公司与最早在该公司购药的陆勇商谈，由陆勇在中国国内设立银行账户，接收患者的购药款，并定期将购药款转账到印度赛诺公司指定的户名为张某某的中国国内银行账户，在陆勇统计好各病友具体购药数量并告知印度赛诺公司后，再由印度赛诺公司直接将药品邮寄给患者。印度赛诺公司承诺对提供账号的病友将免费供应药品。陆勇在QQ病友群里发布了印度赛诺公司的想法后，云南籍白血病患者罗某某即与陆勇联系，表示愿意提供本人及其妻子杨某某的银行账号，以换取免费药品。陆勇通过网银U盾使用管理罗某某提供的账号，在病友向该账号支付购药款后，将购药款转至张某某账户，通知印度赛诺公司向病友寄送药品。这免除了购药的病友换汇、翻译等以往的一些繁琐劳动。在使用罗某某、杨某某账号支付购药款一段时间后，罗某某听说银行卡的交易额太大，有可能会被怀疑为洗钱，便不愿再提供使用了。2013年8月，陆勇通过淘宝网从郭某某处以500元每套的价格购买了3张用他人身份信息开设的银行借记卡，在准备使用中发现有2张借记卡因密码无法激活而不能用，仅使用了1张户名为夏某某的借记卡。陆勇同样通过网银U盾使用、管理该账号，将病友购药款转账到印度赛诺公司指定的张某某账户。

根据在卷证据，被查证属实的共有21名白血病等癌症患者通过陆勇先后提供并管理的罗某某、杨某某、夏某某3个银行账户向印度赛诺公司购买了价值约120000元的10余种抗癌药品。陆勇为病友们提供的帮助全是无偿的。对于所购买的10余种抗癌药品，有"VEENAT100""IMATINIB400""IMATINIB100"3种药品经益阳市食品药品监督管理局鉴定，系未经我国批准进口的药品。

（二）案件结果

本案由沅江市公安局侦查终结，以陆勇涉嫌妨害信用卡管理罪、销售假药罪，于2014年4月15日向沅江市人民检察院移送审查起诉。沅江市人民检察院于同年5月12日将本案退回沅江市公安局补充侦查，沅江市公安局于同年6月10日将本案重新移送起诉至沅江市人民检察院。同年7月10日沅江市人民检察院将本案审查期限延期15天，7月22日，对陆勇以妨害信用卡管理罪、销售假药罪向沅江市人民法院提起公诉。沅江市人民法院受案后，因陆勇经传唤不到案，于同年 12 月 23 日裁定中止审理，次日对陆勇作出逮捕决定。2015 年 1 月 10 日，陆勇被沅江市公安局执行逮捕。同月 27 日，沅江市人民检察院向沅江市人民法院撤回起诉，同月 29 日，沅江市人民检察院决定对其取保候审。

最终，沅江市人民检察院认为，陆勇的购买和帮助他人购买未经批准进口的抗癌药品的行为，违反了《中华人民共和国药品管理法》（简称《药品管理法》）的相关规定，但陆勇的行为不是销售行为，不符合《刑法》第 141 条的规定，不构成销售假药罪。陆勇通过淘宝网从郭某某处购买 3 张以他人身份信息开设的借记卡，并使用其中户名为夏某某的借记卡的行为，违反了金融管理法规，但其目的和用途完全是白血病患者支付自服药品而购买抗癌药品款项，且仅使用 1 张，情节显著轻微危害不大，根据《刑法》第 13 条的规定，不认为是犯罪。根据《刑事诉讼法》第 15 条第 1 项和第 173 条第 1 款的规定，决定对陆勇不起诉。

三、案例分析

本案是电影《我不是药神》的原型，真实案件中最终检察院是以陆勇没有销售行为对其作出了不起诉的决定。① 尽管就没有销售行为而言，陆勇不构成销售假药罪。不过，本案在学理上的价值远不止于此。因为，根据当时的刑法规定，生产、销售假药罪条文为："生产、销售假药的，处三年以下有期徒刑或者拘役，并处罚金；对人体健康造成严重危害或者有其他严重情节的，处三年以上十年以下有期徒刑，并处罚金；致人死亡或者有其他特别严重情节的，处十年以上有期徒刑、无期徒刑或者死刑，并处罚金或者没收财产。本条所称假药，是指依照《中华人民共和国药品管理法》的规定属于假药和按假药处理的药品、非药品。"而当时的《药品管理法》第 48 条规定："禁止生产（包括配制，下同）、销售假药。有下列情形之一的，为假药：（一）药品所含成份与国家药品标准规定的成份不符的；（二）以非药品冒充药品或者以他种药品冒充此种药品的。有下列情形之一的药品，按假药论处：（一）国务院药品监督管理部门规定禁止使用的；（二）依照本法必须批准而未经批准生产、进口，或者依照本法必须检验而未经检验即销售

---

① 说明：妨害信用卡管理罪部分不认为是犯罪，不是本案分析的重点，故在此不做分析。

的；（三）变质的；（四）被污染的；（五）使用依照本法必须取得批准文号而未取得批准文号的原料药生产的；（六）所标明的适应症或者功能主治超出规定范围的。"本案中，抛开销售行为的认定，陆勇销售未经我国批准进口的药品，从形式上看完全符合销售假药罪的犯罪构成。假设陆勇确实销售了上述药品，那么检察院能否对其提起公诉或者法院是否应当以销售假药罪对其定罪量刑？对此，回答应当是否定的。

（一）刑事违法性的判断具有独立性

这里首先涉及的问题就是，要不要或者说应不应该对刑法中的用语（概念）进行独立解释。对此，张明楷教授就曾明确指出，刑法是一门独立的法律，刑法并不是对违反其他法律的行为直接给予刑事制裁，而是根据特定目的评价、判断对某种行为是否需要给予刑事制裁。所以，刑事司法机关不能将行政机关根据行政法律、法规所作出的判断结论直接作为定罪量刑的根据，而必须从刑法目的出发独立判断补充规范在刑法中的意义与作用。[1] 换言之，刑法有其自身的规范目的和评价体系，对于符合前置法规定的，即便是相同的用语，是否一定符合刑法罪名的构成要件，还需要进行刑法价值层面的判断。关于刑法的独立判断，赵春华枪支案提供了很好的分析视角。2016 年，天津老妇赵春华摆射击摊营利时被公安查获，当场收缴的 9 支枪形物，经鉴定 6 支为能正常发射、以压缩气体为动力的枪支。一审法院以非法持有枪支罪判处其有期徒刑三年六个月。赵春华坚持自己无罪，提出上诉。2017 年 1 月 26 日，天津一中院二审综合考量各方因素，对其量刑依法改判，但仍以非法持有枪支罪判处其有期徒刑三年，缓刑三年。而本案争议核心问题之一就是：经天津市公安局物证鉴定中心根据公安部《公安机关涉案枪支弹药性能鉴定工作规定》鉴定的涉案 9 支枪状物中的 6 支为能正常发射、以压缩气体为动力的枪支，是否构成刑法非法持有枪支罪中的枪支。这里就涉及要不要对枪支进行刑法层面的独立判断。

我国刑法本身并没有对枪支进行定义，所以司法者参照《中华人民共和国枪支管理法》（2015 年修正）及 2010 年 12 月 7 日公安部发布的《公安机关涉案枪支弹药性能鉴定工作规定》对枪支进行认定，形式上本也无可厚非。但还需注意的是，公安机关制定的对枪支的认定标准究竟是出于行政目

---

[1] 张明楷：《正确适用空白刑法的补充规范》，《人民法院报》2019 年 8 月 8 日，第 5 版。

的还是刑法目的，刑事司法能否直接使用这一认定标准。对此，有学者就敏锐地指出：行政认定标准与刑事司法认定标准可能并不完全统一。前者更多的是出于行政管理目的的考虑而作出制定的，适用于行政处罚，而后者的确立是为刑罚提供依据，两者在出发点或者目的上具有一定的不同。当然由于我国没有单独的刑事司法认定标准，通常情况下如果行政认定标准相对合理，司法直接采用并不会造成太大偏差，但是也会发生依据行政标准认定刑事处罚不合理的情况。① 事实上，行政法上对枪支的管理更多的是为维护社会管理秩序，认定标准可以较低，但刑法上处罚涉枪支类犯罪主要出于保护公共安全的目的，认定枪支的标准就要相对较高，否则便会出现刑法上"弹弓亦是枪支"的荒谬结论。就此而言，学者所主张的——"对刑法上的枪支作出比《枪支管理法》更为严格的限制解释，行政法上的鉴定标准仍然可以维持现有的标准不变，但提高刑法上的枪支鉴定临界值到 15 焦耳/平方厘米这一修改前的原有标准。既能维持现有的严格枪支行政管制制度，又能避免刑事打击面的过度扩大"②，就有其深刻意义所在。

（二）刑法上的假药一定不能包括有治疗效果的真药

必须从刑法目的出发独立判断刑法中用语的意义。当时的《刑法》第141 条规定的生产、销售假药罪，最高可判处死刑，并且只要有生产、销售行为即构罪，这表明了立法者对于假药对人身健康危害之大的判断。而显然，未经批准的进口药与假药严重危害人身健康完全是南辕北辙。特别是，本案中未经批准进口的药品，其本身不仅不会对人的生命健康造成危险，相反恰能"救命"，将未经批准进口的药品认定为销售假药罪中的假药显然违反了刑法只处罚严重侵犯法益的行为（目的）。其实，从一般国民对于假药的理解而言，假药的概念里也不可能包括有真实疗效而未经批准进口的药品。而之所以当时的《药品管理法》将"依照本法必须批准而未经批准生产、进口，或者依照本法必须检验而未经检验即销售的药品"按照假药论处，从行政目的上来看其实也并非不能理解。药品安全性的重要性是毋庸置疑的，从最为严格的行政管理角度而言，进口药虽然在国外获得了批准，但是是否就一定安全或者对本国国民而言一定安全，并不是百分百确定或者

---

① 陈兴良：《赵春华非法持有枪支案的教义学分析》，《华东政法大学学报》2017 年第 6 期，第 10 页。
② 陈志军：《枪支认定标准剧变的刑法分析》，《国家检察官学院学报》2013 年第 5 期，第 116 页。

无须自证的。从最为安全的角度而言，当然所有进口药只有经过我国批准才是对国民安全最大的保障。仅从这一点而言，《药品管理法》关于假药的定义虽有瑕疵但有其合目的性所在。不过，在刑法上，对销售假药罪中假药作出这样的解释是完全行不通的。即便是在当时的刑法条文中，规定了"本条所称假药，是指依照《中华人民共和国药品管理法》的规定属于假药和按假药处理的药品、非药品"，也必须通过学理的解释，基于应对刑法独立解释的价值判断，对这里的假药作出限制解释，不应包括有真实药效而仅未经批准进口的药品。

无独有偶，2016年《最高人民检察院关于全面履行检察职能为推进健康中国建设提供有力司法保障的意见》指出，"对于销售少量根据民间传统配方私自加工的药品，或者销售少量未经批准进口的国外、境外药品，没有造成他人伤害后果或者延误诊治的行为，以及病患者实施的不以营利为目的带有自救、互助性质的制售药品行为，不作为犯罪处理。对于认定罪与非罪争议较大的案件，及时向上级检察机关请示报告"。立法者更是在2019年修订的《药品管理法》中，将原法条中"依照本法必须批准而未经批准生产、进口，或者依照本法必须检验而未经检验即销售的"予以了删除。在2020年《刑法修正案（十一）》中也修改了本罪，删除了关于假药的定义。这在某种意义上也证明了刑法判断应当具有独立性。

四、课程思政解读

虽然在案例分析中，我们从学术的不同观点对陆勇销售假药案进行了分析和探讨，但毋庸置疑的是陆勇案最终反映出了国家司法机关的担当性。即便本案经历了侦查、补充侦查、审查起诉、审理到撤回起诉、决定不起诉，但司法机关最终维护了陆勇的正当合法权益，维护了刑法的正义性。与此同时，本案决定不起诉的释法说理书也彰显了我国司法的温度与国家对于人权的尊重和保障。不过，应当注意的是，未取得药品批准证明文件生产、进口药品仍然属于违反现行《药品管理法》的行为。根据现行《刑法》第142条之一规定："未取得药品相关批准证明文件生产、进口药品或者明知是上述药品而销售的，足以严重危害人体健康的，处三年以下有期徒刑或者拘役，并处或者单处罚金；对人体健康造成严重危害或者有其他严重情节的，处三年以上七年以下有期徒刑，并处罚金。"

（一）维护刑法的正义

自意大利刑法学家贝卡里亚提出罪刑法定以来，现代法治国家无一不将罪刑法定作为刑法的圭臬，我国刑法当然也不例外。我国《刑法》第3条明确规定，"法律明文规定为犯罪行为的，依照法律定罪处刑；法律没有明文规定为犯罪行为的，不得定罪处刑"。本案虽然过程曲折，但司法机关严格根据销售假药罪的犯罪构成，认为陆勇为病友购买药品提供的帮助是无偿的，陆勇不仅帮助病友买药、付款，还利用其懂英语的特长，对病友的药品说明书和来往电子邮件进行翻译，在此过程中，陆勇既没有加价行为，也没有收取代理费、中介费等任何费用，并且陆勇所帮助的买药者全部是白血病患者，没有任何为营利而从事销售或者中介等经营药品的人员，最终认定其没有销售行为，不符合销售假药罪的犯罪构成，决定不起诉。这彰显了我国司法机关对于法律的坚守和维护正义的决心，我们学习法律的人都应当坚守并维护法律的尊严、正义。

（二）做一个有温度的法律人

本案决定不起诉的释法说理书中提到，刑事司法的价值取向表现为人权保障与社会保护两个方面，对社会秩序的保护从根本上讲也是在维护人民的共同利益需求。党的十八届四中全会决定强调"坚持人民司法为人民"，"通过公正司法维护人民权益"；同时强调"必须坚持法治建设为了人民、依靠人民、造福人民、保护人民，以保障人民根本权益为出发点和落脚点"。陆勇的行为虽然在一定程度上违反了国家对药品的管理秩序和对信用卡的管理秩序，但其行为对这些方面的实际危害程度，相对于白血病群体的生命权和健康权来讲，是难以相提并论的。如果不顾及后者而片面地将陆勇在主观上、客观上都惠及白血病患者的行为认定为犯罪，显然有悖于司法为民的价值观。本案中，陆勇及其病友作为白血病群体，也是弱势群体，陆勇的上述违反《药品管理法》和妨害信用卡管理的行为发生在他和同病患者为维持生命而进行的寻医求药过程中，并且一方面这些行为发生在他们实有能力而难以购买合法药品的情形下，另一方面这些行为给相关方面并未带来多少实际危害，如果将这种弱势群体自救行为中的轻微违法行为以犯罪对待，显然有悖于刑事司法应有的人文关怀。刑法是冰冷的，但司法者可以赋予其温度，我们应当立志做一个有温度的法律人。

(三) 高度重视药品、食品领域的安全

陆勇案不起诉有其案件自身的特殊性所在，但这并不等同于所有销售未取得药品批准证明文件的进口药品均不违法、不犯罪。事实上，正如前文所述，药品及食品领域的安全重要性是毋庸置疑的。根据现行《药品管理法》第 124 条规定：未取得药品批准证明文件生产、进口药品，没收违法生产、进口、销售的药品和违法所得及专门用于违法生产的原料、辅料、包装材料和生产设备，责令停产停业整顿，并处违法生产、进口、销售的药品货值金额十五倍以上三十倍以下的罚款；货值金额不足十万元的，按十万元计算；情节严重的，吊销药品批准证明文件直至吊销药品生产许可证、药品经营许可证或者医疗机构制剂许可证，对法定代表人、主要负责人、直接负责的主管人员和其他责任人员，没收违法行为发生期间自本单位所获收入，并处所获收入百分之三十以上三倍以下的罚款，十年直至终身禁止从事药品生产经营活动，并可以由公安机关处五日以上十五日以下的拘留。销售前款规定的药品，或者药品使用单位使用前款规定的药品的，依照前款规定处罚；情节严重的，药品使用单位的法定代表人、主要负责人、直接负责的主管人员和其他责任人员有医疗卫生人员执业证书的，还应当吊销执业证书。现行《刑法》第 142 条之一规定，"未取得药品相关批准证明文件生产、进口药品或者明知是上述药品而销售的，足以严重危害人体健康的，处三年以下有期徒刑或者拘役，并处或者单处罚金；对人体健康造成严重危害或者有其他严重情节的，处三年以上七年以下有期徒刑，并处罚金"。因此，必须高度重视药品、食品领域的安全，不能抱有侥幸心理。

五、问题拓展讨论

1. 如何理解生产、销售伪劣产品罪中的伪劣产品？

2. 如何理解销售伪劣商品与诈骗行为之间的关系？

3. 如何理解生产、销售有毒、有害食品罪中的食品？

4. 如何理解生产、销售、提供假药罪等与以危险方法危害公共安全罪之间的关系？

5. 如何理解销售伪劣产品罪与销售假冒注册商标的商品罪、销售侵权复制品罪之间的关系？

👍 六、阅读文献推荐

1. 切萨雷·贝卡里亚:《论犯罪与刑罚》,黄风译,北京大学出版社,2014 年。

2. 操宏均:《生产销售伪劣商品罪·走私罪·妨害对公司、企业的管理秩序罪立案追诉标准与疑难指导》,中国法制出版社,2022 年。

3. 陈航:《民刑关系基础理论研究》,商务印书馆,2020 年。

4. 王刚:《〈刑法〉第 149 条第 1 款的性质及其适用——兼论刑法中的"以假充真型"伪劣产品》,《北方法学》2021 年第 1 期。

5. 刘环宇:《生产、销售伪劣产品罪中"伪劣产品"的认定——以低价酒冒充高价酒销售行为为视角》,《天津法学》2019 年第 3 期。

6. 高艳东:《诈骗罪与集资诈骗罪的规范超越——吴英案的罪与罚》,《中外法学》2012 年第 2 期。

7. 高铭暄、陈冉:《生产、销售伪劣商品可否构成"以危险方法危害公共安全罪"》,《法学》2012 年第 10 期。

8. 杜小丽:《抽象危险犯形态法定犯的出罪机制——以生产销售假药罪和生产销售有毒有害食品罪为切入》,《政治与法律》2016 年第 12 期。

9. 蔡道通:《有效益的交易:合同诈骗罪规范目的证成——以骗逃部分铁路运费案为分析重点》,《环球法律评论》2022 年第 1 期。

走私罪

案例 12：应志敏、陆毅走私废物、走私普通货物案①

一、知识点提要

（一）走私罪的基本概念

走私罪，是指个人或者单位故意违反海关管理法规，逃避海关监管，通过各种方式非法运送（如非法运输、携带、邮寄等）违禁品进出口或者偷逃关税，情节严重的行为。

（二）走私罪的种类

走私犯罪行为严重危害社会主义市场经济秩序，被规定于刑法分则第三章第二节（第151~第157条），共7个条文10个罪名，分别包括走私武器、弹药罪，走私核材料罪，走私假币罪，走私文物罪，走私贵重金属罪，走私珍贵动物、珍贵动物制品罪，走私国家禁止进出口的货物、物品罪，走私淫秽物品罪，走私废物罪，走私普通货物、物品罪。走私对象的不同，所涉的罪名有所不同，其相应的犯罪构成要件也有所区别。

除了常见的走私行为，刑法还规定了"变相走私"（第154条）和"间接走私"（第155条）两种特殊的走私行为：前者是指将允许进口的货物进口后，运用某些方式变相偷逃关税的行为，也就是说，走私的对象本身属于被批准进口的物品，其违法性在于进口后，个人和单位故意偷逃了按照国家

___
① 《上海市人民检察院第一分院诉应志敏、陆毅走私废物、走私普通货物案》，《中华人民共和国最高人民法院公报》2014年第5期，第45-48页。

税收管理政策应当缴纳的关税；后者是指行为人本身没有直接参与走私的行为，但是却以收购走私赃物的方式间接参与了走私，这在法律上也被拟制为走私行为。

(三) 走私罪的认定

1. 走私罪的构成特征

（1）犯罪客体

走私罪的客体是国家对外贸易管制制度及税收征管制度。

（2）犯罪客观方面

该罪在客观方面主要表现为以下几种：① 绕关的走私行为；② 通关的走私行为；③ 准走私行为（间接走私）；④ 后续的走私行为（变相走私）。

（3）犯罪主体

该罪的主体为一般主体，包括自然人和单位。

（4）犯罪主观方面

该罪的主观方面为故意，具体来说，行为人明知自己的行为违反国家法律规定，逃避海关监管，并且希望或者放任危害结果发生的，可以认定为具有走私的故意。

2. 走私罪与一般走私违法行为的区分

在本罪与非罪的认定中主要应注意本罪与一般走私违法行为的界限。走私偷逃应缴税额达到 5 万元的，构成本罪，未达到这一数额标准的，属于一般走私违法行为。

3. 走私罪不同罪名之间的区分

走私罪不同罪名之间的区别主要在于犯罪对象的不同。例如：走私武器、弹药、核材料或者伪造的货币等特定物品的，分别认定为走私武器、弹药罪，走私核材料罪或者走私假币罪；走私国家禁止出口的文物、黄金、白银和其他贵重金属或者国家禁止进出口的珍贵动物及其制品等特殊物品的，按照走私文物罪、走私贵重金属罪，以及走私珍贵动物、走私珍贵动物制品罪定罪处罚；走私国家禁止进出口的珍稀植物及其制品等特殊物品的，按走私国家禁止进出口的货物、物品罪定罪处罚；走私淫秽物品、国家禁止进口的固体废物、液态废物等特定物品的，按走私淫秽物品罪、走私废物罪定罪处罚。走私上述特定物品以外的其他普通货物、物品的，按走私普通货物、物品罪处理。犯罪嫌疑人在主观上具有走私犯罪故意，但对其走私对象不明确的情况下，不影响走私罪的认定，可以按照实际的走私对象定罪量刑。

（四）走私罪的共犯和罪数问题

1. 走私罪的共犯问题

《刑法》第 156 条规定："与走私罪犯通谋，为其提供贷款、资金、帐号、发票、证明，或者为其提供运输、保管、邮寄或者其他方便的，以走私罪的共犯论处。"本条是对走私罪共犯的规定。根据 2002 年 7 月 8 日最高人民法院、最高人民检察院、海关总署出台的《关于办理走私刑事案件适用法律若干问题的意见》第 15 条，"与走私罪犯通谋"中的通谋主要指犯罪嫌疑人之间在事前或事中形成的走私的共同故意，具体包括以下两种情形：（1）明知他人实施走私行为，仍然为其提供贷款、资金、账号、发票、证明、海关单证，或者为其提供运输、保管、邮寄或者其他方便的；（2）多次为同一走私犯罪人的走私行为提供上述帮助的。

2. 走私罪的罪数问题

走私犯罪分子在实施走私犯罪行为或者逃避追缉的过程中，实施了其他的犯罪行为，如实施碰撞、挤别、抛撒障碍物、超高速行驶等危险行为，危害到公共安全的，以走私罪和以危险方法危害公共安全罪数罪并罚。除此之外，如果犯罪嫌疑人在实施走私行为时，以暴力、威胁的方式抗击追捕的，以走私罪和袭警罪数罪并罚，或者以走私罪和妨害公务罪数罪并罚。犯罪嫌疑人武装掩护走私的，依据《刑法》第 151 条第 1 款的规定从重处罚。

（五）走私罪的刑罚

走私罪的判刑标准主要取决于行为人走私的物品的种类、数量、金额及犯罪情节严重程度等因素。

（1）如果涉嫌走私武器、弹药罪，走私核材料罪，走私假币罪的，将处三年以上至无期徒刑的刑事处罚。

（2）如果是走私普通货物、物品罪，其量刑标准主要以偷逃税款的数额为依据，分为三个量刑档：① 偷逃应缴税额较大：处三年以下有期徒刑或者拘役，并处罚金；② 偷逃应缴税额巨大：处三年以上十年以下有期徒刑，并处罚金；③ 偷逃应缴税额特别巨大：处十年以上有期徒刑或者无期徒刑，并处罚金或者没收财产。

二、案例介绍

（一）基本案情

2011年3月，被告人应志敏、陆毅为谋取非法利益，采用伪报品名的方式，通过进境备案的手段进口5票废旧电子产品等货物。上述货物中，经鉴别，进口废旧线路板、废电池共32.29吨，属国家禁止进口的危险性固体废物；废旧复印机、打印机、电脑等共349.812吨，属国家禁止进口的非危险性固体废物；硅废碎料共7.27吨，属国家限制进口的可用作原料的固体废物；经核定，进口胶带、轴承等普通货物偷逃应缴税额人民币74万余元。

（二）检察机关审查起诉

上海市人民检察院第一分院以被告人应志敏、陆毅犯走私废物罪和走私普通货物罪，向上海市第一中级人民法院提起公诉，认为应志敏、陆毅违反海关法规，逃避海关监管，采用伪报品名的方式进口固体废物逾389吨、进口普通货物偷逃应缴税额74万余元，其行为已构成走私废物罪、走私普通货物罪，且情节特别严重，偷逃应缴税额特别巨大；应志敏还系累犯。提请上海市第一中级人民法院依法判处。

被告人应志敏及其辩护人对起诉指控应志敏犯走私废物罪的事实、证据、罪名均无异议。其辩护人辩称：应志敏的行为不构成走私普通货物罪。理由是：不能简单依据货柜中货物的客观状况分别定罪并实行数罪并罚；应志敏等人并非货源组织者，也非收货人（或者非货主），仅作为代理进口商主要负责废旧电子产品的通关业务，并不明知其所走私的废旧电子产品中还夹藏有进口胶带、轴承等普通货物，故其主观上不具有走私普通货物的故意；应志敏系从犯，具有坦白情节，且未造成实际危害后果，请求法院依法对其从轻处罚。

被告人陆毅及其辩护人对起诉指控陆毅构成走私废物罪的事实、证据、罪名均无异议。其辩护人辩称：陆毅仅明知走私废旧电子产品，而不明知废旧电子产品中夹藏有普通货物，故其行为不构成走私普通货物罪；陆毅具有坦白情节，积极退赃，且未造成实际危害后果，请求法院依法对其从轻处罚。

（三）一审认定事实

上海市第一中级人民法院一审查明：

（1）2010年4月，被告人应志敏、陆毅为谋取非法利益而共谋采用伪报品名等方法为他人负责办理走私废旧电子产品的通关和运输事宜，并按照废旧电子产品进口数量计算报酬。自同年6月起，应志敏、陆毅等人按事先分工共同从事上述走私活动。

（2）2011年4月1日，上海海关缉私部门查封、扣押了20个由被告人应志敏、陆毅以瓦楞纸板名义进口的装有走私物品的集装箱。经清点、理货和鉴别，上述走私货物主要为：属于危险类废物的废旧线路板、废电池等共计32290公斤；属于国家禁止进口的固体废物的废旧复印机、打印机、电脑等共计349812公斤；属于国家限制进口的可用作原料的固体废物的硅废碎料共计7270公斤；另有胶带、非家用缝纫机头、轴承等普通货物若干吨，分散在各集装箱内，涉及税额人民币70余万元。

（3）2011年4月2日，被告人应志敏、陆毅被抓获，并如实供述了上述事实。此外，上海海关缉私部门追缴赃款人民币300万元。

上述事实，有经庭审举证、质证的被告人应志敏、陆毅的供述，以及证人证言、书证、物证、鉴定书等证据证实，足以认定。

（四）一审判决结果

上海市第一中级人民法院一审认为：

被告人应志敏、陆毅为谋取非法利益，违反海关法规，逃避海关监管，明知是国家禁止进口的固体废物仍采用伪报品名的方式将380余吨固体废物走私入境，其行为构成走私废物罪，且属于情节特别严重，应当判处五年以上有期徒刑，并处罚金。二被告人虽非涉案固体废物的货主，但共同负责完成涉案固体废物的通关和运输事宜，在共同走私犯罪中起主要作用，依法不能认定为从犯。应志敏在被判处有期徒刑两年的刑罚执行完毕后五年内又犯应当判处有期徒刑以上刑罚之新罪，依法应当认定为累犯。二被告人到案后均能如实供述犯罪事实，依法应当认定具有坦白情节。鉴于涉案走私货物均被扣押，尚未造成实际危害，且相关赃款均已被追缴，并结合二被告人的实际走私情况，依法对应志敏从重处罚，对陆毅从轻处罚。公诉机关起诉指控二被告人的行为构成走私废物罪的罪名成立，应予支持。辩护人所提二被告人的行为不构成走私普通货物罪和具有坦白情节等辩护意见于法有据，应予采纳。

一审宣判后，被告人应志敏、陆毅在法定期间内均未提出上诉，检察机关也未提出抗诉，判决已发生法律效力。

三、案例分析

本案的主要争议焦点在于：走私案件中如何认定行为人对夹藏物品是否具有走私故意；行为人不具有走私的概括故意，对走私对象中夹藏的其他普通货物确实不明知，是否适用相关规范性文件中根据实际走私对象定罪处罚的规定，以走私废物罪和走私普通货物罪数罪并罚。

1. 走私案件中如何认定行为人对夹藏物品是否具有走私故意

在走私犯罪案件中，行为人的主观故意，不能简单以走私过程中查获的物品种类进行认定，而应当根据相关合同约定、夹藏物品的归属主体及所占体积、行为人所收报酬等情况综合认定行为人对夹藏物品是否具有走私的故意。

本案中，侦查机关和公诉机关未查获到有关被告人应志敏、陆毅为废旧电子产品代办通关手续的书面合同，但二被告人关于不明知夹藏物品的口供完全一致，且综合以下事实足以认定二被告人对夹藏物品不具有走私的故意：（1）从夹藏物品归属主体分析。应志敏、陆毅并非货源组织者，也非货主、收货人，仅为货主负责废旧电子产品的通关业务和运输事宜，其对本案查获的进口胶带、轴承等物品不知情，并不违背常理。（2）从夹藏物品所占空间分析。二被告人共走私废旧电子废物 380 余吨。虽然本案查获的轴承、缝纫机等货物达 20 多吨，但该类货物密度大，单一物品所占体积较小，又分散在各集装箱内，整体所占空间比例相当小，不容易让人发现，故二被告人在走私废物过程中未发现夹藏物品亦符合常理。（3）从行为报酬标准分析。二被告人均是按照废旧电子产品进境的数量向货主收取报酬的，而与走私夹藏物品所获利益不挂钩。这是认定二被告人对夹藏物品不具有走私故意最有说服力的证据。

2. 行为人不具有走私的概括故意，对走私对象中夹藏的其他普通货物确实不明知，是否适用相关规范性文件中根据实际走私对象定罪处罚的规定

相关规范性文件关于"应当根据实际的走私对象定罪处罚"的规定仅适

用于概括故意情形。不具有走私的概括故意，对走私对象中夹藏的其他货物确实不明知的，根据主客观相统一原则，就夹藏的货物部分不应另行认定为走私犯罪。

2002 年，最高人民法院、最高人民检察院、海关总署联合印发的《关于办理走私刑事案件适用法律若干问题的意见》第 6 条规定："走私犯罪嫌疑人主观上具有走私犯罪故意，但对其走私的具体对象不明确的，不影响走私犯罪构成，应当根据实际的走私对象定罪处罚。" 2006 年，最高人民法院出台的《关于审理走私刑事案件具体应用法律若干问题的解释（二）》（以下简称《解释二》）对此做了进一步明确。《解释二》第 5 条规定："对在走私的普通货物、物品或者废物中藏匿刑法第一百五十一条、第一百五十二条、第三百四十七条、第三百五十条规定的货物、物品，构成犯罪的，以实际走私的货物、物品定罪处罚；构成数罪的，实行数罪并罚。"上述规范性文件确定的"应当根据实际的走私对象定罪处罚""以实际走私的货物、物品定罪处罚"仅适用于概括故意犯罪情形：一是意识上，行为人对走私具体对象没有明确指向；二是意志上，行为人对实际走私对象不反对，有没有都无所谓。此外，《解释二》第 5 条规定的"藏匿"一词已对行为进行了限定。"藏匿"是一种有意识的隐藏行为，行为人主观上在隐藏之时对所隐藏之物就具有或者应当具有一定的认识，即对所隐藏之物主观上明知。如果对走私的普通货物、物品或者废物中查出的其他走私对象不明知，则不能适用上述规范性文件规定的情形。

与此同时，根据主客观相统一原则，认定行为人构成犯罪，除了要求行为人客观上实施了具有严重社会危害性的行为，还要求行为人主观上对所实施的危害行为具有一定的罪过。走私犯罪是故意犯罪，走私行为人主观上必须知道或者应当知道其跨境运输或者携带货物是逃避海关监管的行为。在概括的故意走私犯罪中，行为人虽然不确定具体的走私对象，但对所走私的整体对象有一个概括性的认识，即都属于逃避海关监管的对象范围。在非概括的故意犯罪中，行为人主观上必须知道或者应当知道其跨境运输或者携带具体物品是逃避海关监管的行为。如果在其走私的对象中发现其他物品的，则违背其意志。因此，如果行为人具有走私的概括故意，对其以实际走私的物品定罪处罚并无不妥；但是如果行为人不具有走私的概括故意，对其以实际走私的物品定罪处罚则违背了主客观相统一原则。

本案在案证据证实，应志敏、陆毅主观上具有走私废旧电子产品入境的明确故意，亦即二被告人主观上明确知道其帮助走私的对象是废旧电子产品，二被告人自始至终都不知道也无法知道走私的货物中含有其他普通货物。即在案证据无法证实二被告人主观上对走私对象中含有普通货物具有放任态度，由此证实二被告人不具有走私的概括故意。在确定应志敏、陆毅缺乏走私普通货物主观故意的前提下，仅凭其走私的废旧电子产品中混有普通货物，认定应志敏、陆毅构成走私普通货物罪与走私废物罪两个罪名，显然属于客观归罪。

基于上述分析，代理通关和运输事宜的被告人应志敏、陆毅并不明知走私货主在废旧电子产品中还夹藏了其他普通货物，因此，二被告人不应当对货主所夹藏的普通货物承担走私普通货物罪的刑事责任。但是二被告人实施的走私行为客观上使 70 余万元的普通货物一并顺利入境，这种关联后果虽然不影响罪质，但完全置之不予评价，也不合理。据此，可以将之作为走私废物罪的量刑情节，酌情从重处罚，以体现罪责刑相适应原则。

四、课程思政解读

走私罪的犯罪客体是国家对外贸易管制制度及税收征管制度，走私行为本质上是个人为实现私欲损害国家利益和社会利益的行为。该犯罪涉及的课程思政元素主要有以下几个方面。

(一) 个人利益和社会利益的辩证统一

走私罪属于破坏社会主义市场经济秩序罪的范畴，其涉及的主要是个人私利与公共利益保障之间的冲突。有学者指出："不仅在公民个人权利的保护上，人权保障与社会保护这两种刑法机能具有对立统一性，而且在公共利益（包括国家利益和社会利益）的保护上，人权保障与社会保护这两种刑法机能也同样具有对立统一性。"[1] 多数走私罪的被告人通过违反海关法规、逃避海关监管的非法行为，实现偷逃税的目的，这类行为破坏了国家税收征管秩序。从表面上看，被告人为了个人私利虽然侵害了国家利益，但并没有侵害到具体的受害人，或者说并没有侵害到其他民众的利益。然而，从本质上来说，被告人的逃税漏税行为间接侵害了社会民众的公共利益。正所谓

---

[1] 陈兴良：《走向哲学的刑法学》（第二版），法律出版社，2008 年，第 111 页。

"取之于民，用之于民"，税收政策从表面上看似乎只有国家受益，然而，其本质在于为国民利益服务。故而，走私行为看似仅损害了国家利益，实际上也侵害了公共利益，更准确地说，间接地侵害了其他民众的利益，体现了个人利益与社会利益对立统一的特征。

(二) 爱国情怀下总体国家安全观的践行

自我国实行改革开放以来，对外贸易不断发展，贸易形式多种多样，国家制定了一系列政策和法律法规，鼓励对外贸易出口创汇。但是，有些犯罪分子钻政策、法律空子，以对外贸易之名，行走私犯罪之实。在全球化背景下，中国与世界各国在经济、政治、文化等方面的联系日益密切，走私犯罪已成为影响我国经济发展和社会稳定的一大毒瘤。例如，走私国家禁止出口的文物会大大削弱我国的文化竞争力，使得作为我国文化遗产瑰宝的物品流落到境外去；走私贵重金属、珍稀动植物及动植物制品等会影响我国对于珍稀物品的保护和研究；与此同时，对于武器、弹药、核材料的走私，则会对国家和国民安全造成巨大的威胁。因此，海关要坚持强化监管与优化服务相统一，落实总体国家安全观，坚决维护国门安全，大力优化口岸营商环境，做好稳外贸稳外资工作，统筹好发展和安全两件大事。

(三) 开放国际环境下我国法治社会构建面临的挑战

孟德斯鸠指出：社会是应该加以维持的；作为社会的生活者，人类在治者与被治者的关系上是有法律的。[①] 简言之，每一个生活在法治社会的公民都应当遵守法律规范，规范自己的言行，共同营造和谐的法治环境。作为法治社会重要的组成部分，进出口监管显得尤为重要，尤其是随着时代的发展，越来越多的不良物品通过非法途径流入我国境内，给我国的文化发展和民众安全带来了巨大的威胁。例如，走私淫秽物品和走私废物的行为，前者会对我国良性文化的传播造成极大的阻碍，将境外的固体、液体、气体废物非法运输进境内，则会给我国的生态和环境带来极大的伤害，进而伤害到我国民众的身体健康。总体而言，走私犯罪给我国民众的身心健康和国家的安全稳定都带来了巨大的威胁，应当予以坚决打击，以维护法治社会的和谐稳定。

---

① 孟德斯鸠：《论法的精神》(上册)，张雁深译，商务印书馆，1961年，第5页。

五、问题拓展讨论

1. 《刑法》第 153 条第 3 款规定:"对多次走私未经处理的,按照累计走私货物、物品的偷逃应缴税额处罚。"这里的"未经处理"应当如何理解?

2. 在司法实践中,走私犯罪的案件错综复杂,实施走私行为的嫌疑人通常会同时触犯其他不同类型的犯罪,对此,谈谈应当如何准确认识走私犯罪的数罪并罚问题。

3. 谈谈如何认定走私犯罪案件中行为人的主观故意内容。

4. 谈谈单位走私犯罪和个人走私犯罪认定的差别。

5. 通过对应志敏、陆毅走私废物、走私普通货物案的学习,谈谈开放国际环境下我国法治社会构建面临的挑战。

六、阅读文献推荐

1. 张明楷:《刑法学》(第六版),法律出版社,2021 年。

2. 王作富、黄京平:《刑法》,中国人民大学出版社,2021 年。

3. 高铭暄、马克昌:《刑法学》(第十版),北京大学出版社、高等教育出版社,2022 年。

4. 孟德斯鸠:《论法的精神》(上册),张雁深译,商务印书馆,1961 年。

5. 吴红艳:《我国走私罪立法的缺陷及其完善》,《中国刑事法杂志》2005 年第 6 期。

6. 胡春健:《单位走私犯罪主体的认定》,《法学》2007 年第 3 期。

7. 胡平:《走私犯罪未遂犯与既遂犯的再辨析》,《法学评论》2009 年第 6 期。

8. 金泽刚:《走私犯罪既未遂形态认定研究》,《政治与法律》2022 年第 1 期。

破坏金融管理秩序罪

案例 13：潘儒民等洗钱案①

⚠ **一、知识点提要**

（一）破坏金融管理秩序罪的概念

破坏金融管理秩序罪是指违反国家金融管理法规，破坏国家金融管理秩序的行为。

（二）破坏金融管理秩序罪的种类

该犯罪规定于我国刑法分则第三章第四节（第 170~第 191 条），主要包括五个部分。

1. 货币犯罪

例如，伪造货币罪（第 170 条），出售、购买、运输假币罪（第 171 条），持有、使用假币罪（第 172 条），变造货币罪（第 173 条）等，侵害的是国家货币管理制度。

2. 破坏金融机构管理秩序罪

例如，擅自设立金融机构罪，伪造、变造、转让金融机构经营许可证罪等（第 174 条），侵害的是国家金融机构管理制度。

3. 破坏金融票证、存贷款管理秩序罪

例如，高利转贷罪（第 175 条），非法吸收公众存款罪（第 176 条），伪

---

① 《潘儒民、祝素贞、李大明、龚媛洗钱案》，《中华人民共和国最高人民检察院公报》2008 年第 2 期，第 29-30 页。

造、变造金融票证罪（第 177 条）等，侵害的是国家金融票证和存贷款管理制度。

4. 破坏证券、股票、债券的发行、管理、买卖秩序罪

例如，伪造、变造国家有价证券罪（第 178 条），伪造、变造股票罪（第 178 条），诱骗投资者买卖证券、期货合约罪（第 181 条），操纵证券、期货市场罪（第 182 条）等，侵害的是国家关于证券、股票、债券的发行、管理及买卖制度。

5. 破坏外汇管理秩序罪

例如，逃汇罪（第 190 条）等，侵害的是国家外汇管理制度。

此外，破坏金融管理秩序罪还规定了一些特殊的扰乱金融秩序的行为。例如，对金融机构工作人员的行为（第 183～第 189 条）予以规制，以及对掩饰、隐瞒七类犯罪所得收益的洗钱行为（第 191 条）进行规定。

(三) 破坏金融管理秩序罪的构成特征

1. 犯罪客体

本罪的犯罪客体是国家金融管理秩序。

2. 犯罪客观方面

本罪的客观方面表现为违反国家关于货币、外汇、有价证券、保险和其他金融资产的管理规定，破坏国家对这些金融资产的管理制度，情节严重的行为。

3. 犯罪主体

本罪的主体是一般主体，即凡达到刑事责任年龄、具有刑事责任能力的自然人和单位都可成为本罪的主体。

4. 犯罪主观方面

本罪的主观方面必须是直接故意，并且具有谋取非法利润的目的。

(四) 破坏金融管理秩序罪的刑罚

犯破坏金融管理秩序罪，行为人一般被判处有期徒刑、无期徒刑、罚金或者没收财产。鉴于该罪包括货币犯罪，破坏金融机构管理秩序罪，破坏金融票证、存贷款管理秩序罪等多种罪名，通常需要根据犯罪情节和犯罪数额来量刑。

二、案例介绍

（一）案件背景

1997 年刑法在第 191 条首次专门设置了洗钱罪。至今，洗钱罪经历了三次修订。2001 年颁布的《刑法修正案（三）》第 7 条第一次修订《刑法》第 191 条，将洗钱罪的上游犯罪扩大到"恐怖活动犯罪"，并对情节严重的单位洗钱犯罪中的直接负责的主管人员和其他直接责任人员提高了法定刑，即由原来的仅判处五年以下有期徒刑或者拘役，提高到处五年以上十年以下有期徒刑；为应对打击和预防洗钱犯罪的需要，2006 年颁布的《刑法修正案（六）》第 16 条修订了《刑法》第 191 条第 1 款，将"贪污贿赂犯罪、破坏金融管理秩序犯罪、金融诈骗犯罪"纳入洗钱罪的上游犯罪，并将行为方式中的"协助将财产转换为现金或者金融票据"修改为"协助将财产转换为现金、金融票据、有价证券"。与此同时，《刑法修正案（六）》对《刑法》第 312 条窝藏、转移、收购、销售赃物罪做了修正，扩大了犯罪对象的范围，将"犯罪所得的赃物"修改为"犯罪所得及其产生的收益"；行为方式增加"以其他方法掩饰、隐瞒的"这一兜底条款；提高了该罪法定刑，增加了一个量刑幅度。《刑法》第 191 条及第 312 条相互补充，共同构筑起了反洗钱的防线。① 潘儒民等洗钱案是《刑法修正案（六）》及《中华人民共和国反洗钱法》颁布施行后，全国法院审理的第一起洗钱罪案件，具有一定的典型性和指导意义。

（二）一审认定事实

上海市虹口区人民检察院以被告人潘儒民、祝素贞、李大明、龚媛犯洗钱罪，向上海市虹口区人民法院提起公诉，上海市虹口区人民法院经公开审理查明：

---

① 2020 年《刑法修正案（十一）》第 14 条第三次修订《刑法》第 191 条，将第 1 款的罪状表述进行了修改，将"明知是毒品犯罪、黑社会性质的组织犯罪、恐怖活动犯罪、走私犯罪、贪污贿赂犯罪、破坏金融管理秩序犯罪、金融诈骗犯罪的所得及其产生的收益，为掩饰、隐瞒其来源和性质"修改为"为掩饰、隐瞒毒品犯罪、黑社会性质的组织犯罪、恐怖活动犯罪、走私犯罪、贪污贿赂犯罪、破坏金融管理秩序犯罪、金融诈骗犯罪的所得及其产生的收益的来源和性质"；在法定刑部分，将比例罚金刑修改为无限额罚金刑。与此同时，在第 2 款中，删除了单位犯罪中处罚自然人的法定刑，对其按照第 1 款的规定处罚。

被告人潘儒民于 2006 年 7 月初，通过张协兴（另案处理）的介绍和阿元（另案处理）取得联系，商定由被告人潘儒民通过银行卡转账的方式为阿元转移从网上银行诈骗所得的钱款，被告人潘儒民按转移钱款数额 10% 的比例提成。嗣后，被告人潘儒民纠集了被告人祝素贞、李大明、龚媛，并通过杜福明收集到陈某、董某某、宋某某、孙某某等多人的居民身份证，由杜福明至本市有关银行办理了大量信用卡交给被告人潘儒民、祝素贞。阿元通过非法手段获取了网上银行客户黄某某、芦某、姜某、陈某等多人的中国工商银行牡丹灵通卡卡号和密码等资料，然后将资金划入被告人潘儒民通过杜福明办理的中国工商银行上海分行的 67 张灵通卡内，并通知被告人潘儒民取款。阿元划入上述 67 张灵通卡内的资金共计人民币 1002438.11 元，这些信用卡内还被通过汇款的方式注入人民币 171826 元。被告人潘儒民、祝素贞、李大明、龚媛于 2006 年 7 月至 8 月期间，在本市使用上述 67 张灵通卡和另外 27 张灵通卡，通过 ATM 机提取现金共计人民币 1086085 元，通过银行柜面提取现金共计人民币 73615 元，扣除事先约定的份额，然后按照阿元的指令，将剩余资金汇入相关账户内。案发后，公安机关追缴赃款共计人民币 384000 元。

（三）一审判决结果

上海市虹口区人民法院认为，被告人潘儒民、祝素贞、李大明、龚媛明知是金融诈骗犯罪的所得，为掩饰、隐瞒其来源和性质，仍提供资金账户并通过转账等方式协助资金转移，其行为构成洗钱罪，上海市虹口区人民检察院指控被告人潘儒民、祝素贞、李大明、龚媛犯洗钱罪罪名成立。

在共同犯罪中，被告人潘儒民起主要作用，系主犯，被告人祝素贞、李大明、龚媛起次要作用，系从犯，对被告人祝素贞、李大明、龚媛应当从轻处罚。关于被告人潘儒民的辩护人提出的被告人潘儒民认罪态度较好，系初犯，建议对被告人潘儒民酌情从轻处罚的辩护意见，与事实和法律相符，法院予以采纳。关于被告人祝素贞的辩护人提出的被告人祝素贞犯罪的主观恶性较小，认罪态度较好，在共同犯罪中系从犯，且系初犯，案发后公安机关已追缴了部分赃款，挽回了部分损失，建议对被告人祝素贞从轻处罚的辩护意见，与事实和法律相符，法院予以采纳。关于被告人李大明的辩护人提出的被告人李大明犯罪的主观恶性较小，在共同犯罪中系从犯，到案后认罪态度较好，建议对被告人李大明从轻处罚的辩护意见，与事实和法律相符，法院予以采纳。关于被告人龚媛的辩护人提出的被告人龚媛在 2006 年 8 月初以前对所转移钱款的性质不明知，此阶段的行为不构成洗钱罪，其在明知钱款的性质后，主动提出离开潘儒民等人，系犯罪中止的辩护意见，与已经查证的证据不符，法院不予采纳。辩护人提出的龚媛犯罪的主观恶性较小的辩护意见，与事实相符，法院予以采纳，对被告人龚媛可以酌情从轻处罚，但辩护人提出的建议对龚媛免予刑事处罚的意见，法院不予采纳。

一审宣判后，在法定期限内，被告人未提出上诉，公诉机关亦未提出抗诉，判决发生法律效力。

三、案例分析

根据《刑法》第 191 条规定，洗钱罪是行为人对毒品犯罪、黑社会性质的组织犯罪、恐怖活动犯罪、走私犯罪、贪污贿赂犯罪、破坏金融管理秩序犯罪、金融诈骗犯罪这七类上游犯罪的违法所得及其产生的收益进行清洗的行为。① 本案的争议焦点主要有如下几点。

（一）上游犯罪行为人尚未定罪判刑，能否认定下游犯罪行为人构成洗钱罪

洗钱罪与上游犯罪的关系密不可分，可以说，没有上游犯罪，就没有洗钱罪。那么，上游犯罪尚未经法院定罪判刑，是否能认定下游犯罪行为人构成洗钱罪？答案是肯定的。2009 年《最高人民法院关于审理洗钱等刑事案件具体应用法律若干问题的解释》第 4 条规定："刑法第一百九十一条、第三百一十二条、第三百四十九条规定的犯罪，应当以上游犯罪事实成立为认定前提。上游犯罪尚未依法裁判，但查证属实的，不影响刑法第一百九十一条、第三百一十二条、第三百四十九条规定的犯罪的审判。"只要有证据证明确实发生了刑法明文规定的上游犯罪，行为人明知或应知系上游犯罪的所

---

① 具体而言，"毒品犯罪"指刑法分则第六章妨害社会管理秩序罪第七节走私、贩卖、运输、制造毒品罪（第347~第357条）中所规定的犯罪；"黑社会性质的组织犯罪"指《刑法》第294条规定的组织、领导、参加黑社会性质组织罪；"恐怖活动犯罪"指《刑法》第120条规定的组织、领导、参加恐怖组织罪等；"走私犯罪"指刑法分则第三章破坏社会主义市场经济秩序罪第二节走私罪（第151~第157条）所规定的犯罪；"贪污贿赂犯罪"指刑法分则第八章贪污贿赂罪（第382~第396条）中所规定的犯罪；"破坏金融管理秩序犯罪"和"金融诈骗犯罪"分别指刑法分则第三章第四节破坏金融管理秩序罪（第170~第191条）、第五节金融诈骗罪（第192~第200条）中所规定的犯罪。

得及其产生的收益，仍然为上游犯罪行为人提供资金账户、协助将财产转换为现金等，掩饰、隐瞒犯罪所得及其收益的，就可以认定洗钱罪成立。上游犯罪行为与洗钱行为的案发状态、查处及审判进程不同，一律要求上游犯罪已经定罪判刑才能认定洗钱罪成立，既不符合立法精神，也不符合打击洗钱犯罪的实际需要。只要有充分的证据证明行为人的行为符合洗钱罪的犯罪构成特征，就可以认定为洗钱罪。

应当注意的是，在上游犯罪行为人尚未归案的情况下，可能难以确定下游犯罪行为人的行为性质，此时法院应当慎重处理，即根据案件中所掌握的事实，足以断定上游行为属于《刑法》第 191 条所规定的七种犯罪类型之一，才能认定下游行为成立洗钱罪。如果根据现有的证据材料，难以断定上游行为是否构成犯罪、构成何种犯罪，则下游行为不宜认定为洗钱罪。因为，《刑法》第 191 条规定了"明知"要件，如果法院尚不能判断上游行为是否构成犯罪，以及是否属于特定的七类犯罪，就无法断定下游犯罪行为人"明知"系七类犯罪所得及收益而实施洗钱行为。当然，如果根据证据足以断定上游犯罪属于七类犯罪以外的其他犯罪的，则可以依法认定下游犯罪行为人构成《刑法》第 312 条所规定的掩饰、隐瞒犯罪所得、犯罪所得收益罪。

本案中，上游犯罪行为人阿元尚未抓获归案，根据被害人的陈述和被告人的供述，以及有关书证材料，可以确定，阿元盗划他人信用卡内钱款的行为已经涉嫌信用卡诈骗罪。被告人潘儒民等明知阿元所获得的钱款系金融诈骗犯罪所得，为掩饰、隐瞒其来源和性质，仍提供资金账户并通过转账等方式协助资金转移，符合《刑法》第 191 条所规定的洗钱罪的构成特征，且涉案金额达 100 余万元，应当认定为洗钱罪。

(二) 如何区分上游犯罪的共同犯罪与洗钱罪

毒品犯罪、黑社会性质的组织犯罪、恐怖活动犯罪、走私犯罪、贪污贿赂犯罪、破坏金融管理秩序犯罪、金融诈骗犯罪的犯罪分子自己掩饰、隐瞒犯罪所得及收益的，掩饰、隐瞒行为是前一个犯罪行为的延续，为前一个犯罪行为所吸收，属于"不可罚的事后行为"，不能单独成立洗钱罪。因此，是否通谋是区分行为人成立上游犯罪的共犯还是单独成立洗钱罪的关键。如果行为人事前与上游犯罪行为人通谋，事后实施了洗钱行为的，成立上游犯罪的共犯；如果事前并无通谋，仅仅是事后实施了洗钱行为的，则单独成立洗钱罪。

通常，上游犯罪正在查处或已经查处完毕的，比较容易判断行为人是否为上游犯罪的共犯。但在上游犯罪行为人在逃的情况下，因掌握的证据有限，很难判断是否事先有共谋。在这种情况下，法院应当根据已掌握的证据情况，认真进行甄别，能够认定事先确有同谋的，应当认定为共犯，根据行为人在共同犯罪中的地位、作用，作出与其罪刑相当的裁决，避免将上游犯罪的共同犯罪认定为洗钱罪，轻纵犯罪分子；如果根据现有的证据难以判定其与上游行为人存在共谋，但其实施洗钱行为的证据确实、充分的，应当就轻认定为洗钱罪。本案中，公安机关以信用卡诈骗罪对四名被告人立案侦查、刑事拘留、逮捕，但因为没有相关证据证明四名被告人与阿元存在事先进行信用卡诈骗的通谋，公诉机关以洗钱罪向法院提起公诉，法院也以洗钱罪进行判决。从现有证据看，尽管四名被告人均供述其明知系阿元从网上银行诈骗来的钱款，并帮助其进行转移，但没有证据证明四名被告人事先和阿元预谋或者事中明知。故从证据上看，不能认定四名被告人构成信用卡诈骗罪的共犯，但有充分的证据证明潘儒民等办理了大量的信用卡，为阿元提供资金账户，协助转移资金，因此可以认定四名被告人构成洗钱罪。

(三) 如何区分洗钱罪与掩饰、隐瞒犯罪所得、犯罪所得收益罪

洗钱罪与掩饰、隐瞒犯罪所得、犯罪所得收益罪的区别主要在于：第一，犯罪客体不完全相同。洗钱罪的客体是国家金融管理秩序，同时客观上也破坏了司法机关的查处活动；掩饰、隐瞒犯罪所得、犯罪所得收益罪的客体是司法机关的正常活动，在某些情况下，也可能侵犯国家的金融管理秩序。第二，上游犯罪的范围不同，洗钱罪的上游犯罪只限于法律明文规定的七类犯罪，而掩饰、隐瞒犯罪所得、犯罪所得收益罪的上游犯罪为上述七类犯罪以外的所有犯罪。第三，洗钱罪的犯罪主体既可以是个人也可以是单位，而掩饰、隐瞒犯罪所得、犯罪所得收益罪的犯罪主体仅为个人，不包括单位。

一般而言，洗钱罪与掩饰、隐瞒犯罪所得、犯罪所得收益罪比较容易区分，应当注意的是，并非所有为毒品犯罪、贪污贿赂犯罪等七类犯罪掩饰、隐瞒犯罪所得的，都构成洗钱罪。《刑法》第191条规定了洗钱罪的五种形式，即提供资金账户，协助将财产转换为现金、金融票据、有价证券，通过转账或者其他结算方式协助转移资金，协助将资金汇往境外，以其他方式掩饰、隐瞒犯罪的违法所得及其收益的来源和性质。从刑法列举的上述几种行

为方式可以看出，洗钱罪的保护客体主要为国家金融管理秩序。如果行为人所实施的掩饰、隐瞒行为并未侵犯国家的金融管理秩序，例如行为人明知某一贵重物品系他人受贿所得，仍帮助他人窝藏、转移该物品，以逃避司法机关的查处，该行为主要妨害了司法秩序，并未妨害国家的金融管理秩序，属于《刑法》第312条所规定的窝藏、转移赃物行为，应当认定为掩饰、隐瞒犯罪所得罪，而非洗钱罪。

就本案而言，被告人的行为特征是符合洗钱罪的条件的，关键是上游犯罪如何认定。如果上游犯罪系洗钱罪所规定的七类犯罪之一，则被告人的行为构成洗钱罪，否则，被告人的行为只能构成掩饰、隐瞒犯罪所得罪。从本案的现有证据看，虽然阿元和张协兴没有到案，但可以确定上游犯罪的基本事实是：本案的上游行为系行为人通过非法手段获取被害人银行卡卡号和密码，然后将卡内钱款通过网上银行非法转走。这里牵涉到三方关系，即持卡人、银行和行为人。持卡人和银行的权利义务关系通过银行卡申领协议确定，根据协议，付款时所输入的卡号和密码正确，银行就视为是持卡人给出的付款指令而必须付款。在这种情况下，如果持卡人的银行卡号和密码被持卡人以外的行为人通过非法手段获取，银行根据行为人所输入的卡号和密码而支付钱款，所遭受的损失应当由持卡人而不是银行承担。从银行和行为人的关系看，银行根据行为人输入的正确的卡号和密码按行为人的指令付款，只是基于银行的一种推定，即只要给出的卡号和密码正确，银行就视为是持卡人发出的付款指令，故在这种情况下银行不承担责任。但如果有证据证明银行明知行为人是通过非法手段获取持卡人的卡号和密码，仍然根据行为人的指令而付款的，则银行存在过错，应当对持卡人承担赔偿责任。从这个意义上说，银行是基于被行为人欺骗而自动付款的，但损失却要由持卡人承担。从持卡人和行为人的关系来说，行为人通过非法手段获取持卡人的卡号和密码后，向银行支付系统输入卡号和密码，并发出付款指令，显然是一种冒用持卡人信用卡的行为。综合上述三方面的关系，可以得出结论：行为人冒用持卡人信用卡，欺骗银行，银行基于被骗而付款，造成的损失由持卡人承担。这种行为完全符合信用卡诈骗罪的特征，应定为信用卡诈骗罪。

综上，本案的上游犯罪为信用卡诈骗罪，四名被告人为掩饰、隐瞒信用卡诈骗所得的来源和性质，提供资金账户并通过转账等方式协助资金转移的行为构成洗钱罪。

四、课程思政解读

"潘儒民等洗钱案"所涉及的课程思政元素主要体现在以下几个方面。

(一) 完善我国金融管理体系，保障国家安全

近年来，随着国内外经济形势的变化，恐怖主义犯罪的国际化，走私犯罪和跨境毒品犯罪的增加，以及对贪污贿赂犯罪的严厉打击，涉洗钱罪刑事案件不断增多。洗钱行为与贩毒、走私、恐怖活动、贪污腐败和偷税漏税等严重刑事犯罪相联系，已对一个国家的政治稳定、社会安定、经济安全及国际政治经济体系的安全构成严重威胁。地下钱庄作为不法分子从事洗钱和转移资金的最主要通道，已日益成为电信诈骗、网络赌博等犯罪活动转移赃款的渠道，并成为贪污腐败分子与恐怖分子的洗钱工具和帮凶。与此同时，破坏金融管理秩序犯罪在侵害国家金融管理秩序的同时，还反过来推动了贪污、贿赂、毒品、金融犯罪等犯罪行为的发生。例如，金融诈骗犯罪分子为了达到非法占有的目的，往往采用贿赂等手段，在金融机构内部人员中寻找突破口，拉拢腐蚀金融机构人员，而那些金融机构中的意志薄弱的工作人员就会被拉下水。完善反洗钱监管体制机制，既是建设中国特色社会主义法治体系和现代金融管理体系的重要内容，又是推进国家治理体系和治理能力现代化、维护经济社会安全稳定的重要保障，更是贯彻落实总体国家安全观、维护国家安全和经济金融安全的必然要求。

(二) 加强国际合作，提高国家声誉

完善我国金融管理体系，是我国积极参与全球治理、扩大金融业双向开放的重要手段。随着经济活动的全球化趋势，跨国（境）、跨区域犯罪增加，特别是信用证诈骗案件等，往往是境内外犯罪分子相互勾结，一旦得手，便把巨额资金转往境外，或者携款潜逃，造成国家资本外流，社会财富流失。不仅如此，金融机构特别是银行是资金流动的载体和媒介，不法分子利用银行进行现金交易、账户往来、离岸业务、贷款等将非法所得合法化，客观上使银行成为整个"洗钱链条"中的重要环节和不法分子实施犯罪的有效掩体与重要渠道，有的甚至成了洗钱的机器。洗钱不仅损害了金融体系的安全和信誉，而且对于正常的经济秩序、社会风气具有极大的破坏作用。随着经济、金融全球化的深入发展，洗钱犯罪活动也呈现全球化趋势，增加了打击

洗钱犯罪活动的难度。一些国际组织和发达国家要求各国银行对国际反洗钱活动予以配合，并将其作为进入国际金融市场的重要条件。鉴于反洗钱工作已经关系到经济运行的安全和国家声誉，推动反洗钱活动、加强对金融管理秩序的监管是当前法治金融市场建构的重要举措。

（三）推动和维护司法公正

司法公正是现代社会政治民主、进步的重要标志，也是我国经济发展、社会稳定和人民幸福的重要保障。由于上游犯罪的区别，洗钱罪区别于掩饰、隐瞒犯罪所得、犯罪所得收益罪。然而，事实上洗钱行为就是一类掩饰、隐瞒犯罪所得、犯罪所得收益的犯罪行为，加之其上游犯罪是具有极大社会危害性的七类犯罪行为，在一定意义上，洗钱行为为七类恶劣犯罪提供了庇佑，妨碍了公检法机关发现犯罪和惩罚犯罪的进程。因此，洗钱罪在危害金融安全的同时，也妨害了司法公正，对七类上游犯罪的查处造成了巨大障碍。对于洗钱罪的严厉打击，可以切断七类上游犯罪的庇佑之所，增加七类上游犯罪被发现的可能性，减少七类上游犯罪继续掩藏和活动的机会，进而维护我国司法的权威，推动我国法治社会和法治国家的建设。

（四）增强金融安全意识，维护金融法治权威

随着经济的迅速发展，破坏金融管理秩序行为开始以各种新型方式和手段出现。增强金融安全意识，维护金融法治权威成为当务之急。一方面，要树立正确的法律观，不要为了微薄利益实施破坏金融管理秩序的行为，成为破坏金融管理秩序犯罪的帮凶。例如，为了蝇头小利使用假币、转售或者买入二手手机等赃物；为了高额利益铤而走险出卖出租个人身份证、电话卡、银行卡，成为洗钱等犯罪的帮助犯。另一方面，作为金融业务的接触者，首先要增强金融防范意识和警觉性，不要轻易点击陌生短信和邮件中的链接，要通过正规的线下金融机构办理金融业务；其次要树立正确理性的消费观，切勿攀比；最后在陷入金融诈骗陷阱或面临金融犯罪被害风险时，要主动寻求警方的帮助，维护好个人的安全。

💬 五、问题拓展讨论

1. 根据《刑法》第 191 条和第 312 条的规定，谈谈如何区分洗钱罪和掩

饰、隐瞒犯罪所得、犯罪所得收益罪。

2. 谈谈你对洗钱罪上游犯罪的理解。

3. 根据《刑法》第 176 条和第 192 条的规定，谈谈非法吸收公众存款罪和集资诈骗罪的区别。

4. 根据《刑法》第 175 条、第 175 条之一及第 193 条，谈谈如何区分高利转贷罪、骗取贷款罪、贷款诈骗罪这几类贷款类犯罪行为。

5. 谈谈对自洗钱行为的认定。

6. 通过对潘儒民等洗钱案的学习，谈谈我国金融管理秩序的稳定与总体国家安全观之间的关系。

👍 六、阅读文献推荐

1. 张明楷：《刑法学》（第六版），法律出版社，2021 年。

2. 王作富、黄京平：《刑法》，中国人民大学出版社，2021 年。

3. 《刑法学》编写组：《刑法学（下册·各论）》，高等教育出版社，2019 年。

4. 陈兴良：《走向哲学的刑法学》，北京大学出版社，2018 年。

5. 王新：《竞合抑或全异——辨析洗钱罪与掩饰、隐瞒犯罪所得、犯罪所得利益罪之关系》，《政治与法律》2009 年第 1 期。

6. 阴建峰：《论洗钱罪上游犯罪之再扩容》，《法学》2010 年第 12 期。

7. 王新：《骗取贷款罪的适用问题和教义学解析》，《政治与法律》2019 年第 10 期。

8. 郭华：《非法集资犯罪的司法扩张与刑法修正案的省察——基于〈刑法修正案（十一）（草案）〉对非法吸收公众存款罪、集资诈骗罪修改的展开》，《法治研究》2020 年第 6 期。

9. 胡宗金：《非法吸收公众存款罪的规范目的与规制范围》，《法学家》2021 年第 6 期。

10. 张明楷：《自洗钱入罪后的争议问题》，《比较法研究》2022 年第 5 期。

11. 黎宏：《"自洗钱"行为认定的难点问题分析》，《法学评论》2023 年第 3 期。

金融诈骗罪

案例 14：周辉集资诈骗案①

！ 一、知识点提要

（一）金融诈骗罪的基本概念

金融诈骗罪指在金融领域内，通过虚构事实或者隐瞒真相的方式，以非法占有为目的，骗取个人或者金融机构信用或财产，破坏国家金融管理秩序的犯罪行为。

（二）金融诈骗罪的种类

金融诈骗罪规定于刑法分则的第三章第五节（第 192~第 200 条），其罪域非常广泛，主要包括集资诈骗罪（第 192 条）、贷款诈骗罪（第 193 条）、票据诈骗罪（第 194 条）、信用证诈骗罪（第 195 条）、信用卡诈骗罪（第 196 条）、有价证券诈骗罪（第 197 条）、保险诈骗罪（第 198 条）等。

（三）金融诈骗罪的特征

金融诈骗罪的认定必须从其犯罪对象的特征出发，以金融市场的规范为基础，以刑法理论为指导，结合我国刑事法律规定及司法实践，置于金融市场中进行考虑。

---

① 《第十批指导性案例》，中华人民共和国最高人民检察院官网，https：// www.spp.gov.cn/spp/jczdal/201807/t20180712_384673.shtml，访问日期：2023 年 9 月 25 日。

1. 金融诈骗罪的构成特征

（1）犯罪客体

金融诈骗罪侵犯的客体不是单一客体，而是双重客体，即公私财产所有权、国家金融管理秩序。

（2）犯罪客观方面

金融诈骗罪的客观方面，即金融诈骗罪的客观表现形式为用欺诈的方式（包括虚构事实或隐瞒真相的方法），以募集资金、贷款、票据结算、信用证、信用卡使用、有价证券交易、保险索赔等形式，骗取公私财物数额较大的行为。

（3）犯罪主体

金融诈骗罪的主体，既包括一般主体，也包括特殊主体。所谓一般主体，是指具有完全刑事责任能力的自然人和单位，以保险索赔形式进行诈骗涉及的主体则为特殊主体，如投保人、被保险人和受益人。

（4）犯罪主观方面

金融诈骗罪的认定要求行为人或单位具有非法占有公私财物的目的，因而该罪主观方面只能由故意构成。这也是金融诈骗犯罪与金融领域民事欺诈违约的区别，通常认为，两者之间的区别并不在于涉案数额的大小，而在于行为人或单位是否具有非法占有的目的。

2. 金融诈骗罪中"非法占有目的"的认定

根据 2001 年 1 月 21 日最高人民法院发布的《全国法院审理金融犯罪案件工作座谈会纪要》："金融诈骗犯罪都是以非法占有为目的的犯罪。在司法实践中，认定是否具有非法占有为（的）目的，应当坚持主客观相一致的原则，既要避免单纯根据损失结果客观归罪，也不能仅凭被告人自己的供述，而应当根据案件具体情况具体分析。"通常来说，行为人通过诈骗的方法非法获取资金，造成较大数额资金不能归还，且具有以下情形之一的，可以认定为具有非法占有的目的：（1）明知没有归还能力而大量骗取资金的；（2）非法获取资金后逃跑的；（3）肆意挥霍骗取资金的；（4）使用骗取的资金进行违法犯罪活动的；（5）抽逃、转移资金、隐匿财产，以逃避返还资金的；（6）隐匿、销毁账目，或者搞假破产、假倒闭，以逃避返还资金的；（7）其他非法占有资金、拒不返还的行为。

（四）金融诈骗罪的刑罚

金融诈骗罪的数额不仅是定罪的标准，也是量刑的主要依据。根据金融诈骗罪种类的不同，其量刑也各有差异，但通常来说，介于三年有期徒刑至无期徒刑之间。

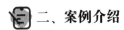 二、案例介绍

（一）基本案情

2011年2月，被告人周辉注册成立中宝投资公司，担任法定代表人。公司上线运营中宝投资网络平台，借款人（发标人）在网络平台注册、缴纳会费后，可发布各种招标信息，吸引投资人投资。投资人在网络平台注册成为会员后可参与投标，通过银行、支付宝、财付通等将投资款汇至周辉公布在网站上的8个其个人账户或第三方支付平台账户。借款人可直接从周辉处取得所融资金。项目完成后，借款人返还资金，周辉将收益给予投资人。

运行前期，周辉通过网络平台为13个借款人提供总金额170万余元的融资服务，因部分借款人未能还清借款造成公司亏损。此后，周辉除用本人真实身份信息在公司网络平台注册2个会员外，自2011年5月至2013年12月陆续虚构34个借款人，并利用上述虚假身份自行发布大量虚假抵押标、宝石标等，以支付投资人约20%的年化收益率及额外奖励等为诱饵，向社会不特定公众募集资金。所募资金未进入公司账户，全部由周辉个人掌控和支配。除部分用于归还投资人到期的本金及收益外，其余主要用于购买房产、高档车辆、首饰等。这些资产绝大部分登记在周辉名下或供周辉个人使用。2011年5月至案发，周辉通过中宝投资网络平台累计向全国1586名不特定对象非法集资共计10.3亿余元，除支付本金及收益回报6.91亿余元外，尚有3.56亿余元无法归还。案发后，公安机关从周辉控制的银行账户内扣押现金1.8亿余元。

（二）检察机关审查起诉

2014年7月15日，浙江省衢州市公安局以周辉涉嫌集资诈骗罪移送衢州市人民检察院审查起诉。

审查起诉阶段，衢州市人民检察院审查了全案卷宗，讯问了犯罪嫌疑人。针对该案犯罪行为涉及面广，众多集资参与人财产遭受损失的情况，检察机关充分听取了辩护人和部分集资参与人的意见，进一步核实了非法集资金额，对扣押的房产等作出了司法鉴定或价格评估。针对辩护人提出的非法证据排除申请，检察机关审查后发现，涉案证据存在以下瑕疵：公安机关向部分证人取证时取证地点不符合刑事诉讼法规定，个别辨认笔录缺乏见证人等。为此，检察机关要求公安机关予以补正或作出合理解释。公安机关作出情况说明：证人从外地赶来，经证人本人同意，取证在宾馆进行。关于此项情况说明，检察机关审查后予以采信。对于缺乏见证人的个别辨认笔录，检察机关审查后予以排除。

（三）一审认定事实和判决结果

2015 年 1 月 19 日，浙江省衢州市人民检察院以周辉犯集资诈骗罪向浙江省衢州市中级人民法院提起公诉。6 月 25 日，衢州市中级人民法院公开开庭审理本案。

法庭调查阶段，公诉人宣读起诉书指控被告人周辉以高息为诱饵，虚构借款人和借款用途，利用网络 P2P 形式，面向社会公众吸收资金，主要用于个人肆意挥霍，其行为构成集资诈骗罪。对于指控的犯罪事实，公诉人出示了四组证据予以证明：一是被告人周辉的立案情况及基本信息；二是中宝投资公司的发标、招投标情况及相关证人证言；三是集资情况的证据，包括银行交易清单、司法会计鉴定意见书等；四是集资款的去向，包括购买车辆、房产等物证及相关证人证言。

法庭辩论阶段，公诉人发表公诉意见：被告人周辉注册网络借贷信息平台，早期从事少量融资信息服务。在公司亏损、经营难以为继的情况下，虚构借款人和借款标的，以欺诈方式面向不特定投资人吸收资金，自建资金池。在公安机关立案查处时，虽暂可通过"拆东墙补西墙"的方式偿还部分旧债维持周转，但根据其所募资金主要用于还本付息和个人肆意挥霍，未投入生产经营，不可能产生利润回报的事实，可以判断其后续资金缺口势必会不断扩大，无法归还所募全部资金，故可以认定其具有非法占有的目的，应以集资诈骗罪对其定罪处罚。

法庭经审理，认为公诉人出示的证据能够相互印证，予以确认。对于周辉及其辩护人提出的不构成集资诈骗罪及本案属于单位犯罪的辩解、辩护意见，不予采纳。综合考虑犯罪事实和量刑情节，2015 年 8 月 14 日，浙江省衢州市中级人民法院作出一审判决，以集资诈骗罪判处被告人周辉有期徒刑十五年，并处罚金人民币 50 万元，继续追缴违法所得，返还各集资参与人。

（四）二审上诉理由和判决结果

一审宣判后，浙江省衢州市人民检察院认为，被告人周辉非法集资 10.3 亿余元，属于刑法规定的集资诈骗数额特别巨大并且给人民利益造成特别重大损失的情形，依法应处无期徒刑或者死刑，并处没收财产，一审判决量刑过轻。2015 年 8 月 24 日，向浙江省高级人民法院提出抗诉。被告人周辉不服一审判决，提出上诉。其上诉理由是量刑畸重，应判处缓刑。

本案二审期间，2015 年 8 月 29 日，第十二届全国人大常委会第十六次会议审议通过了《刑法修正案（九）》，删去《刑法》第 199 条关于犯集资诈骗罪"数额特别巨大并且给国家和人民利益造成特别重大损失的，处无期徒刑或者死刑，并处没收财产"的规定。《刑法修正案（九）》于 2015 年 11 月 1 日起施行。

浙江省高级人民法院经审理后认为，《刑法修正案（九）》取消了集资诈骗罪死刑的规定，根据从旧兼从轻原则，一审法院判处周辉有期徒刑十五年符合修订后的法律规定。上诉人周辉具有集资诈骗的主观故意及客观行为，原审定性准确。2016 年 4 月 29 日，二审法院作出裁定，维持原判。终审判决作出后，周辉及其父亲不服判决提出申诉，浙江省高级人民法院受理申诉并经审查后，认为原判事实清楚，证据确实充分，定性准确，量刑适当，于 2017 年 12 月 22 日驳回申诉，维持原裁判。

三、案例分析

本案的争议焦点在于两方面：一方面，周辉的非法集资行为到底属于个人犯罪还是可以被认定为单位犯罪；另一方面，周辉利用互联网从事 P2P 借贷融资的行为是构成集资诈骗罪还是非法吸收公众存款罪。

（一）周辉非法集资的行为属于个人犯罪还是单位犯罪

单位犯罪是个人犯罪的对称，主要是指公司、企业、事业单位、机关、团体实施的具有严重社会危害性且依法应当承担刑事责任的行为。单位犯罪具有法定性，如果刑法没有明文规定犯罪行为的主体可以是单位的，即便公司、企业、事业单位等单位的行为符合此类犯罪的所有构成要件，也无法认定为该类犯罪行为。根据《刑法》第 192 条规定，集资诈骗罪的主体既可以是个人，也可以是单位。2001 年 1 月 21 日最高人民法院发布的《全国法院审理金融犯罪案件工作座谈会纪要》中规定："以单位名义实施犯罪，违法所得归单位所有的，是单位犯罪。"2019 年最高人民法院、最高人民检察院、公安部联合发布的《关于办理非法集资刑事案件若干问题的意见》进一步重申了该规定。据此可以看出，区分单位犯罪和个人犯罪的主要根据有两点：是否"以单位的名义"，是否"违法所得归属单位所有"。

本案中，周辉的行为如何认定？属于个人行为还是单位行为？通过案情可知，周辉成立的是一人公司，该公司由周辉本人进行控制。周辉所实施的非法集资犯罪行为，完全属于周辉个人意志的体现，并非单位意志的体现。具体来说，周辉所实施的非法集资行为并没有体现出构成单位犯罪所必须具备的"以单位的名义"这一条件。与此同时，周辉所募集的资金也是直接进入其个人账户，即其在平台上公布的 8 个个人账户或第三方支付账户，而非公司的账户。也就是说，这些集资款实际上是由周辉本人予以控制与管理的，并不受公司的管控和支配，因而，也不具备单位犯罪所要求的"违法所得归属单位所有"这一条件。故从两个方面分析可得，周辉的行为完全属于其个人行为，而非单位行为。

（二）周辉利用互联网从事 P2P 借贷融资的行为是构成集资诈骗罪还是非法吸收公众存款罪

P2P 网络借贷，是指个人利用中介机构的网络平台，将自己的资金出借给资金短缺者的商业模式。根据中国银行业监督管理委员会、工业和信息化部、公安部、国家互联网信息办公室制定的《网络借贷信息中介机构业务活动管理暂行办法》等监管规定，P2P 作为新兴金融业态，必须明确其信息中介性质，平台本身不得提供担保，不得归集资金搞资金池，不得非法吸收公众资金。周辉吸收资金建资金池，不属于合法的 P2P 网络借贷。

本案中，辩护人认为周辉以 P2P 网络借贷募集资金的行为应成立非法吸收公众存款罪，而非集资诈骗罪。那么，这两个罪名之间应当如何界分？根据《刑法》第 192 条的规定，集资诈骗罪的成立要求行为人在主观上具备非法占有的目的，客观上使用了诈骗的方法，并达到了数额较大的标准。非法吸收公众存款罪作为非法集资犯罪的一种类型,与集资诈骗罪之间具有相似性,也具有明显的区别。

首先,在客观方面,非法吸收公众存款罪主要通过非法或变相的方法吸收公众存款,该罪不以采用诈骗方法为要件。而集资诈骗罪的构成强调行为人采用诈骗的方法,也即虚构事实、隐瞒真相等方式,隐藏、掩饰其非法占有集资款的意图,蒙蔽投资人,最终实现非法占有所吸收资金的目的。

其次,主观目的方面,非法吸收公众存款罪的成立并不需要行为人在主观上具有"非法占有目的"。然而,集资诈骗罪的成立,要求行为人必须具有非法占有的故意,否则就失去了本罪成立的主观基础。在实务中,应当围绕融资项目真实性、资金去向、归还能力等事实、证据进行综合判断。网络借贷信息中介机构或其控制人,利用网络平台发布虚假高利借款标募集资金,短期内募集大量资金,所吸收资金大部分未用于生产经营活动,或者用于生产经营活动与筹集资金规模明显不成比例,致使集资款不能返还的,或者名义上投入生产经营,但又通过各种方式抽逃、转移资金,或者供其个人肆意挥霍,归还本息主要通过借新还旧来实现,造成数额巨大的募集资金无法归还的,可以认定具有非法占有的目的,是典型的利用网络中介平台实施集资诈骗的行为。

本案中,周辉采用编造虚假借款人、虚假投标项目等欺骗手段集资,本人主观上认识到资金不足,少量投资赚取的收益不足以支付许诺的高额回报,没有将集资款用于生产经营活动,而是主要用于个人肆意挥霍,其主观上对集资款具有明显的非法占有目的,其行为构成集资诈骗罪。

(三) 被告人周辉非法集资 10.3 亿余元,是否应当被判处无期徒刑或者死刑

2011 年生效实施的《刑法修正案(八)》废除了 13 个经济性非暴力犯罪的死刑,其中包括 3 个金融诈骗罪(票据诈骗罪、金融凭证诈骗罪、信用证诈骗罪)。然而,该次修正案并未废除集资诈骗罪的死刑,直至 2015 年 8 月 29 日,第十二届全国人大常委会第十六次会议审议通过的《刑法修正案(九)》,才删去了关于犯集资诈骗罪 "数额特别巨大并且给国家和人民利益造成特别重大损失的,处无期徒刑或者死刑,并处没收财产" 的规

定。① 这凸显了我国对生命的尊重和对人权的保障，标志着我国刑法朝限制与废除死刑的国际趋势发展。

周辉集资诈骗案一审时，《刑法修正案（九）》尚未实施，二审期间，《刑法修正案（九）》已经开始施行，也就是说周辉案经历了《刑法修正案（九）》颁布并实施前后。一审宣判后，浙江省衢州市人民检察院认为，被告人周辉非法集资 10.3 亿余元，属于刑法（《刑法修正案（九）》颁布实施前的旧法）规定的集资诈骗数额特别巨大并且给人民利益造成特别重大损失的情形，依法应处无期徒刑或者死刑，并处没收财产。衢州市人民检察院以一审判决量刑过轻为由于 2015 年 8 月 24 日向浙江省高级人民法院提出抗诉。按照旧法的规定，周辉的行为是可以被判处无期徒刑或者死刑的，检察院的抗诉理由是合理的。然而，二审审理期间，《刑法修正案（九）》正式颁布实施，其中取消了关于集资诈骗罪"数额特别巨大并且给国家和人民利益造成特别重大损失的，处无期徒刑或者死刑，并处没收财产"的规定。二审法院根据从旧兼从轻原则，选择适用修订后的最新刑法规定，故而维持一审法院的判决。

周辉案作为典型的集资诈骗案件，其审理过程体现了我国立法和实务中关于死刑的态度，即我国刑法一贯以来秉持着保留死刑，但坚决少杀、慎杀的死刑适用态度，并且在司法实践中对于死刑的适用尤为谨慎，尽力将死刑立即执行的适用范围缩小到最小限度。

四、课程思政解读

"周辉集资诈骗案"所涉及的课程思政元素主要体现在以下几个方面。

（一）维护国家金融秩序

社会是由个人构成的，而个人之间的交往和关系必然产生一定的秩序。在诸多的社会秩序中，法律秩序是最为发达的。而金融秩序是一种特殊的法律秩序，是在有关融资方面的法律调整、规范之下形成的一种法律秩序。在金融领域内，每个个体和单位都应当遵守有关金融交往的法律规范，以形成良性和谐的金融秩序。就金融诈骗罪而言，设立此类犯罪，正是通过打击金

---

① 2020 年《刑法修正案（十一）》将原三档法定刑修改为两档法定刑，提高了第一档法定刑，将限额罚金改为无限额罚金，并增设第 2 款单位犯本罪的处罚规定。

融诈骗行为来维护安全平稳的金融秩序，以便金融制度能够有效运转，人们在此制度之下能够开展正常的金融交易而不被法外金融风险所困扰。金融秩序的稳定关系到市场经济的运行状况，进而影响到国家的经济发展。因此，应当坚持维护国家金融秩序，以保障我国金融市场的稳定发展。

（二）践行诚实信用原则

金融诈骗罪在客观上表现为采用欺诈方法，也即以虚构事实、隐瞒真相的方法，非法占有个人或者金融机构的信用或财产，破坏国家金融市场秩序的行为。该行为本质上违背了诚实信用原则。诚信价值观植根于中华民族深厚的文化土壤之中，是人和人之间正常交往、社会生活能够稳定、经济秩序得以保持和发展的重要力量。孔子曰："言必信，行必果。"孟子云："诚者，天之道也；思诚者，人之道也。""民无信则不立，商无信则不兴，国无信则不威。"古往今来，诚信一直都是中华民族的崇高追求。然而，在当今社会，尤其是金融领域，违背诚信原则，采用欺诈方式非法占有财物的行为时有发生。本案中，被告人周辉注册网络借贷信息平台，在公司亏损、经营难以为继的情况下，虚构借款人和借款标的，以欺诈方式面向不特定投资人吸收资金的行为就是典型的违背诚信原则的金融犯罪行为。法律意义上的诚实信用原则，最早起源于罗马法，且主要被运用于私法领域，甚至被誉为民商事法律的"帝王条款"。相较而言，刑事法领域对于诚信原则的关注则稍显不足。在当今纷繁复杂的环境下，一些行为人或企业为了获得更多的利益，违背诚信原则，实施欺诈行为进而导致犯罪行为的产生。所以，刑法也应当与民商事法律相衔接，把诚实信用原则作为构建和谐社会的主要价值目标。与此同时，在全面推进社会信用体系建设的契机下，弘扬诚信文化，建设诚信社会，把诚实守信原则作为经济发展的基本准则，将诚信文化建设落实到行业、企业、社区、单位和家庭之中。

（三）增强风险识别和防范意识

随着互联网的普及，金融领域开始出现一些新型的融资发展模式，如第三方支付、P2P网络借贷、金融搜索、众筹等，这些金融发展模式给传统的金融市场带来了活力，但也不可避免地带来了一些风险和挑战。一方面，新型金融发展模式都是建立在互联网的基础之上的，因而具有较强的隐蔽性；另一方面，个人对这类新型金融发展模式比较陌生，因此，易被金融活动的表象所蒙骗，作出错误的决策或决定。这些都给金融诈骗活动提供了便利。例如，周辉集资诈骗案中的被告周辉就是依赖 P2P 平台实施非法集资行为的，主要以支付投资人约 20% 的年化收益率及额外奖励等为诱饵，向社会不特定公众募集资金。案件中的被害人受到高额收益的诱惑投入资金，最终却在财产上遭受了巨大的损失。通常来说，金融诈骗罪的涉案标的额大，涉及的当事人多，造成的社会危害性大。因此，需要强化法治意识，提高风险认识和预防能力，以更好地保护个人利益，净化金融市场环境。

五、问题拓展讨论

1. 《刑法》第 192 条规定："以非法占有为目的，使用诈骗方法非法集资，数额较大的，处三年以上七年以下有期徒刑，并处罚金；数额巨大或者有其他严重情节的，处七年以上有期徒刑或者无期徒刑，并处罚金或者没收财产。"这里的"以非法占有为目的"如何理解？

2. 了解《刑法》第 192 条的修订变迁史，并分析法条修订背后的立法意义。

3. 根据《刑法》第 176 条和第 192 条规定，谈谈如何界分非法吸收公众存款罪和集资诈骗罪。

4. 通过周辉集资诈骗案的学习，谈谈刑法中的诚实信用原则。

六、阅读文献推荐

1. 张明楷：《刑法学》（第六版），法律出版社，2021 年。

2. 王作富、黄京平：《刑法》，中国人民大学出版社，2021 年。

3. 《刑法学》编写组：《刑法学（下册·各论）》，高等教育出版社，2019 年。

4. 陈兴良：《走向哲学的刑法学》，北京大学出版社，2018 年。

5. 侯婉颖：《集资诈骗罪中非法占有目的的司法偏执》，《法学》2012 年第 3 期。

6. 刘伟：《集资诈骗罪的司法困境与罪群立法完善》，《政治与法律》2021 年第 5 期。

7. 刘宪权：《金融犯罪最新刑事立法论评》，《法学》2021 年第 1 期。

危害税收征管罪

案例 15：广州德览公司、徐占伟骗取出口退税无罪案①

⚠ 一、知识点提要

（一）危害税收征管罪的概念

危害税收征管罪是指违反国家税收法规，侵害国家税收征管制度，或者侵害国家对增值税发票和其他专用发票的管理制度，情节严重的行为。

危害税收征管罪是我国经济领域中，特别是公司中一种常见的犯罪，也一直是我国刑法的核心问题。随着经济社会的发展，不同领域涉及经济犯罪的活动逐渐增多，特别是税收征管方面犯罪近年来上升趋势明显。

（二）危害税收征管罪的种类

我国刑法分则第三章第六节规定了危害税收征管罪，该节比较全面地总结了惩治危害税收征管犯罪的法律规定，该节的犯罪主要可以分为两类。第一类是直接针对税收征管秩序的犯罪，包括逃税罪、抗税罪、逃避追缴欠税罪、骗取出口退税罪等。第二类则是针对发票而间接危害到税收征管秩序的犯罪，包括虚开增值税专用发票或者虚开用于骗取出口退税、抵扣税款的其他发票罪，伪造、出售伪造的增值税专用发票罪，非法出售增值税专用发票罪，非法购买增值税专用发票、购买伪造的增值税专用发票罪，非法制造、出售非法制造的用于骗取出口退税、抵扣税款发票罪，非法制造、出售非法

---

① 案号：（2016）粤 01 刑初 472 号。本案入选 2019 年中华人民共和国最高人民法院官网公布的《依法平等保护民营企业家人身财产安全十大典型案例》。

制造的发票罪，非法出售用于骗取出口退税、抵扣税款发票罪，非法出售发票罪等。

（三）危害税收征管罪的构成特征

1. 犯罪客体

危害税收征管罪侵犯的客体是国家税收征管制度。这里的税收征管制度，特指国家对国内税收征收的管理制度。

2. 犯罪客观方面

危害税收征管罪在客观方面表现为违反国家税收法规，妨害国家税收活动，依法应受刑罚处罚的行为。这一类罪具有双重违法性：其一，危害税收征管罪的行为具有行政违法性，即表现为违反国家税收法规；其二，违反税收法规行为的社会危害性必须达到应受刑罚处罚的程度。

3. 犯罪主体

危害税收征管罪的主体包括单位和自然人。有些犯罪的主体必须是负有纳税义务的单位和个人，而有些犯罪的主体是一般主体，如伪造增值税专用发票罪。随着经济体制改革的深入，市场经济竞争加剧，一些企业在陷入困境时存在侥幸心理，在逃税等方面做文章，甚至违法虚开增值税专用发票，骗取国家税款。

4. 犯罪主观方面

危害税收征管罪在主观方面表现为故意，并且只能是直接故意，具有谋取非法利益的目的，过失不构成本罪。当然，对于不同的罪来说，故意的内容是不同的。

（四）重点罪名分述

1. 逃税罪

逃税罪是指纳税人采取欺骗、隐瞒手段进行虚假纳税申报或者不申报，逃避缴纳税款数额较大，并且占应缴纳税额10%以上的行为，或者缴纳税款后，以假报出口或者其他欺骗手段，骗取所缴纳的税款的行为，以及扣缴义务人采取欺骗、隐瞒手段，不缴或少缴已扣、已收税款，数额较大的行为。本罪为身份犯，行为主体是纳税人与扣缴义务人。本罪的行为手段有三种：第一，采取欺骗、隐瞒手段进行虚假纳税申报；第二，不申报；第三，根据《刑法》第204条的规定，缴纳税款后，以假报出口或者其他欺骗手段，骗取所缴纳的税款。逃税罪的目的行为表现为逃避缴纳税款，包括不缴或者少缴应纳税款或者已扣、已收税款，以及不符合退税条件却通过虚假手段取得退税款。本罪的主观状态为故意。

《刑法》第201条第4款规定了逃税罪的处罚阻却情形："有第一款行为，经税务机关依法下达追缴通知后，补缴应纳税款，缴纳滞纳金，已受行政处罚的，不予追究刑事责任；但是，五年内因逃避缴纳税款受过刑事处罚或者被税务机关给予二次以上行政处罚的除外。"根据该款规定，任何逃税案件都必须经过税务机关处理，如果没有处理或者不处理，司法机关不得直接追究其刑事责任，在行为人补缴税款、缴纳滞纳金后，已接受行政处罚的，不再追究刑事责任。只有当行为人超过了税务机关规定期限而不接受处理的，司法机关才能追究刑事责任。

2. 抗税罪

抗税罪，是指纳税人以暴力、威胁方法拒不缴纳税款的行为。行为主体必须是纳税人，非纳税人实施该行为成立妨害公务罪。本罪的行为构成是纳税人使用暴力、威胁方法拒不缴纳税款。抗税罪的暴力包括两种情形：一是对人暴力，即对履行税收职责的纳税人员的人身不法行使有形力，使其不能正常履行职责；二是对物暴力，即冲击、打砸税务机关，使税务机关不能从事正常的税收活动。威胁方法是指对履行税收职责的税务人员实行恐吓，使其不敢或者难以正常履行税收职责。其中，暴力、威胁方法是手段行为，拒绝缴纳税款是目的的行为。本罪的主观状态是故意。

实施抗税行为致人重伤、死亡，构成故意伤害罪、故意杀人罪，属于想象竞合，应当依照《刑法》第232条、第234条第2款的规定处罚。

3. 骗取出口退税罪

骗取出口退税罪，是指以假报出口或者其他欺骗手段，骗取国家出口退税款，数额较大的行为。需要注意的是，骗取出口退税罪只有在没有缴纳税款的情况下才能成立。纳税人缴纳税款后，采取假报出口等欺骗方法，骗取所缴纳的税款的，成立逃税罪。对于骗取税款超过所缴纳的税款部分，则应认定为骗取出口退税罪，与逃税罪实行数罪并罚。

4. 虚开增值税专用发票或者虚开用于骗取出口退税、抵扣税款的其他发票罪

本罪是指个人或者单位故意虚开增值税专用发票或者虚开用于骗取出口退税、抵扣税款的其他发票的行为。本罪的行为表现为虚开专用发票，包括

虚开增值税专用发票，虚开用于骗取出口退税、抵扣税款的其他发票。

虚开专用发票，包括为他人虚开、为自己虚开、让他人为自己虚开、介绍他人虚开专用发票四种类型。具有下列情形的，属于虚开专用发票：（1）没有货物购销或者没有提供或接受应纳税劳务而为他人、为自己、让他人为自己、介绍他人开具专用发票；（2）有货物购销或者提供或接受了应税劳务但为他人、为自己、让他人为自己、介绍他人开具数量或者金额不实的专用发票。根据立案标准，虚开的税款数额在1万元以上或者致使国家税款被骗数额在5000元以上的，应当追诉。

5. 虚开发票罪

虚开发票罪，是指自然人或者单位故意虚开《刑法》第205条规定以外的其他发票，情节严重的行为。根据立案标准，具有下列情形之一的，应予追诉：（1）虚开发票100份以上或者虚开金额累计在40万元以上的；（2）虽未达到上述数额标准，但五年内因虚开发票行为受过行政处罚2次以上，又虚开发票的；（3）其他情节严重的情形。

6. 伪造、出售伪造的增值税专用发票罪

本罪是指自然人或者单位，伪造增值税专用发票，或者出售伪造的增值税专用发票的行为。本罪的伪造，不仅包括无制作权的人制造足以使一般人误认为是真实增值税专用发票的假增值税专用发票的行为，而且包括对真实增值税发票进行加工的变造增值税专用发票的行为。

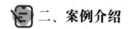

二、案例介绍

（一）基本案情

广州德览贸易有限公司（以下简称德览公司）是一家外贸企业，具有进出口经营权和出口退税权，徐占伟任该公司法定代表人，为该公司的实际负责人。2013年，经与林某坤、张某萌商议，徐占伟同意林某坤、张某萌挂靠德览公司从事服装出口业务，由德览公司负责给林某坤、张某萌提供加盖公章的空白采购合同和报关单，由林某坤、张某萌自行负责组织货源和自行报关出口，德览公司在收到林某坤、张某萌提供的出口合同、报关单证及发票等资料后，再向国家税务部门申请退税，并按照出口金额每1美元收取人民币0.03元至0.05元的比例收取手续费。2013年10月至2014年11月间，德览公司通过上述方式共接收林某坤、张某萌提供的由内蒙古自治区赤峰市金金服装加工有限公司（以下简称赤峰金金公司）、内蒙古自治区赤峰市兴兴绒毛服装加工有限公司（以下简称赤峰兴兴公司）、山东省乳山市超越服装有限公司（以下简称乳山超越公司）、河北省巨鹿县恒合绒毛制品厂（以下简称巨鹿县恒合厂）等四家公司开具的增值税专用发票930份，并持其中的900份发票向国家税务部门申报出口退税，共计申请退税款人民币13982187.38元，其中已经实际退税人民币10256301.61元，所申请的退税款扣除应收取的挂靠费后，余款均汇入林某坤指定的账户。

（二）审理过程及裁判结果

广东省广州市人民检察院指控被告单位德览公司、被告人徐占伟为谋取非法利益，伙同他人在没有实际货物交易的情况下，虚构与多家公司的贸易关系，并以采购合同、送货单、资金支付等资料进行假报出口，应当以骗取出口退税罪追究刑事责任。

被告人单位德览公司的诉讼代表人辩称：德览公司和徐占伟是被林某坤、张某萌等人欺骗了。德览公司并没有故意利用虚开增值税专用发票手段骗取出口退税。事实上，林某坤与德览公司之间是挂靠关系，此关系是基于越秀区国税局赵某的介绍，德览公司出于对赵某的信任，才同意林某坤挂靠，德览公司在资料的审查上都是正规合法的。海关在2013年出具的4份行政处罚通知书，作为报关单上主体单位的德览公司既未收到也未签收这些通知单，更没有人事后告知德览公司相关情况。由此可见，林某坤等人对德览公司隐瞒了事实。如果德览公司当时知道这件事情，肯定不会让林某坤挂靠，也就不会发生本案之事实。德览公司并没有骗取出口退税的主观故意，故不构成骗取出口退税罪。

被告人徐占伟的辩护人指出：德览公司也是本案的受害企业，徐占伟作为德览公司负责人并没有骗取出口退税的故意。根据退税管理规范，国税局实施的是函调管理制度，徐占伟根据调函结果确认出口业务的真实性，已经尽到核实义务。现有证据不足以证实徐占伟主观具有骗取退税款的故意，建议判处无罪。

广东省广州市中级人民法院认为，德览公司及直接负责的主管人员徐占伟，利用德览公司作为进出口公司可以申请退税的资质，为他人提供挂靠服务，在不见客户、不见货物、不见外商的情况下，允许挂靠人自带客户、自带货源、自行报关从事出口业务，并持挂靠人提供的发票申请退税，显属违法违规行为。但本案并无证据证实德览公司主观上明知挂靠人具有骗取出口退税的故意，不能排除德览公司确系被挂靠人蒙蔽的合理怀疑。德览公司及其诉讼代表人、徐占伟及其辩护人所提辩护意见合理，依法予以采纳。公诉机关指控德览公司、徐占伟骗取出口退税的事实不清，证据不足，指控的罪名不能成立。遂判决德览公司和徐占伟无罪。

三、案例分析

本案涉及骗取出口退税罪的罪与非罪的界分，核心问题在于德览公司、徐占伟作为被挂靠企业，其行为是否符合骗取出口退税罪的客观构成，主观上是否具有骗取出口退税的故意。

（一）骗取出口退税罪的行为认定

骗取出口退税罪，是指以假报出口或者其他欺骗手段，骗取国家出口退税款，数额较大的行为。关于骗取出口退税罪，《刑法》第 204 条规定的罪状为"以假报出口或者其他欺骗手段，骗取国家出口退税款"，明确其中须以欺骗手段为构成要件。2002 年 9 月 17 日《最高人民法院关于审理骗取出口退税刑事案件具体应用法律若干问题的解释》对"假报出口""其他欺骗手段"做了明确解释。所谓"假报出口"，是指以虚构已税货物出口事实为目的，具有下列情形之一的行为：（1）伪造或者签订虚假的买卖合同；（2）以伪造、变造或者其他非法手段取得出口货物报关单、出口收汇核销单、出口货物专用缴款书等有关出口退税单据、凭证；（3）虚开、伪造、非法购买增值税专用发票或者其他可以用于出口退税的发票；（4）其他虚构已税货物出口事实的行为。"其他欺骗手段"是指：（1）骗取出口货物退税资格的；（2）将未纳税或者免税货物作为已税货物出口的；（3）虽有货物出口，但虚构该出口货物的品名、数量、单价等要素，骗取未实际纳税部分出口退税款的；（4）以其他手段骗取出口退税款的。此外，有进出口经营权的公司、企业，明知他人意欲骗取国家出口退税款，仍违反国家有关进出口经营的规定，允许他人自带客户、自带货源、自带汇票并自行报关，骗取国家出口退税款的，依照《刑法》第 204 条第 1 款、第 211 条的规定定罪处罚。

在本案中，德览公司作为有进出口经营权的企业，徐占伟作为该公司的法定代表人，为挂靠公司办理退税的行为属于"四自三不见"。"四自三不见"，指的是《国家税务总局关于出口企业以"四自三不见"方式成交出口的产品不予退税的通知》规定的，出口企业允许他人"自带客户、自带货源、自带汇票、自行报关"，但是"不见出口产品""不见供货货主""不见外商"的情形。显然，"四自三不见"极易引发骗税行为，但需要注意的是，并不是所有的"四自三不见"行为都必然构成骗取出口退税罪。

（二）骗取出口退税罪的主观故意认定

骗取出口退税罪只由故意构成，行为人主观上须具有骗税的故意，或者行为人（主要是具有进出口经营权的企业）明知他人欲骗取出口退税，依然为其办理退税。在挂靠、代理报关、"假自营真代理"退税的情况下，也需要认定出口企业对骗税行为明知。若未能查明代理报关、被挂靠企业是否明知行为人具有骗税行为，即未能证明企业具有骗税的故意，则不构成骗取出口退税罪。

对于司法实践中出现的类似情况，对行为人的主观故意的认定有不同观点。第一种观点认为，具有进出口经营权的企业明知"假自营真代理"情况存在较大骗税风险，仍然为了招揽业务而为其他公司代理出口与退税业务，可以推定其主观上存在明知，构成骗取出口退税共同犯罪；第二种观点认为，"假自营真代理"不得申请出口退税的规定是一种行政管理手段，在违反规定的情况下可以进行相应的行政处罚，但不能据此直接认定骗取出口退税的故意。

本书赞同第二种观点，不能因挂靠方具有骗税故意就认定被挂靠方具有骗税故意。尤其是对于挂靠方利用被挂靠方资质假报出口骗税的，需要有充分的理由证明被挂靠方具有骗税故意。在本案中，现有证据不足以证明德览公司参与了骗税的环节或者与相关人员有共谋，且德览公司也履行了一定的审核义务，无法排除被告单位确系被挂靠人蒙蔽的合理怀疑，因此不构成骗取出口退税罪。

那么，应该如何认定具有进出口经营权的公司的主观状态？实践中一般根据以下因素判断：一是在利益分配上是否获取明显的高额代理费。正常进出口公司代理费为1美元出口额提成6分到8分人民币，即使代理费为1美元出口额提成1分钱人民币，在巨额出口量下也会形成巨大的差距，因此收取代理费的高低有助于判断该部分费用是正常佣金还是共同犯罪的分赃获利。二是该进出口公司其他用户是否也存在骗取出口退税行为。如果该进出口公司成立后仅代理少数公司的出口业务，且大部分涉嫌骗取出口退税，则可以在一定程度上推定其具有故意。三是根据挂靠公司的作案手法判断。实践中骗税公司的作案手法主要有"买单配票""低值高报""货物循环"等，各作案手法中进出口公司的审查义务要求不同，完全没有货物出口的假报出口，进出口公司通过考察对方生产场所等手段即可作出判断，但是像"低值高报"这样的方法比较隐蔽，进出口公司的审查难度比较大。四是看进出口公司是否履行了审查义务。进出口公司对挂靠企业完全放任不管，没有采取任何审查措施的，则可以反映其具有主观故意，若进行了一定程度的审查而没有发现骗税行为的，则很难认定其具有主观故意。[1]

四、课程思政解读

"广州德览公司、徐占伟骗取出口退税无罪案"所涉及的课程思政元素主要体现在国家税收制度的重要性，国家对民营企业产权和企业家的保护，以及本案对罪刑法定原则的贯彻等方面。

（一）治理税收犯罪是保障国家税收制度的重要任务

税收是国家为实现其职能，保证国家机关正常运转，按照法律规定对单位及个人强制地、无偿地征收实物或者货币的一种经济活动。它是国家财政收入的主要来源，也是国家进行宏观经济调控的重要杠杆。

出口退税制度在外贸行业发展、出口企业创汇等方面发挥了重要支持作用。规范税收秩序、维护税法尊严，遏制外贸行业虚开骗税犯罪多发的势头，是保障我国出口退税制度的重要内容。而行为人骗取出口退税行为产生的原因比较复杂，其中，经济利益驱使是骗取出口退税案件多发的深层原因。在骗取出口退税的案件中，涉案金额往往十分庞大，而犯罪分子在作案过程中用于伪造或者购买单证、发票、打通关节的费用却远远低于骗取出口退税所获得的经济利益。尤其是在无货虚报的情况下，只需要借助境外资金过账，就可以谋取巨额暴利。在高额经济利益的驱使之下，骗取出口退税行

---

① 陈剑峰、杨曦：《"假自营真代理"骗取出口退税的司法认定》，《中国检察官》2022年第14期，第72-75页。

为愈发猖獗。与此同时，部分外贸企业及其人员因为税法意识淡薄、受到利益诱惑而被蒙蔽或者利用，或为骗税分子提供虚假报关单证，或为骗税分子虚开发票，或被骗税分子利用，作为其退税申报主体，掩饰其骗税行为，骗取出口退税款。出口退税利益巨大，如果被不法分子利用、骗取，将会给国家税款造成极大的损失。因此长期以来，税务、公安、检察、海关、外汇管理等多部门在打击骗税行为过程中投入了大量的精力，以保障出口退税制度的健康发展。

(二) 始终把民营企业和民营企业家当作自己人

党中央始终坚持"两个毫不动摇"（毫不动摇巩固和发展公有制经济，毫不动摇鼓励、支持、引导非公有制经济发展）和"三个没有变"（非公有制经济在我国经济社会发展中的地位和作用没有变，我们毫不动摇鼓励、支持、引导非公有制经济发展的方针政策没有变，我们致力于为非公有制经济发展营造良好环境和提供更多机会的方针政策没有变），始终把民营企业和民营企业家当作自己人。要引导民营企业和民营企业家正确理解党中央方针政策，增强信心、轻装上阵、大胆发展，实现民营经济健康发展、高质量发展。

本案的审理与认定充分彰显了国家对民营企业产权和企业家权益的重视与保护。司法机关在处理类似案件时，对民营企业产权及企业家权益的保护应遵循以下理念：一是坚持能动司法理念，坚持依法平等保护原则，持续优化法治化营商环境。人民法院依法保护民营企业产权和企业家的合法权益，坚持双赢多赢共赢理念，在法律框架内寻求化解纠纷的最佳方案，以实现政治效果、社会效果和法律效果的有机统一。二是坚持"抓前端、治未病"理念，强化诉源治理。人民法院充分发挥司法建议的社会治理功能。积极参与企业合规改革，把办案和治理有机结合起来，努力把矛盾纠纷解决在萌芽状态。三是坚持案结事了、政通人和理念。人民法院坚持"如我在诉"、换位思考，既注重实体公正，也注重程序公正，把化解矛盾、服判息诉的工作做足，尽量避免案件进入后续程序，如在判决的时候就考虑后面的执行工作，避免判了不能执行，再生纠纷；在裁判案件的时候，就考虑判后会不会引发新的更多的纠纷。每个环节都围绕公正与效率这个工作主题展开，防止"案中生案，因案生访"，把为民营经济高质量发展提供有力司法服务的工作做好做实。在本案中，司法机关依法区分罪与非罪的边界，加大对民营企业家的人身和财产保护力度，有效增强了民营企业家的安全感，切实保护了民营企业家的合法权益，将习近平总书记的指示和《中共中央　国务院关于完善产权保护制度依法保护产权的意见》关于"以发展眼光客观看待和依法妥善处理改革开放以来各类企业特别是民营企业经营过程中存在的不规范问题"的要求落到实处。

（三）坚持罪疑从无，保障公平正义

法院在本案的裁判过程中严格遵循罪刑法定、罪疑从无原则，实现了公平正义。罪疑从无原则是现代刑法"有利于被告人"人权保障理念的具体体现，也是《刑事诉讼法》第 12 条无罪推定原则的派生标准。确立和坚持罪疑从无原则彰显了现代刑事司法的文明与进步，能够有效减少和避免冤假错案的发生。法院认定无法证明本案被告具有骗税的主观故意，体现了程序法治和证据裁判的基本要求，即认定案件事实必须以证据为根据，认定事实的证据必须是客观真实、合法收集的。

五、问题拓展讨论

1. 危害税收征管罪主要包括哪些具体罪名？
2. 危害税收征管罪的客体是什么？
3. 如何界分逃税罪与抗税罪？
4. 如何理解骗取出口退税罪的主观方面？

六、阅读文献推荐

1. 郭莉、王东海：《危害税收征管罪·侵犯知识产权罪·扰乱市场秩序罪——立案追诉标准与疑难指导》，中国法制出版社，2002 年。

2. 翁武耀：《税收犯罪立法研究——以意大利税收刑法为视角》，法律出版社，2022 年。

3. 周铭川、黄丽勤：《税收犯罪研究》，法律出版社，2020 年。

4. 林亚刚：《危害税收征管犯罪若干问题探讨》，《法律科学（西北政法学院学报）》1998 年第 2 期。

5. 高勇：《我国危害税收征管罪立法存在的问题及建议》，《税务研究》

2018 年第 5 期。

6. 姚龙兵：《危害税收征管罪若干司法疑难之案解》，《人民司法》2019 年第 5 期。

7. 张明楷：《逃税罪的处罚阻却事由》，《法律适用》2011 年第 8 期。

8. 刘绍彬、杨艳霞：《虚开增值税专用发票犯罪若干问题研究》，《兰州大学学报（社会科学版）》2003 年第 5 期。

9. 周洪波、单民：《骗取出口退税罪若干问题探讨》，《法学评论》2003 年第 6 期。

10. 吴邲光、周洪波：《税收刑事立法比较与我国税收刑事立法的完善》，《国家检察官学院学报》2002 年第 6 期。

11. 张旭：《税收犯罪若干问题评析》，《吉林大学社会科学学报》1999 年第 6 期。

侵犯知识产权罪

案例 16：陈力等八人侵犯著作权案①

⚠ 一、知识点提要

（一）侵犯知识产权罪的概念

侵犯知识产权罪是刑法分则第三章第七节规定之罪，指违反知识产权法的规定，侵犯他人依法享有的知识产权，情节严重的行为。

（二）侵犯知识产权罪的构成特征

1. 犯罪客体

通说认为，侵犯知识产权罪的客体是复杂客体，既包括权利人的知识产权，也包括国家相关知识产权管理制度和秩序。而知识产权的具体内容，是由我国参加的有关知识产权保护的国际公约，以及我国国内有关知识产权保护的立法规定具体规范的，包括著作权和工业产权。除此之外，侵犯知识产权罪的客体也包括国家对知识产权的有序管理，一方面，国家通过法律确认和保护知识产权所有人的合法权利，另一方面，国家鼓励和促进知识产权所有人利用其知识产权，或允许他人在权利人许可的情况下利用知识产权。

2. 犯罪客观方面

侵犯知识产权罪的客观方面，首先以违反一定的经济法、行政法规为前提。具体而言，就是违反国家制定的有关商标、专业、商业秘密、著作权等

---

① 《第二十六批指导性案例》，中华人民共和国最高人民法院官网，http://www.spp.gov.cn/spp/jczdal/202102/t20210208_508845.shtml，访问日期：2023 年 8 月 22 日。

法律、法规。其次，这类行为必须是未经权利人许可，实施了侵犯他人知识产权，破坏了知识产权管理制度和秩序的行为。最后，侵犯知识产权罪的行为必须达到一定情节或者造成一定的后果，例如，侵害商业秘密罪必须"造成重大损失"，侵犯著作权罪必须符合"违法所得数额较大或者有其他严重情节的"。

3. 犯罪主体

侵犯知识产权罪的主体主要是自然人，但法律有规定的，单位也可以成为某些罪的犯罪主体。根据我国《刑法》第 213 条至第 219 条规定，对于所有侵犯知识产权罪的主体，刑法都没有做特别的规定，即一般主体，只要达到了法定年龄、具有刑事责任能力的人实施了侵犯知识产权犯罪的行为，都可以构成犯罪。根据《刑法》第 220 条，单位犯第 213 条至第 219 条规定之罪的，对单位判处罚金，并对其直接负责的主管人员和其他直接责任人员，依照刑法各该条的规定处罚。

4. 犯罪主观方面

侵犯知识产权罪的主观方面只能由故意构成。在认识方面，侵犯知识产权罪的行为人对于犯罪对象有认识，也就是明知是他人享有专有权的知识产权。此外，行为人还应该认识到自己的侵权行为所造成的危害结果。在意志方面，理论上一般认为侵犯知识产权罪的多数行为人都持有积极追求、希望犯罪结果发生的心理态度，在少数情况下，行为人的心理态度也可以是放任。因此侵犯知识产权罪可以由直接故意构成，也可以由间接故意构成。

(三) 重点罪名简要分述

从《刑法》第 213 条至第 220 条，侵犯知识产权罪共涉及 9 个条文 8 个罪名，分别是：(1) 假冒注册商标罪；(2) 销售假冒注册商标的商品罪；(3) 非法制造、销售非法制造的注册商标标识罪；(4) 假冒专利罪；(5) 侵犯著作权罪；(6) 销售侵权复制品罪；(7) 侵犯商业秘密罪；(8) 为境外窃取、刺探、收买、非法提供商业秘密罪。下面对重点罪名进行分述。

1. 假冒注册商标罪

假冒注册商标罪，是指未经注册商标所有人许可，在同一种商品或服务上使用与其注册商标相同的商标，情节严重的行为。客观上需要符合以下三个特征：第一，使用他人已经注册的商标；第二，未经他人许可而使用其注册商标；第三，在同一种商品上使用与他人注册商标相同的商标。这里的同一种商品，是指同一品种或者完全相同的商品。本罪的"情节严重"是犯罪成立的条件，根据最高人民法院、最高人民检察院 2004 年 12 月 8 日发布的《关于办理侵犯知识产权刑事案件具体应用法律若干问题的解释》，具有下列情形之一的，属于情节严重：第一，非法经营数额在 5 万元以上或者违法所得数额在 3 万元以上的；第二，假冒两种以上注册商标，非法经营数额在 3 万元以上或者违法所得数额在 2 万元以上的；第三，其他情节严重的情形。

需要注意的是，擅自在类似商品上使用与他人注册商标相同或者相似的商标的，以及在同一种商品上使用与他人注册商标相似的商标的，不构成假冒注册商标罪；假冒他人没有注册的商标的，不构成假冒注册商标罪。

2. 假冒专利罪

假冒专利罪，是指自然人或者单位，违反专利管理法规，故意假冒他人专利，情节严重的行为。刑法规定假冒专利罪，不仅是为了保护他人的专利权，而且是为了保护市场竞争秩序。换言之，本罪不只是对个人法益的侵犯，也是对超个人法益的侵犯。因此，只要行为在侵犯专利权的同时侵犯了市场竞争秩序，并且符合"假冒他人专利"的要件，则构成本罪。

下列行为属于"假冒他人专利"：第一，未经许可，在其制造或者销售的产品、产品的包装上标注他人专利号的；第二，未经许可，在广告或者其他宣传材料中使用他人专利号，使人将所涉及的技术误认为是他人专利技术的；第三，未经许可，在合同中使用他人专利号，使人将合同涉及的技术误认为是他人专利技术的；第四，伪造或者变造他人的专利证书、专利文件或者专利申请文件的。

本罪的"情节严重"是指：第一，非法经营数额在 20 万元以上或者违法所得数额在 10 万元以上的；第二，给专利权人造成直接经济损失 50 万元以上的；第三，假冒两项以上他人专利，非法经营数额在 10 万元以上或者违法所得数额在 5 万元以上的；第四，其他情节严重的情形。

3. 侵犯著作权罪

侵犯著作权罪，是指自然人或者单位，以营利为目的，侵犯他人著作权，违法所得数额较大或者有其他严重情节的行为。2020 年最新修改的《中华人民共和国著作权法》规定了多种侵犯他人著作权的行为，但只有以下行为才可以成立侵犯著作权罪：第一，未经著作权人许可，复制发行、通过信息网络向公众传播其文字作品、音乐、美术、视听作品、计算机软件及法律、行政法规规定的其他作品的；第二，出版他人享有专有出版权的图书的；第三，未经录音录像制作者许可，复制发行、通过信息网络向公众传播其制作的录音录像的；第四，未经表演者许可，复制发行录有其表演的录音录像制品，或者通过信息网络向公众传播其表演的；第五，制作、出售假冒他人署名的美术作品的；第六，未经著作权人或者与著作权有关的权利人许可，故意避开或者破坏权利人为其作品、录音录像制品等采取的保护著作权或者与著作权有关的权利的技术措施的。

侵犯著作权罪的主观方面除了要有故意，还要求具有营利目的。根据最高人民法院、最高人民检察院、公安部2011年联合发布的《关于办理侵犯知识产权刑事案件适用法律若干问题的意见》，具有以下情形之一的，可以认定为"以营利为目的"：（1）以在他人作品中刊登收费广告、捆绑第三方作品等方式直接或者间接收取费用的；（2）通过信息网络传播他人作品，或者利用他人上传的侵权作品，在网站或者网页上提供刊登收费广告服务，直接或者间接收取费用的；（3）以会员制方式通过信息网络传播他人作品，收取会员注册费或者其他费用的；（4）其他利用他人作品牟利的情形。

4. 侵犯商业秘密罪

侵犯商业秘密罪，是指以盗窃、利诱、胁迫、披露、擅自使用等不正当手段，侵犯商业秘密，给商业秘密的权利人造成重大损失的行为。本罪的行为对象是商业秘密，商业秘密是指不为公众所知悉，能为权利人带来经济利益，具有实用性并经权利人采取保密措施的技术信息和经营信息。侵犯商业秘密的行为类型有：第一，以盗窃、利诱、胁迫或者其他不正当手段获取权利人的商业秘密；第二，披露、使用或者允许他人使用以前项手段获取的权利人的商业秘密；第三，违反约定或者违反权利人有关保守商业秘密的要求，披露、使用或者允许他人使用其所掌握的商业秘密。本罪的结果要件是给权利人造成重大损失，主观心态为故意。

成立侵犯商业秘密罪要求"给商业秘密的权利人造成重大损失"，但是，倘若行为人只是以不正当手段获取了权利人的商业秘密，既没有披露，也没有使用或者允许他人使用，权利人依然可以继续使用该商业秘密，那么该行为就不可能给权利人造成重大损失，也就不构成侵犯商业秘密罪。[①]

5. 为境外窃取、刺探、收买、非法提供商业秘密罪

为境外窃取、刺探、收买、非法提供商业秘密罪是《刑法修正案

① 张明楷：《刑法学·下》（第五版），法律出版社，2016年，第828页。

（十一）》新增设的罪名。本罪涉及境外主体，犯罪客体不局限于权利人的商业秘密，也涉及国家经济安全。本罪与侵犯商业秘密罪相比，行为人主观上必须明知对方是境外的机构、组织或者个人，否则可能成立侵犯商业秘密罪。其中，"境外"包含我国港澳台地区在内。商业秘密可能同时属于国家秘密，倘若行为人同时触犯为境外窃取、刺探、收买、非法提供国家秘密、情报罪的，属于想象竞合，从一重处罚。

二、案例介绍

（一）基本案情

2017年7月至2019年3月，被告人陈力受境外人员委托，先后招募被告人林崟、赖冬、严杰、杨小明、黄亚胜、吴兵峰、伍健兴，组建QQ聊天群，更新维护"www. zuikzy. com"等多个盗版影视资源网站。其中，陈力负责发布任务并给群内其他成员发放报酬；林崟负责招募部分人员、培训督促其他成员完成工作任务、统计工作量等；赖冬、严杰、杨小明等人通过从正版网站下载、云盘分享等方式获取片源，通过云转码服务器进行切片、转码、增加赌博网站广告及水印、生成链接，最后将该链接复制粘贴至上述盗版影视资源网站。其间，陈力收到境外人员汇入的盗版影视资源网站运营费用共计1250万余元，各被告人从中获利50万至1.8万余元不等。

（二）审理过程及裁判结果

公安机关从上述盗版影视网站内固定、保全了被告人陈力等人复制、上传的大量侵权影视作品，包括《流浪地球》《廉政风云》《疯狂外星人》等2019年春节档电影。上海市人民检察院第三分院（以下简称上海三分院）应公安机关邀请介入侦查，引导公安机关开展取证固证工作。一是通过调取和恢复QQ群聊天记录并结合各被告人到案后的供述，查明陈力团伙系共同犯罪，确定各被告人对共同实施的运营盗版影视资源网站行为的主观认知。二是联系侵权作品较为集中的美日韩等国家的著作权集体管理组织，由其出具涉案作品的版权认证文书。2019年4月8日，公安机关对陈力团伙中的8名被告人提请逮捕，上海三分院依法批准逮捕。

2019年8月29日，上海市公安局以被告人陈力等人涉嫌侵犯著作权罪向上海三分院移送起诉。本案涉及的大量影视作品涵盖电影、电视剧、综艺、动漫等多种类型，相关著作权人分布国内外。收集、审查涉案作品是否获得权利人许可的证据存在难度。为进一步夯实证据基础，检察机关要求公安机关及时向国家广播电视总局调取"信息网络传播视听节目许可证"持证机构名单，以证实被告人陈力操纵的涉案网站均系非法提供网络视听服务的网站。同时，要求公安机关对陈力设置的多个网站中相对固定的美日韩剧各个板块，按照从每个网站下载 300 部的均衡原则抽取了 2425 部作品，委托相关著作权认证机构出具权属证明，证实抽样作品均系未经著作权人许可的侵权作品，且陈力等网站经营者无任何著作权人许可的相关证明材料。在事实清楚、证据确实充分的基础上，8 名被告人在辩护人或值班律师的见证下均自愿认罪认罚，接受检察机关提出的有期徒刑十个月至四年六个月不等、罚金 2 万元至 50 万元不等的确定刑量刑建议，并签署了认罪认罚具结书。

2019 年 9 月 27 日，上海三分院以被告人陈力等 8 人构成侵犯著作权罪向上海市第三中级人民法院（以下简称上海三中院）提起公诉。2019 年 11 月 15 日，上海三中院召开庭前会议，检察机关及辩护人就举证方式、鉴定人出庭、非法证据排除等事项达成共识，明确案件事实、证据和法律适用存在的分歧。同年 11 月 20 日，本案依法公开开庭审理。8 名被告人及其辩护人对指控的罪名均无异议，但对本案非法经营数额的计算提出了各自的辩护意见。

2019 年 11 月 20 日，上海三中院作出一审判决，以侵犯著作权罪分别判处被告人陈力等 8 人有期徒刑十个月至四年六个月不等、罚金 2 万元至 50 万元不等。判决宣告后，被告人均未提出上诉，判决已生效。

三、案例分析

本案在定罪问题上并无争议，控辩双方的争议焦点主要是行为人非法经营的数额和各被告人在共同犯罪中的作用。除此之外，在程序法方面，本案对"未经著作权人许可"的证明问题及电子数据的证明问题均具有重要指导意义。

（一）非法经营数额的认定

在本案审理过程中，陈力的辩护人提出，陈力租借服务器的费用及为各被告人发放的工资应予扣除，其他辩护人提出应按照各被告人实得报酬计算非法经营数额。公诉人则认为，通过经营盗版影视资源网站的方式侵犯著作权，其网站经营所得即为非法经营数额，租借服务器的费用及用于发放各被告人的报酬等支出系犯罪成本，不应予以扣除。公诉机关按照各被告人加入QQ群和获取第一笔报酬的时间，认定各被告人参与犯罪的起始时间，并结合对应期间网站的整体运营情况，计算出各被告人应承担的非法经营数额，证据确实、充分。

(二) 缓刑适用问题

本案辩护人均提出境外人员归案后会对各被告人产生影响，应当对各被告人适用缓刑。然而，公诉机关认为，本案在案证据已能充分证实各被告人实施了共同犯罪及其在犯罪中所起的作用，按照相关法律和司法解释规定，境外人员是否归案不影响各被告人的量刑。除此之外，本案量刑建议是根据各被告人的犯罪事实、证据、法定酌定情节、社会危害性等因素综合判定，并经各被告人具结认可的，而且本案侵权作品数量多、传播范围广、经营时间长，具有特别严重情节，且被告人陈力在刑罚执行完毕后五年内又犯应当判处有期徒刑以上刑罚之罪，构成累犯，故不应适用缓刑。最终，合议庭采纳了公诉意见和量刑建议。

(三) 证据问题

检察机关办理网络侵犯著作权犯罪案件，应围绕电子数据的客观性、合法性和关联性进行全面审查，依法适用认罪认罚从宽制度，提高办案质效。网络环境下侵犯著作权犯罪呈现出跨国境、跨区域及智能化、产业化的特征，证据多为电子数据且难以获取。在办理此类案件时，一方面要着重围绕电子数据的客观性、合法性和关联性进行全面审查，区分不同类别的电子数据，采取有针对性的审查方法，特别要注意审查电子数据与案件事实之间的多元关联，综合运用电子数据与其他证据，准确认定案件事实。另一方面，面对网络犯罪的复杂性，检察机关要注意结合不同被告人的地位与作用，充分运用认罪认罚从宽制度，推动查明犯罪手段、共犯分工、人员关系、违法所得分配等案件事实，提高办案效率。

准确把握"未经著作权人许可"的证明方法。对于涉案作品种类众多且权利人分散的案件，在认定"未经著作权人许可"时，应围绕涉案复制品是否系非法出版、复制发行，被告人能否提供获得著作权人许可的相关证明材料予以综合判断。为证明涉案网站系非法提供网络视听服务的网站，可以收集"信息网络传播视听节目许可证"持证机构名单等证据，补强对涉案复制品系非法出版、复制发行的证明。涉案侵权作品数量众多时，可进行抽样取证，但应注意审查所抽取的样本是否具有代表性、抽样范围与其他在案证据是否相符、抽样是否具备随机性等影响抽样客观性的因素。在达到追诉标准的侵权数量基础上，对抽样作品提交著作权人的权属认证，以确认涉案作品是否均系侵权作品。

🖊 四、课程思政解读

"陈力等八人侵犯著作权案"所涉及的课程思政元素主要体现为：依法保护著作权是国家知识产权战略的重要内容，在此过程中，刑法在保护知识产权问题上究竟扮演着一个怎样的角色；知识产权犯罪这一章节的内容需要向学生传达哪些重要的情感价值观内容。具体分述如下。

(一) 刑法在实现国家知识产权战略层面的作用

本案体现了刑法对知识产权的保护。保护知识产权就是保护创新，强化知识产权的保护，能够有效发挥创新的激励功能，推动知识产权成果转化。知识产权是实现创新发展的基础。知识产权是在社会实践中创造的智力劳动成果的专有权利，是增进社会财富的重要来源，是创新驱动发展的原动力。强化保护知识产权，既是推动创新发展的内在变量，又是实现高质量发展的坐标之变、动力之变、竞争方式之变的要求。在现代经济体系中，知识技术作为首要生产要素，构成了经济持续发展的不竭动力与源泉。世界经济发展史表明，凡是经济持续增长的国家，既是技术、研发投入高，创新能力、竞争力强的国家，也是强化知识产权保护的国家。保护知识产权是提升自主创新能力的基本要求。从要素驱动转向创新驱动、从模式创新转向科技创新，必须突破科技供给约束，以完善知识产权制度为前提，以提升自主创新能力为根本。面对复杂多变的国际地缘政治格局，不确定性风险因素急剧增加，必须尽快解决"卡脖子"问题，摆脱关键核心技术受制于人的被动局面，以高水平科技自立自强应对国际经济政治的风云变幻。在全球视野中把握前沿科技创新的目标，走一条适合自身国情的创新道路，形成完整高效的创新体系。以完善知识产权制度为基础，把科技自立自强作为国家发展战略，实现从依赖要素投入到创新驱动的转向，实现关键核心技术、关键元器件、关键材料的自主化，这是保障国家产业链、供应链安全的前提。

（二）保护知识产权是实现文化自信的基石

反对盗版与侵权，从自己做起，保护知识产权，彰显文化自信。知识产权是智慧的结晶，诸如《流浪地球》这样的优秀影视作品，用颠覆式的表现向全世界彰显了中国科幻电影的制作水平，隆起了民族电影工业的脊梁。随着国内科技水平的进步，一大批中国电影工业前沿科技的崛起，彰显出中国科技力量的发展与进步，以及中国电影的文化自信。一个民族要复兴，文化的兴盛是强大支柱。党的二十大报告指出，要增强中华文明传播力影响力，坚守中华文化立场，讲好中国故事、传播好中国声音，展现可信、可爱、可敬的中国形象，推动中华文化更好走向世界。电影作为"铁盒子里的大使"，以其极具感召力和引导力的特点成为世界人民文明交流互鉴的重要载体。在这些优秀的影视作品的背后，是中国技术和中国实力的体现，向世界展示了中国不仅是一个拥有深厚文化底蕴的地方，也是一个充满科技活力和创新力量的大国。影片向世界传递了中华民族团结、创新、领导和社会责任等价值观。这样优秀的创作如果得不到应有的保护，将会对我国影视产业造成伤害，文化创新与经济发展也将受到影响。

依法平等保护知识产权是对创新主体的最大激励。实施创新驱动发展战略，创造新发展阶段的新优势，加强知识产权保护，集立法、执法、司法、守法等各领域为一体，形成良好的知识产权保护环境。加大知识产权司法保护力度，完善和细化知识产权创造、运用、交易、保护制度规则，完善专利法、著作权法等相关配套法规，提高知识产权审查质量和审查效率，提升公信力，促进知识产权行政执法标准和司法裁判标准统一，完善行政执法和司法衔接机制。在本案中，司法机关在办理网络侵犯视听作品知识产权犯罪案件时，注意及时提取、固定和保全相关电子数据，并围绕客观性、合法性、关联性等要求对这些电子数据进行了全面审查，以确保证据的效力。审判机关在认定"未经著作权人许可"这一要件时，从涉案复制品是否为非法出版、复制发行，且被告人能否提供获得著作权人许可的相关证明材料出发，对这些情况进行审查，公平公正地进行审判，确保合法的知识产权得到刑法保护，让侵犯知识产权的行为人得到应有的惩罚。

（三）新时期规制侵犯知识产权犯罪需要与时俱进

依法保护著作权是国家知识产权战略的重要内容。检察机关坚决依法惩治侵犯著作权犯罪，尤其注重惩治网络信息环境下的侵犯著作权犯罪。网络环境下的侵犯视听作品著作权犯罪具有手段日益隐蔽、组织分工严密、地域跨度大、证据易毁损和隐匿等特点，且日益呈现高发多发态势，严重破坏了网络安全与秩序，应予严惩。为准确指控和证明犯罪，检察机关在适时介入侦查、引导取证时，应注意以下方面：一是提取、固定和保全涉案网站视频链接、链接所指向的视频文件、涉案网站影视作品目录、涉案网站视频播放界面；二是固定、保全涉案网站对应的云转码服务器后台及该后台中的视频链接；三是比对、确定云转码后台形成的链接与涉案网站播放的视频链接是否具有同一性；四是对犯罪过程中涉及的多个版本盗版影片，技术性地针对片头片中片尾分别进行作品的同一性对比。

五、问题拓展讨论

1. 简述侵犯著作权罪的构成要件。

2. 如何理解侵犯著作权罪的"未经著作权人许可"？

3. 谈谈侵犯商业秘密罪与为境外窃取、刺探、收买、非法提供商业秘密罪的界分。

4. 在数字信息时代，侵犯知识产权犯罪侦查与审判过程中将面临哪些挑战？

六、阅读文献推荐

1. 王迁：《王迁知识产权讲演录》，上海人民出版社，2022年。

2. 姚万勤、李灿：《"法定犯"视角下著作权犯罪民刑衔接的限度》，《重庆大学学报（社会科学版）》2023年第5期。

3. 孙万怀：《侵犯知识产权犯罪刑事责任基础构造比较》，《华东政法学院学报》1999年第2期。

4. 于志强：《我国网络知识产权犯罪制裁体系检视与未来建构》，《中国法学》2014年第3期。

5. 胡云腾、刘科：《知识产权刑事司法解释若干问题研究》，《中国法学》2004 年第 6 期。

6. 刘宪权：《侵犯知识产权犯罪数额认定分析》，《法学》2005 年第 6 期。

7. 田宏杰：《侵犯知识产权犯罪的几个疑难问题探究》，《法商研究》2010 年第 2 期。

8. 于志强：《网络空间中著作权犯罪定罪标准的反思》，《中国刑事法杂志》2012 年第 5 期。

9. 杨延超：《我国侵犯知识产权犯罪的立法完善》，《法学论坛》2007 年第 5 期。

10. 叶良芳、李芳芳：《弱人工智能背景下侵犯著作权罪犯罪对象之扩张》，《学习与探索》2019 年第 5 期。

扰乱市场秩序罪

案例 17：王力军收购玉米案①

⚠ 一、知识点提要

随着社会经济的发展尤其是经济新业态的出现，市场竞争秩序的综合治理显得尤为重要。设立扰乱市场经济秩序罪的目的在于要求经营者在经营过程中牢固树立合法合规意识，公平公正地进行交易竞争，不得逾越法律红线，损害他人利益。同时，维护市场竞争的有序性也有利于促进社会主义市场经济的良性健康发展。

（一）扰乱市场秩序罪的概念

扰乱市场秩序罪，是指违反国家对市场监督管理的法律法规，进行不正当竞争，从事非法经营贸易或者中介服务活动，以及强行进行交易，扰乱和破坏等价有偿、公平竞争和平等交易的市场秩序，情节严重的行为。

（二）扰乱市场秩序罪的种类

扰乱市场秩序罪被规定在刑法分则第三章第八节中，包含 13 个具体罪名，涵盖《刑法》第 221 条至第 231 条。按照不同的市场秩序进行划分，可以分为扰乱市场竞争秩序的犯罪和扰乱市场交易秩序的犯罪。前者包括损害商业信誉、商品声誉罪，虚假广告罪，串通投标罪；后者则包括合同诈骗罪，组织、领导传销活动罪，非法经营犯罪，强迫交易犯罪，伪造、倒卖伪

---

① 《指导案例 97 号：王力军非法经营再审改判无罪案》，中华人民共和国最高人民法院官网，https://www.court.gov.cn/fabu/xiangqing/136361.html，访问日期：2023 年 7 月 3 日。

造的有价票证罪，倒卖车票、船票罪，非法转让、倒卖土地使用权罪，提供虚假证明文件罪，出具证明文件重大失实罪，逃避商检罪。

(三) 扰乱市场秩序罪的构成特征

1. 犯罪客体

扰乱市场秩序罪侵犯的客体是为刑法所保护的社会主义市场秩序。

2. 犯罪客观方面

扰乱市场秩序罪的客观方面表现为行为人违反土地、商检、劳动等市场管理法规，扰乱市场秩序，具有情节严重或数额较大等情形，给国家、社会、他人造成重大损失的行为。

3. 犯罪主体

扰乱市场秩序罪的犯罪主体为一般主体，既包括自然人，也包括单位。其中，提供虚假证明文件罪的主体是特殊主体，须为承担资产评估、验资、验证、会计、审计、法律服务等职责的中介组织及其工作人员。

4. 犯罪主观方面

扰乱市场秩序罪的主观方面多表现为故意，且具有营利的目的。

(四) 扰乱市场秩序罪的刑罚

扰乱市场秩序罪所涉不同罪名的刑罚幅度差异较大，包括拘役、有期徒刑和无期徒刑。对于单位来说，如果犯扰乱市场秩序罪，则采取双罚制，即对单位判处罚金，并对其直接负责的主管人员和其他直接责任人员，依照刑法各条的规定处罚。

(五) 非法经营罪的"口袋化"趋势

扰乱市场秩序罪的设立在维护我国社会主义市场经济和社会秩序的稳定上发挥了巨大作用，然而在王立军收购玉米案的一审过程中，非法经营罪的扩张适用却引发了学界和实务界的众多讨论。在立法上，该罪罪状关于"违反国家规定"和"其他严重扰乱市场秩序的非法经营行为"的表述较为模糊，学界对此争议颇大，未能达成共识。近年来，司法实践中也常常将经营网游外挂、经营群发短信业务、经营"黑网吧"、发放"高利贷"、无证收购粮食等行为纳入非法经营罪的打击范围，出现了打击面过宽的现象，使得该罪的法律效果和社会效果饱受质疑。罪状表述的模糊性致使该罪在司法适用上呈现逐渐扩张的趋势，形成了新的"口袋罪"。

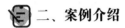 二、案例介绍

（一）基本案情

本案当事人王力军是内蒙古自治区巴彦淖尔市临河区白脑包镇永胜村一农民。2014年11月13日至2015年1月20日，为谋生计，他购买二手农用车和玉米脱粒机，在未办理粮食收购许可证、未经工商行政管理机关核准登记并颁发营业执照的情况下，在临河区白脑包镇附近村组收购玉米，并将所收购的玉米卖给巴彦淖尔市粮油公司杭锦后旗蛮会分库。后续王力军想扩大规模，却被举报其收购玉米的行为构成非法经营。2015年年底，王力军被工商局等相关部门查获，案件不久被移交给公安机关，随后王力军投案自首。直至案发，王力军的经营行为所涉数额为218288.6元，王力军从中获利6000元。

内蒙古自治区巴彦淖尔市临河区人民法院一审认定，被告人王力军违反国家法律和行政法规规定，未经粮食主管部门许可及工商行政管理机关核准登记并颁发营业执照，非法收购玉米，非法经营数额218288.6元，非法获利6000元，数额较大，其行为符合《刑法》第225条第4项"其他严重扰乱市场秩序的非法经营行为"的规定，构成非法经营罪。鉴于王力军案发后主动到公安机关投案自首，主动退缴全部违法所得，有悔罪表现，对其适用缓刑确实不致再危害社会，临河区人民法院决定对王力军依法从轻处罚并适用缓刑。该院于2016年4月15日作出刑事判决，以王力军犯非法经营罪，判处其有期徒刑一年，缓刑二年，并处罚金人民币2万元。宣判后，王力军表示和他一起在临河区收购玉米的农户有几百人，并对其被判刑的结果表示质疑。由于判处的是缓刑，王力军并未提起上诉，检察机关也未抗诉，判决发生法律效力。

（二）裁判结果

王力军收购玉米被以非法经营罪判刑后，引起了巨大的社会舆论。有人认为王力军从农户手中收购玉米并卖出的行为并不具有刑事处罚的必要性，根据国务院《粮食流通管理条例》（2004年）第41条的规定，"未经粮食行

政管理部门许可或者未在工商行政管理部门登记擅自从事粮食收购活动的，由工商行政管理部门没收非法收购的粮食；情节严重的，并处非法收购粮食价值 1 倍以上 5 倍以下的罚款；构成犯罪的，依法追究刑事责任"。2016 年修订的《粮食流通管理条例》对该条规定作出修改，将其调整为第 40 条，内容修订为"未经粮食行政管理部门许可擅自从事粮食收购活动的，由粮食行政管理部门没收非法收购的粮食；情节严重的，并处非法收购粮食价值 1 倍以上 5 倍以下的罚款；构成犯罪的，依法追究刑事责任。"基于此，没收非法收购的粮食或者罚款便可起到一般预防和特殊预防的作用，对王力军科以刑罚处罚过于严苛。

最高人民法院主动对该案进行了复查，并依照《刑事诉讼法》第 243 条第 2 款之规定作出再审决定，指令内蒙古自治区巴彦淖尔市中级人民法院对本案进行再审。内蒙古自治区巴彦淖尔市中级人民法院再审认为，原判决认定的原审被告人王力军于 2014 年 11 月至 2015 年 1 月期间，没有办理粮食收购许可证及工商营业执照买卖玉米的事实清楚，其行为违反了当时的国家粮食流通管理有关规定，但尚未达到严重扰乱市场秩序的危害程度，不具备与《刑法》第 225 条规定的非法经营罪相当的社会危害性和刑事处罚必要性，不构成非法经营罪。原审判决认定被告人王力军构成非法经营罪适用法律错误，检察机关、王力军及其辩护人提出王力军的行为不构成犯罪的意见成立，予以采纳。该院于 2017 年 2 月 14 日作出再审判决：（1）撤销内蒙古自治区巴彦淖尔市临河区人民法院（2016）内 0802 刑初 54 号刑事判决；（2）原审被告人王力军无罪。

三、案例分析

（一）争议焦点

本案的争议焦点在于被告人王力军收购玉米的行为是否构成非法经营罪。

根据《刑法》第 225 条第 4 项的规定，"其他严重扰乱市场秩序的非法经营行为"可以构成非法经营罪。不难看出，第 4 项是为了弥补前 3 项规定未能尽述非法经营行为全部样态而设置的兜底性条款。遵照法条含义理解，"其他严重扰乱市场秩序的非法经营行为"至少需要具备两项特征：（1）违反国家规定，即违反国家法律、行政法规的禁止性或者限制性规定；（2）扰乱市场秩序达到情节严重的程度。概言之，非法经营行为需要首先满足行政违法性，其次才是满足刑事违法性。违反国家有关规定的经营行为是否构成非法经营罪，应当考虑该经营行为是否属于严重扰乱市场秩序的行为。对于虽然违反国家有关规定，但尚未严重扰乱市场秩序的经营行为，不应当认定为非法经营罪。

针对本案争议焦点的分析，应当从以下方面进行：

首先，2004 年颁布的《粮食收购资格审核管理暂行办法》（以下简称《暂行办法》）第 4 条规定，"直接向粮食生产者收购粮食必须经县级以上粮食行政管理部门审核资格，取得粮食收购资格，并向工商行政管理部门登记"，据此，王力军的收购行为确实不符合法律规定。但是，该《暂行办法》也同样规定，"凡常年收购粮食并以营利为目的，或年收购量达到 50 吨以上的个体工商户，必须取得粮食收购资格。年收购量低于 50 吨的个体工商户从事粮食收购活动，无须申请粮食收购资格"。实践中 "50 吨" 常常难以界定，特别是在农村地区，大部分收购人都是挨家挨户收购的，难以进行调查取证。原审法院作出判决的理由仅仅是认为王力军收购玉米未经粮食主管部门许可及工商行政管理机关核准登记并颁发营业执照，非法经营数额218288.6 元，非法获利 6000 元，数额较大，符合《刑法》第 225 条第 4 款规定的行为，构成非法经营罪，适用法律不恰当。

其次，2016 年国家粮食局印发《粮食收购资格审核管理办法》，其中第3 条规定 "农民、粮食经纪人、农贸市场粮食交易者等从事粮食收购活动，无需办理粮食收购资格"，即不再将办理粮食收购资格作为市场准入的硬性条件。依照从旧兼从轻的法律效力原则，无须办理粮食收购资格的规定对于被告人王力军来说更为有利，王力军无证收购玉米的行为并没有违反法律的相关规定，不具有行政违法性，因此不应当对王力军定罪处罚。

最后，实践中，对于《刑法》第 225 条第 4 项规定的 "其他严重扰乱市场秩序的非法经营行为" 的适用，应当根据相关行为是否具有与《刑法》第 225 条前 3 项规定的非法经营行为相当的社会危害性、刑事违法性和刑事处罚必要性进行判断。本案原审判决认定王力军的经营行为严重扰乱了市场秩序的依据在于 "其非法经营行为涉案数额 218288.6 元，非法获利6000 元，数额较大"。尽管 "数额" 在某种程度上能够描述行为的社会危害性，但以 "数额" 判断 "情节严重" 过于片面，忽视了非法经营罪所保护的复合法益。非法经营罪所保护的主要法益是市场准入秩序，其次才是个人财产或者公共利益。并且，以"数额"判断"情节严重"也忽视了行为人的主观认定，非法经营罪属于故意犯罪，本案中王力军收购玉米的主观目的在于维持生计，并非进入市场与他人进行竞争或者损害他人的财产利益，如果缺少行为人的主观故意，则不具备刑事处罚的必要性，也不应认定为犯罪。综上，王力军无证收购玉米并且从中获利的行为并没有违反国家规定，其行为应认为是妨碍市场秩序，尚未达到非法经营罪中要求的扰乱市场秩序的社会危害性程度，不具备刑事违法性和刑事处罚必要性，因此不构成非法经营罪。

（二）非法经营罪的理解与适用

非法经营罪是指行为人违反国家规定，在没有取得经营许可证的情况下，擅自从事经营活动、赚取经济利益并且严重扰乱市场秩序、情节严重的行为。构成非法经营罪的前提条件是"违反国家规定"，非法经营罪保护的客体是市场秩序，因此为了保证限制买卖物品和进出口物品市场，国家对部分物品实行经营许可制度，其中包括《刑法》第225条规定的三种类型：（1）法律、行政法规规定的专营、专卖物品或者其他限制买卖的物品；（2）进出口许可证、进出口原产地证明及其他法律、行政法规规定的经营许可证或者批准文件；（3）证券、期货、保险业务或者资金支付结算业务。非法经营上述物品，扰乱市场秩序，情节严重的，即构成非法经营罪。此外，实施其他严重扰乱市场秩序的非法经营行为也构成非法经营罪。非法经营罪的犯罪主体是一般主体，既包括自然人，也包括单位。非法经营罪的主观方面表现为故意。

鉴于扰乱市场秩序的前提条件是违反国家市场管理的有关规定，因此针对扰乱市场秩序的行为，我国始终奉行二元化的处罚方式，即行政处罚与刑罚并行。只有在行政处罚不足以对相应行为进行规制时，才能适用刑法，从而保持刑法的谦抑性。根据《刑法》第225条、第231条的规定，犯非法经营罪，情节严重的，处五年以下有期徒刑或者拘役，并处或者单处违法所得1倍以上5倍以下罚金；情节特别严重的，处五年以上有期徒刑，并处违法所得1倍以上5倍以下罚金或者没收财产。单位犯非法经营罪的，实行双罚制，即对单位判处罚金，并对其直接负责的主管人员和其他直接责任人员，按照刑法各条的规定处罚。

非法经营行为并非包括所有违反法律法规的经营行为，而是针对违反市场准入制度，未经许可擅自经营的行为。非法经营罪设立的目的在于维护市场秩序稳定的发展和运行。非法经营行为不仅会造成市场混乱、侵害消费者权益，还会损害当地政府的税收收入和对经济的管理，影响经济的健康发展。同时，非法经营往往也伴随着偷税漏税、假冒伪劣、恶性竞争等行为，严重威胁经济发展。严厉打击和惩治非法经营行为，对于维护正常的市场秩序、保护消费者的合法权益、保障国家的财政收入具有重要的意义。

针对本罪的理解与适用，应当从"违反国家规定"和"严重扰乱市场秩序达到情节严重的程度"这两项标准入手。从理论上来说，市场秩序包括市场准入秩序、市场竞争秩序和交易行为秩序，"国家规定"与市场准入制度相挂钩，非法经营行为关联的往往是无证、无照经营行为。[1] 现行刑法规范通过设立行政管理秩序的前置性条件以达到保护市场参与者的权益的目的，这也就意味着在实务中认定非法经营行为时，应当准确界定行为的社会危害性。如果能够通过行政法等其他非刑法规范加以处置，则不必要通过刑法进行处罚，从而避免非法经营罪的滥用。

四、课程思政解读

"王力军收购玉米案"所涉及的课程思政元素体现在以下几个方面：（1）非法经营罪的"兜底性"反思；（2）冤假错案的纠正；（3）普通群众的维权途径。

（一）非法经营罪的"兜底性"反思

改革开放以来，我国从计划经济转向市场经济，市场逐渐代替计划在资源配置中起决定性作用，这意味着市场享有更大的资源配置权利和自由。同时，国家也在积极构建经济体制，实施经济政策，旨在维护市场运行的有序化和规范化，鼓励市场中的自由竞争。

非法经营罪自设立以来，有效制止了某些经济类犯罪，对于维护市场经济的健康发展发挥了积极作用。但随着非法经营罪的适用，其在立法、司法

---

① 陈超然：《非法经营行为的法律界限研究》，《同济大学学报（社会科学版）》2014年第3期，第118-124页。

实践层面暴露出许多问题，诸如入罪标准的认定、"口袋化"趋势等。具体而言，《刑法》第 225 条在罪名设立上采取了不完全式列举，前 3 项规定了相对明确的非法经营行为的类型，但是第 4 项并没有，仅将"其他严重扰乱市场秩序的非法经营行为"作为兜底条款，具有模糊性和宽泛性。这样的规定使得非法经营罪的条文具有较强的解释弹性，适用界限并不明确，容易造成适用空间过度延展的问题。这也就导致实践中司法机关在认定非法经营行为时往往会对第 4 项规定进行扩大解释，从而使得非法经营罪的"兜底性"更强。从法理角度而言，非法经营罪的罪状不够明确，给予了司法工作人员更大的自由裁量权，在司法实践中，过度的自由裁量权容易造成司法擅断，助推非法经营罪的"口袋化"趋势。司法适用乱象越多，公民所享有的自由及能够获得公正平等的判决的机会就越少。

非法经营罪的"兜底性"并非不可取。非法经营罪是 1997 年刑法规定的新罪名，从法条本身来看，构成非法经营罪，除了具有未经许可、无证经营的特征外，还应当具备经营对象的特殊性。也就是说，如果行为人非法经营的不是国家有关机关或部门规定的应当专营、专卖或限制流通的物品，一般应当作为违法行为加以认定。如果这类行为的社会危害性确实达到严重程度，且符合非法经营罪犯罪构成的，应以非法经营罪依法追究刑事责任。以新冠疫情期间哄抬物资价格为例，疫情期间食物、口罩、试剂等资源十分紧缺，有些人趁机大幅提高物资售价，甚至超出正常价格几十倍之多，导致消费者丧失议价与抉择的机会，被迫接受经营者单方确定的商品价格。这严重侵犯了消费者的交易自由，属于违法所得数额较高，且情节严重，应当以非法经营罪定罪处罚。如果是在物资充足的状态下，经营者的要价违反国家关于商品价格交易管理规则的，未必侵犯消费者的交易自由，除非同一行业里的全部或者大部分经营者联合哄抬物价，致使消费者失去选择权。[①] 非法经营罪的认定前提是"违反国家规定"，这也就意味着国家对于市场经济存在一定的干预。国家适当干预市场运行，并不会对市场经济造成阻碍，反而会助推市场经济更好、更健康地发展。

同时，非法经营罪是由 1979 年刑法中的投机倒把罪演变而来的，其设置符合国家治理经济犯罪的目的。立法之初，我国的市场经济才刚刚发展，

---

① 张泽辰：《非法经营罪兜底条款解释方法的反思与重构》，《青少年犯罪问题》2021 年第 2 期，第 77-88 页。

立法者受认知水平和发展水平的限制，无法预见所有的非法经营行为，因此第4项的设立实属必然。相比于投机倒把罪而言，非法经营罪使用兜底条款的立法技术反而避免了投机倒把罪过于"口袋化"的问题。投机倒把罪的含义不够明确，且比非法经营罪更为宽泛，如果一直沿用，则会造成司法的肆意，无法达到保护社会的效果。

非法经营罪的"兜底性"体现在"国家规定"的范围难以确定，所有违反经济领域中的法律法规、行政措施、命令等的行为都可能被认定为非法经营罪。实践中，无论是立法者还是市场主体，都不可能对市场变化作出迅速的反应，一旦国家颁布新的法律规范，市场主体也不一定能够及时、有效地了解到法律规范的内容，这就使得市场主体无法通过具体规范来预测自己的行为后果并且作出及时的调整。长此以往，非法经营罪的过度适用则会限制市场经济的发展，限制市场主体的交易自由，不利于市场经济的有效运行。这些问题的存在归因于立法的滞后，面对立法的滞后，不应该一味地去批判，而应当正视兜底条款的积极作用。在认定是否构成非法经营罪时，应严格遵循罪刑法定原则和罪责刑相适应原则。根据案件的具体情况，审慎解释及判断"国家规定"和"情节严重"，限制非法经营罪中兜底条款的适用。

(二) 冤假错案的纠正

该案件原审判决生效后曾被用作典型案例进行普法宣传，在社会上引起了广泛的关注和争议，一些网民甚至用"幸好吃玉米不要办证"调侃并声援王力军，部分媒体记者直呼"用非法经营罪给农民定罪不适合"，这都折射出群众对于该判决的不满。王力军案判决时，《暂行办法》仍在生效期间，其中对于收购资格的管理规定被质疑与国家提出的"市场主导资源配置"不相符合，违背了"政府鼓励社会化服务组织发展，为农民生产服务"的要求，不利于维护农民的合法利益和改革国家粮农市场。非法经营罪的"口袋化"趋势日益严重，法学专家们也纷纷警示要对非法经营罪的扩张适用保持足够的戒心，呼吁实务部门避免将经营资格、内容、方法等任何一方面的违法不加区分地纳入非法经营罪的范畴。

王力军案横跨2015年、2016年、2017年，历时较长，幸运的是，2016年国务院对《暂行办法》进行了修订，颁布了《粮食收购资格审核管理办法》，才使得本案有再审的可能。在此基础上，最高人民检察、公安部于

2022年又联合发布了全面修订后的《关于公安机关管辖的刑事案件立案追诉标准的规定（二）》，其中第71条第12项规定，从事其他非法经营活动，具有下列情形之一的，应予立案追诉："1. 个人非法经营数额在五万元以上，或者违法所得数额在一万元以上的；2. 单位非法经营数额在五十万元以上，或者违法所得数额在十万元以上的；3. 虽未达到上述数额标准，但二年内因非法经营行为受过二次以上行政处罚，又从事同种非法经营行为的；4. 其他情节严重的情形。""个人非法经营数额在五万元以上，或者违法所得数额在一万元以上的"应予立案追诉的规定，也是对王力军案改判的一种立法回应。

该案由最高人民法院依职权主动指令再审，给予了当事人一个公平正义的审判，明确了行政违法行为与刑事犯罪之间的界限，规范了非法经营罪的兜底适用规则，也表明了人民法院对公民权利的积极保护，并通过案件审理推动了相关法规的修订，处理结果达到了法律效果和社会效果的统一。同时，最高人民法院审判委员会通过讨论于2018年12月19日将本案例作为97号指导案例予以发布，这意味着今后可以依据该案对于某些不构成非法经营罪的行为进行审判。但要想从根本上解决法律适用乱象问题，法官应坚持刑法的谦抑原则，从民事、商事、行政等多维角度对案件进行判断，在判决时，还需要考虑具体行为的社会危害性、刑事违法性及刑事处罚必要性，避免自由裁量权的滥用。

本案入选"2017年推动法治进程十大案件"，它不仅推动了法治进程与相关法规的完善，也让更多人开始关注社会基层群众的生存状态。实践中，针对真正的非法经营行为，势必要从严打击。而针对不构成非法经营却被入罪的行为，需要国家强化对刑事立案、侦查活动和审判活动的监督，及时发现和纠正应当立案而不立案、不应当立案而立案、长期"挂案"等违法情形，坚决防止和纠正以刑事手段插手民事纠纷、经济纠纷，从源头上防止冤假错案的发生。

（三）普通群众的维权途径

随着非法经营行为的逐步扩张，国家对经济生活的刑事干预日益增强，公民的经营自由却日渐缩减，非法经营行为扩张的背后存在着一种"国进民退"的市场困局。以本案为例，王力军作为一个普通的农民可能并不知晓收购玉米需要办理粮食收购许可证、向工商行政管理机关办理登记等要求，他的主观目的也只是通过收购玉米来维持生计，并不存在犯罪意图，从严打击此类经营行为，反而会阻碍老百姓在农业领域的发展和进步。习近平总书记曾强调："我们要牢记亿万农民对革命、建设、改革作出的巨大贡献。"亿万农民对于美好生活的向往，促使着我们把农业农村现代化和乡村振兴作为自己使命，努力共建美丽乡村，打赢脱贫攻坚战，践行为农服务的承诺。如果国家一味地限制某些主体进入市场，经济活动的自由则会受到限制。政府应转变角色，从资源的分配者转变为市场秩序的监管者，从它所控制的经济领域中逐步退出，将许可部门不该管、管不了、管不好的事，放权给市场来运作，从而真正实现非法经营行为范围的合理化。

在本案中，被告人王力军的确实施了违法行为，但根据非法经营罪的内容规定，并没有产生严重的法律后果。法院的再审判决结合了行为人案发后主动到公安机关投案自首、主动退缴全部违法所得、有悔罪表现等情节，最终判定无罪，符合罪刑相适应原则。本案改判后，王力军便向临河区公安局与临河区法院递交了《国家刑事赔偿申请书》，共计申请国家赔偿 388891.5 元。王力军的赔偿申请得到了回应。

根据相关法律规定，当事人面对一份判决，可以通过上诉、申请再审或者向人民检察院申请检察建议或提出抗诉的途径来行使自己的诉讼权利。本案中王力军是个法盲，并不知道要上诉，也就错失了维权的最好时机，但嗣后他通过申请国家赔偿来弥补自己遭受的损失，得到了公平、合理的补偿，为时未晚。王力军案告诫每个遭受生存之难、维权之困的普通群众，要主动运用法律武器维护自己的合法权益。另外，司法机关也应当坚持实事求是、有错必纠的方针，加强审判监督，不断加大对案件的复查、甄别力度，重塑司法公信力，坚定纠正冤假错案的决心及敢于直面错案疑案的立场，维护公平与正义，创造良好的法治环境。

五、问题拓展讨论

1. 扰乱市场秩序的举证义务应当如何分配？

2. 结合扰乱市场秩序罪的内涵，谈谈你对电影《我不是药神》中主角未经批准擅自携带境外药品入境的行为的理解。

3. 实践中有哪些非法经营行为？请列举几个。

4. 结合实践，判断新冠疫情期间哄抬物价、情节严重的行为是否构成非法经营罪，并说明理由。

5. 结合非法经营罪的"兜底性"，谈谈现行刑法有关非法经营罪的规定有何不足。

6. 本案再审改判是否恰当？

7. 本案中王力军收购玉米的行为是否属于不正当竞争，结合不正当竞争的构成要素进行论述。

六、阅读文献推荐

1. 张明楷：《罪刑法定与刑法解释》，北京大学出版社，2009 年。

2. 陈兴良：《违反行政许可构成非法经营罪问题研究——以郭嵘分装农药案为例》，《政治与法律》2018 年第 6 期。

3. 陈兴良：《非法经营罪范围的扩张及其限制——以行政许可为视角的考察》，《法学家》2021 年第 2 期。

4. 张明楷：《避免将行政违法认定为刑事犯罪——理念、方法与路径》，《中国法学》2017 年第 4 期。

5. 张明楷：《法益保护与比例原则》，《中国社会科学》2017 年第 7 期。

6. 何荣功：《社会治理"过度刑法化"的法哲学批判》，《中外法学》2015 年第 2 期。

7. 童德华：《非法经营罪规制目的的预设与生成》，《政治与法律》2021 年第 4 期。

8. 尚勇：《非法经营罪的价值预设与类型构造》，《河南财经政法大学学报》2023 年第 1 期。

9. 韩博雅、郑雪：《非法经营罪司法扩张之检视与反思》，《人民论坛》2021 年第 2 期。

10. 滕嘉远：《"互联网+"背景下保留"兜底条款"的必要性分析——以非法经营罪为视角》，《学术交流》2020 年第 6 期。

11. 吴加明：《疫情期间哄抬物价行为的刑事规制》，《政治与法律》2020 年第 7 期。

12. 徐菁：《过度营销行为的本质及治理》，《人民论坛》2021 年第 4 期。

13. 商浩文：《美国首例"幌骗"型高频交易刑事定罪案及其借鉴》，《华东政法大学学报》2019 年第 2 期。

侵犯公民人身权利、民主权利罪

案例 18：齐某强奸、猥亵儿童案①

⚠️ 一、知识点提要

保护公民的人身权利、民主权利和其他权利是我国刑法的重要任务。近年来，侵犯公民人身权利和民主权利的犯罪案件较为突出，对社会造成了极为恶劣的影响。深入研究此类案件的特点、手段及其成因，有利于及时采取措施，打击和预防犯罪，保护公民的人身权利、民主权利不受侵犯，维护法律的尊严和权威。

（一）侵犯公民人身权利、民主权利罪的概念

侵犯公民人身权利、民主权利罪指非法侵犯公民的人身权利和民主权利的行为。公民的人身权利和民主权利完全不同。人身权利是个人的人格权和身份权，包括人身自由、生命健康和人格尊严，人格尊严又包括肖像权、名誉权、荣誉权、姓名权和隐私权等权利。民主权利则以民众的知情权、言论自由权、参与权、监督权、选举权和被选举权等民众的公共权利为内容。

（二）侵犯公民人身权利、民主权利罪的种类

侵犯公民人身权利、民主权利罪被规定在刑法分则第四章中，包括故意杀人罪、故意伤害罪、强奸罪、过失致人死亡罪、侮辱罪、诽谤罪等 43 个罪名，涵盖《刑法》第 232 条至第 262 条之二。根据所侵犯的法益不同，可

---

① 《第十一批指导性案例》，中华人民共和国最高人民检察院官网，https://www.spp.gov.cn/spp/jczdal/201811/t20181118_399377.shtml，访问日期：2023 年 7 月 3 日。

以划分为：① 侵犯他人生命的犯罪；② 侵犯他人身心健康的犯罪；③ 侵犯他人人身自由的犯罪；④ 侵犯他人名誉、人格的犯罪；④ 借助国家机关权力侵犯他人人身权利的犯罪；⑤ 侵犯公民民主权利的犯罪；⑥ 侵犯婚姻权利的犯罪；等等。在此不做一一列举。

（三）侵犯公民人身权利、民主权利罪的构成特征

1. 犯罪客体

侵犯公民人身权利、民主权利罪侵犯的客体是公民的人身权利和民主权利，具体表现为公民的生命、健康、人身自由、通信自由、名誉、人格及选举权、被选举权等不受非法侵犯的权利。

2. 犯罪客观方面

侵犯公民人身权利、民主权利罪在客观方面主要表现为以作为或不作为的方式实施剥夺、破坏、妨害、损害、限制公民人身权利、民主权利的行为。

3. 犯罪主体

侵犯公民人身权利、民主权利罪的主体多数为自然人，少数既可以是自然人，也可以是单位。在以自然人为主体的犯罪中，多数为一般主体，少数为特殊主体，如刑讯逼供罪，只能由国家工作人员构成。

4. 犯罪主观方面

侵犯公民人身权利、民主权利罪多数只能由故意构成，个别犯罪可以由过失构成。

（四）侵犯公民人身权利、民主权利罪的刑罚

侵犯公民人身权利、民主权利罪根据犯罪对象和情节严重程度的不同，可处管制、拘役、有期徒刑、无期徒刑、死刑等主刑及不同的附加刑。

（五）《刑法修正案（十一）》对强奸罪的修正

在侵犯公民人身权利、民主权利犯罪中，性侵案一直是社会关注的焦点。实践中，性侵幼女或其他未成年女性案件的影响极为恶劣，由此引发了公众对于刑法对幼女的性权益保护不足的质疑。为了积极回应群众的意见，《刑法修正案（十一）》对《刑法》第236条的规定做了如下修改和补充：（1）将"奸淫不满十周岁的幼女或者造成幼女伤害的"作为强奸罪法定刑

升格的独立情形；（2）在第 3 款第 3 项中补充规定"在公共场所当众奸淫幼女"，将其作为法定刑升格的情形；（3）在《刑法》第 236 条后增加负有照护职责人员性侵罪，即"对已满十四周岁不满十六周岁的未成年女性负有监护、收养、看护、教育、医疗等特殊职责的人员，与该未成年女性发生性关系的，处三年以下有期徒刑；情节恶劣的，处三年以上十年以下有期徒刑"，作为第 236 条之一加以规定。

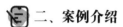

二、案例介绍

（一）基本案情

被告人齐某，男，1969 年 1 月出生，原系某县某小学班主任。

2011 年夏天至 2012 年 10 月，被告人齐某在担任班主任期间，利用午休、晚自习及宿舍查寝等机会，在学校办公室、教室、洗澡堂、男生宿舍等处多次对被害女童 A（10 岁）、女童 B（10 岁）实施奸淫、猥亵，并以带女童 A 外出看病为由，将其带回家中强奸。齐某还在女生集体宿舍等地多次猥亵被害女童 C（11 岁）、女童 D（11 岁）、女童 E（10 岁），猥亵被害女童 F（11 岁）、女童 G（11 岁）各一次。

2013 年 4 月 14 日，某市人民检察院对齐某提起公诉，指控其涉嫌强奸罪与猥亵儿童罪。5 月 9 日，某市中级人民法院依法不公开开庭审理本案。9 月 23 日，该市中级人民法院作出判决，认定齐某犯强奸罪，判处死刑缓期二年执行，剥夺政治权利终身；犯猥亵儿童罪，判处有期徒刑四年六个月；决定执行死刑，缓期二年执行，剥夺政治权利终身。被告人未上诉，判决生效后，报某省高级人民法院复核。

2013 年 12 月 24 日，某省高级人民法院以原判认定部分事实不清为由，裁定撤销原判，发回重审。

2014 年 11 月 13 日，某市中级人民法院经重新审理，作出判决，认定齐某犯强奸罪，判处无期徒刑，剥夺政治权利终身；犯猥亵儿童罪，判处有期徒刑四年六个月；决定执行无期徒刑，剥夺政治权利终身。齐某不服提出上诉。

2016 年 1 月 20 日，某省高级人民法院经审理，作出终审判决，认定齐某犯强奸罪，判处有期徒刑六年，剥夺政治权利一年；犯猥亵儿童罪，判处有期徒刑四年六个月；决定执行有期徒刑十年，剥夺政治权利一年。

(二) 争议焦点

本案的争议焦点在于对被告人齐某是否可以适用加重处罚的规定。

(三) 裁判结果

某省人民检察院认为该案终审判决确有错误，提请最高人民检察院抗诉。最高人民检察院经审查，认为该案适用法律错误，量刑不当，应予纠正。2017 年 3 月 3 日，最高人民检察院依照审判监督程序向最高人民法院提出抗诉。2017 年 12 月 4 日，最高人民法院依法不公开开庭审理本案，最高人民检察院指派检察员出席法庭，辩护人出庭为原审被告人进行辩护。2018 年 6 月 11 日，最高人民法院召开审判委员会会议审议本案，最高人民检察院检察长列席会议并发表意见，明确指出原审判决存在错误，并从情节认定、法律适用、量刑建议等多个方面阐述了检方观点。

2018 年 7 月 27 日，最高人民法院作出终审判决，认定原审被告人齐某犯强奸罪，判处无期徒刑，剥夺政治权利终身；犯猥亵儿童罪，判处有期徒刑十年；决定执行无期徒刑，剥夺政治权利终身。

三、案例分析

(一) 本案适用强奸罪、猥亵儿童罪的理论基础

2018 年 11 月 18 日，最高人民检察院将本案例作为第十一批指导性案例予以公布，其中明确强调"奸淫幼女具有《最高人民法院、最高人民检察院、公安部、司法部关于依法惩治性侵害未成年人犯罪的意见》规定的从严处罚情节，社会危害性与刑法第二百三十六条第三款第二至四项规定的情形相当的，可以认定为该款第一项规定的'情节恶劣'"，并且认为"行为人在教室、集体宿舍等场所实施猥亵行为，只要当时有多人在场，即使在场人员未实际看到，也应当认定犯罪行为是在'公共场所当众'实施"。尽管 2020 年《刑法修正案（十一）》对于第 236 条增加了相关表述，但是裁判依旧紧紧围绕"奸淫幼女""公共场所""情节恶劣"进行，法条的修改并不影响理论分析，因此，本案分析在此将《刑法修正案（十一）》中第 236 条

的表述作为参考。

1. 强奸罪的内涵

强奸罪是指违背妇女意志，使用暴力、胁迫或者其他手段，强行与妇女发生性交的行为。强奸罪存在法定刑升格条件，根据《刑法》第 236 条规定，有下列情形之一的，处十年以上有期徒刑、无期徒刑或者死刑：（1）强奸妇女、奸淫幼女情节恶劣的；（2）强奸妇女、奸淫幼女多人的；（3）在公共场所当众强奸妇女、奸淫幼女的；（4）二人以上轮奸的；（5）奸淫不满十周岁的幼女或者造成幼女伤害的；（6）致使被害人重伤、死亡或者造成其他严重后果的。针对第 2 项的"多人"，应当理解为"三人以上"。第 3 项的"公共场所"则指有不特定人进出可能性的场所，且行为有被不特定人或者多数人知悉的可能性，但不要求被现实听到或者看到。

2. 关于"幼女"的理解与适用

为突出对幼女的保护，《刑法》第 236 条第 2 款同时也规定"奸淫不满十四周岁的幼女的，以强奸论，从重处罚"。从理论上看，"奸淫不满十四周岁的幼女"的行为属于一种拟制强奸，幼女没有性承诺的能力，不管行为人是否采用暴力、胁迫手段，在法律上均视为违背幼女的意志，均认为是侵害了幼女的性自主权或性自决权。刑法在强奸妇女之外专门规定了奸淫幼女的行为，原因在于立法者考虑到幼女没有性承诺的权利，即便得到了幼女的同意、承诺，与其发生性关系，也是强奸，并且幼女在法律上理应得到特别保护，所以无论是否采用强制手段，只要与幼女发生性关系，都应从重处罚。为此，2023 年 5 月 25 日，最高人民法院、最高人民检察院还专门出台了《关于办理强奸、猥亵未成年人刑事案件适用法律若干问题的解释》，该解释明确了强奸、猥亵犯罪"情节恶劣""造成幼女伤害"等法定加重处罚情节，体现了从严惩处性侵未成年人的司法理念。

《刑法》第 236 条中对于"幼女"年龄的规定有两处，一是第 2 款"奸淫不满十四周岁的幼女的，以强奸论，从重处罚"；二是第 3 款第 5 项"奸淫不满十周岁的幼女或者造成幼女伤害的，处十年以上有期徒刑、无期徒刑或者死刑"。刑法针对"幼女"年龄采用不同的规定，目的在于区分侵害的不同程度。一般而言，不满 14 周岁的称为"幼女"，因此《刑法》第 236 条中有关"幼女"的内容都应当一般地理解为已满 10 周岁不满 14 周岁，如果针对已满 10 周岁不满 14 周岁的幼女实施奸淫行为，应当达到情节恶劣或者情节严重的程度。而第 3 款第 5 项"奸淫不满十周岁的幼女或者造成幼女伤害的"的"伤害"从伤害程度上来说，应理解为轻伤，以及针对身体特定部位的轻微伤。当然，伤害不仅包括身体上的伤害，还应该包括精神伤害。结合《刑法》第 236 条第 3 款第 6 项的"其他严重后果"，对不满 10 周岁的幼女实施奸淫行为本质上只要达到轻伤的标准即可对其定罪处罚，因而此处对于幼女年龄的下调是为保护年龄更小的幼女的身心健康。实践中，《刑法》第 236 条第 3 款第 1 项至第 5 项的情形与第 6 项"重伤"在同一法定刑起点，因此要注意平衡适用，结合轻伤各个级别、重伤各个级别做不同的协调与平衡。

（二）争议焦点分析

本案的争议焦点在于对被告人齐某是否可以适用加重处罚的规定。

本案历经三级法院五次审理，某市中级人民法院两次一审，某省高级人民法院一次死缓复核和一次二审，某省检察院提请最高人民检察院抗诉，最高人民检察院抗诉后最高人民法院再审改判，其主要原因就在于该案在事实认定、证据采信和法律适用等方面均存在争议，从而导致对齐某能否适用加重处罚的意见不一。针对被告能否加重处罚，主要争议内容在于：（1）被告人奸淫幼女是否达到"情节恶劣"的程度；（2）被告人是否属于"在公共场所当众"实施犯罪行为。此两项争议的认定对齐某能否适用加重处罚至关重要。

1. 被告人奸淫幼女是否达到"情节恶劣"的程度

《刑法》第 236 条第 3 款第 1 项规定，"奸淫幼女情节恶劣的，处十年以上有期徒刑、无期徒刑或者死刑"。该规定要求奸淫幼女须达到"情节恶劣"的程度，才得以适用十年以上有期徒刑、无期徒刑或者死刑的量刑。如何认定"情节恶劣"，可以从被害人的人数、年龄及所造成的后果来进行综合考量。本案被告人对女童 A（10 岁）、女童 B（10 岁）分别多次实施奸淫行为，从被害人角度而言，被害人为两人，且均未满 14 周岁，被告人实施奸淫行为针对的是未满 14 周岁的幼女。同时，《刑法》第 236 条第 3 款第 2 项"强奸妇女、奸淫幼女多人的"在内涵上可以理解为与该款第 1 项规定的"情节恶劣"社会危害性相当，本案被告人利用其班主任身份，分别多次对两名幼女实施奸淫，人数虽未达到 3 人以上，但其社会危害性程度并不低，在当时也造成了极其恶劣的社会影响，据此可以认定符合"情节恶劣"的规定。

《关于依法惩治性侵害未成年人犯罪的意见》（以下简称《意见》）中第 25 条规定了针对未成年人实施强奸、猥亵犯罪的"更要依法从严惩处"的七种情形。[①] 本案被告人的班主任身份使得其与被害人存在不对等的关系，被害人受制于被告的管理和压制，其分别多次奸淫两名幼女的行为符合《意见》第 25 条第 1 款第 1、2、4、5 项的内容，四种情形的叠加，应当对被告从严惩处。

2. 被告人是否属于"在公共场所当众"实施犯罪行为

《刑法》第 236 条第 3 款第 3 项明确规定"在公共场所当众强奸妇女、奸淫幼女的，处十年以上有期徒刑、无期徒刑或者死刑"。关于"公共场所"的适用，《意见》第 23 条进行了补充规定，"校园、游泳馆、儿童游乐场"等场所属于公共场所，在上述场所对未成年人实施强奸、猥亵犯罪的，可以认定为是"在公共场所当众"实施犯罪。现实生活中的"公共场所"指供公众工作、学习、社交、娱乐、医疗、卫生、休息等的一切公用建筑物、场所及其设施的总称，因此，《意见》第 23 条所称的"公共场所"可以理解为除包含该条明确列举的校园、游泳馆、儿童游乐场等场所之外，还应涵盖其他在性质、功能、使用对象上与校园、游泳馆和儿童游乐场等相同或相似的场所，如学校教室、学生集体宿舍、学生食堂、培训班等，能够支持不特定人进出并且进行活动的场所。[②] 本案中被告人在学校办公室、教室、洗澡堂、男生宿舍等处实施奸淫、猥亵行为，在女生集体宿舍等地实施猥亵行为，上述场地具有相对涉众性、公开性，属于特定公共场所，符合"公共场所"的规定。在此基础上，《意见》第 23 条规定，在上述公共场所对未成年人实施强奸、猥亵犯罪，只要有其他多人在场，不论在场人员是否实际看到，均可以依据《刑法》第 236 条第 3 款、第 237 条的规定，认定为"在公

---

① 《关于依法惩治性侵害未成年人犯罪的意见》第 25 条："针对未成年人实施强奸、猥亵犯罪的，应当从重处罚，具有下列情形之一的，更要依法从严惩处：（1）对未成年人负有特殊职责的人员、与未成年人有共同家庭生活关系的人员、国家工作人员或者冒充国家工作人员，实施强奸、猥亵犯罪的；（2）进入未成年人住所、学生集体宿舍实施强奸、猥亵犯罪的；（3）采取暴力、胁迫、麻醉等强制手段实施奸淫幼女、猥亵儿童犯罪的；（4）对不满十二周岁的儿童、农村留守儿童、严重残疾或者精神智力发育迟滞的未成年人，实施强奸、猥亵犯罪的；（5）猥亵多名未成年人，或者多次实施强奸、猥亵犯罪的；（6）造成未成年被害人轻伤、怀孕、感染性病等后果的；（7）有强奸、猥亵犯罪前科劣迹的。"

② 钟芬、金昀：《猥亵儿童案件中"公共场所当众"的认定及适用》，《青少年犯罪问题》2020 年第 1 期，第 114-120 页。

共场所当众"强奸妇女，强制猥亵、侮辱妇女，猥亵儿童。对于被害人而言，如果有其他多人在场，不论在场人员是否实际看到，都会增加被害人的恐惧感和羞辱感，因此刑法规定对此类"当众"实施的犯罪行为予以加重处罚。就此而言，在规定列举之外的场所实施强奸、猥亵未成年人犯罪的，只要场所具有相对公开性，且有其他多人在场，有被他人感知可能的，就可以认定为是"当众"犯罪，至于"众人"是否同时在场、行为是否被实际发现并无影响。因此，本案被告人属于"在公共场所当众"实施犯罪行为。

综上，被告人齐某在公共场所对未满14周岁的女童分别多次实施奸淫、猥亵行为，情节恶劣，违背师德和社会主义核心价值观，严重挑战社会伦理道德底线，对被害女童的身心健康造成了极大伤害，造成了极其恶劣的社会影响。某市中级人民法院先后判处齐某死缓和无期徒刑符合法律规定，某省高级人民法院改判为六年有期徒刑，属于适用法律不当，量刑畸轻。

四、课程思政解读

"齐某强奸、猥亵儿童案"所涉及的课程思政元素体现在以下几个方面：（1）准确把握性侵未成年人犯罪案件中被害人陈述的审查判断标准；（2）负有照护职责人员性侵罪设立的价值剖析；（3）未成年人保护的制度优化。

（一）准确把握性侵未成年人犯罪案件中被害人陈述的审查判断标准

案件涉及强奸、猥亵儿童犯罪，被害人因年龄小，辨别和表达能力有限，其陈述如果无法得到其他相关证据的印证和补强，则会影响最终的判决。

本案中被告人及其辩护人坚持事实不清、证据不足的辩护意见，理由是：（1）认定犯罪的直接证据只有被害人的陈述，齐某始终不认罪，其他证人证言均是传来证据，没有物证，证据链条不完整。（2）被害人的陈述前后有矛盾，不一致，且其中一个被害人在第一次陈述中只讲到被猥亵，第二次又讲到被强奸，前后有重大矛盾。而检察机关认为，原审被告人齐某犯强奸罪、猥亵儿童罪的犯罪事实清楚，证据确实充分。原因在于：（1）各被害人及其家长和齐某在案发前没有矛盾，报案及时，无其他介入因素，可以排除诬告的可能。（2）各被害人陈述的内容自然合理，可信度高，且有同学的证言予以印证。被害人对于细节的描述符合正常记忆认知、表达能力，如齐某实施性侵害的大致时间、地点、方式、次数等内容基本一致。因被害人年幼、报案及作证距案发时间较长等客观情况，具体表述存在不尽一致之处，完全正常。（3）各被害人陈述的基本事实能得到本案其他证据的印证，如齐某卧室勘验笔录、被害人辨认现场的笔录、现场照片、被害人生理状况诊断证明等。双方对于被害人陈述的可采性存在争议。

从案件本身来看，齐某多次实施性侵、猥亵行为，时间跨度较长，被害人年龄较小，随着时间的推移，其陈述在细节上存在一定的差异和模糊。检察机关经审查认为，被害人在整个案件过程中对基本事实和情节的描述是稳定的，其陈述内容完整连贯，对于被强奸的地点、姿势、时间及当时的心理反应和事后态度等细节能够清楚、自然地表达，不是亲身经历，难以编造，结合被害人的年龄和认知能力，其证明力可以进行确认。同时，医院诊断证明、现场勘查、辨认笔录及多名证人证言等证据也能够进一步印证被害人陈述的真实性与客观性。虽然某些被害人在第一次询问时没有陈述自己被强奸，但在此后对没有陈述被强奸的原因做了解释，即当时学校老师在场，不敢讲，符合孩子的记忆特征和心理特征。至于被告人及其辩护人所称"被害人陈述前后有矛盾，不一致，且其中一个被害人在第一次陈述中只讲到被猥亵，第二次又讲到被强奸，前后有重大矛盾"的观点，被告人无法提供证据进行佐证，应当不予认可。虽然被害人同学的证言是传来证据，但其是在犯罪发生后即得知有关情况，证明力较强，可以确认。因此，综合全案证据看，足以排除合理怀疑，能够认定被告人强奸、猥亵儿童的犯罪事实，该案事实清楚，证据确实充分，齐某及其辩护人的辩解、辩护意见均不能成立。

实践中，性侵未成年人案件普遍存在被告人不认罪、未成年被害人反抗力弱等特点，本案作为指导性案例予以确立，使得性侵未成年人犯罪案件证据审查标准更为规范，公诉人通过灵活多样的方式排除合理怀疑，依法查清真相，严惩了侵害未成年人合法权益的犯罪行为，维护了社会的公平正义。

性侵未成年人犯罪案件往往是"一对一"的，被害人基于恐惧或者羞耻心理在案件发生后往往无法对案件事实形成有逻辑的记忆，尤其是随着案件审理的推移，未成年被害人容易在暗示性问题的诱导下形成固有的记忆版本，从而影响言词证据的真实性、关联性甚至是可采性。虽然相关法律对于证人的年龄没有特别要求，但不同年龄的未成年人在作证的证明力上仍存在强弱之别。基于对未成年人心理特点的分析，性侵案件中未成年被害人的陈述因存在一定的瑕疵而不予采纳具有一定的合理性，但若全盘否定或肯定未成年人的言词证据不免失之偏颇。与其争论未成年人是否具备完全的作证能力，不如从实务出发，探讨影响未成年人言词证据证明力的若干因素，并加以补强，以期达到此类案件能兼顾发现真实与正当程序的要求。① 最高人民法院经过审理对本案进行改判，意味着性侵未成年人犯罪案件证据的审查判断要结合未成年人的身心特点，按照有别于成年人的标准予以判断。针对未成年被害人言词证据的审查，需要审判人员根据自身经验和常识，结合全案情况判断未成年被害人的陈述是否合乎情理、逻辑，对细节的描述是否符合其年龄段认知和表达能力。当被告人与被害人各执一词时，法庭质证可以使现有证据达到或者超过起诉认定犯罪事实的排除合理怀疑标准。同时，如果有其他证据予以印证和补强，能够形成完整证明体系，且被告人的辩解没有证据支持，结合双方关系不存在诬告可能的，其说服力则更强，未成年被害人的陈述应当采纳。

(二) 负有照护职责人员性侵罪设立的价值剖析

强奸罪的本质是违背妇女意志，以暴力、胁迫或者其他手段与妇女发生性行为或者奸淫幼女的行为，加之对"幼女"年龄的限定，某些非强制性的性侵案件往往难以落入传统强奸罪的规制范围。但是从被害人角度出发，熟人性侵所造成的不良影响往往是终身性的。因此，严密刑事法网的立法需求催生了负有照护职责人员性侵罪的设立，该罪在规范定位上属于截堵罪名，立法者意在借助增设轻罪，截堵强奸罪的处罚漏洞，进而实现对性法益的完备保护。②

法条中列举了"监护、收养、看护、教育、医疗"等五种照护职责情形，相对于已满14周岁未满16周岁的未成年人来说，负有照护职责的人员与其存在不对等的身份关系，未成年人容易被压制，难以反抗或者拒绝。从理论上来看，已满14周岁不满16周岁的未成年人，心理、生理虽然已经开始发育，但不完全成熟、生活经验不足、社会阅历尚浅，在监护人、老师、医生等负有照护职责的人员面前，自我保护能力弱，该罪名的设置意味着即

① 沈威、徐晋雄：《审判中心视野下性侵未成年被害人言词证据问题研究——基于海峡两岸司法个案判例之比较》，《青少年犯罪问题》2018年第1期，第91页。
② 贾易臻：《截堵罪名与法益扩张——负有照护职责人员性侵罪的规范定位、保护法益与出罪路径》，《甘肃政法大学学报》2023年第1期，第50页。

使与已满 14 周岁不满 16 周岁的未成年人自愿发生性行为，也有被追责的可能。这既填补了特殊照护情形下未成年人保护的空白，也揭示了本罪的实质可罚性。

本罪属于真正身份犯，成立本罪，要求当事人必须是"负有监护、收养、看护、教育、医疗等特殊职责的人员"。就本罪的保护法益而言，唯有当事人具备"特殊职责"，才能对被害人的性意思决定自由产生切实的影响。当然，实践中仍需要对行为人的照护身份进行实质考察，不能仅仅因为行为人具备了特定的照护身份就进行定性，而要考察特定身份者是否借照护职责形成的优势地位或者便利条件实施性侵行为。如果有足够的证据表明照护者未利用其照护职责形成的优势地位或便利条件进行性侵，就不宜认定为本罪。

(三) 未成年人保护的制度优化

未成年人是祖国的未来、民族的希望，党和国家历来高度重视未成年人保护工作。近年来，在党中央的坚强领导下，未成年人保护力度不断加大，但是随着经济社会的迅猛发展，侵害未成年人犯罪和未成年人实施的犯罪也呈现出新的复杂性，暴露出更深层次的问题，深刻警醒未成年人保护工作须与时俱进、法治建设须不断加强。

未成年人实施的犯罪和侵害未成年人犯罪不仅是重要的司法问题，而且是突出的社会现实问题。2023 年 6 月 1 日，最高人民检察院发布《未成年人检察工作白皮书（2022）》（以下简称《白皮书》）。该《白皮书》显示，未成年人犯罪总体呈上升趋势，未成年人犯罪呈现出以下特点：（1）低龄未成年人犯罪占比上升；（2）未成年人犯罪类型更加集中；（3）校园欺凌和暴力犯罪数量持续下降。侵害未成年人犯罪案件虽然总量有所下降，但性侵案件仍呈上升趋势，在侵害未成年人犯罪中比重最为突出。针对性侵未成年人犯罪，最高人民法院、最高人民检察院、公安部、司法部早在 2013 年就联合发布了《关于依法惩治性侵害未成年人犯罪的意见》，其中包含 34 条措施，最高人民法院新闻发言人称其体现了"最高限度保护""最低限度容忍"的指导思想、"为未成年人权益架起一道不容触碰、逾越的高压线"。然而，相关数据表明性侵未成年人犯罪仍然具有高发性，且多表现为熟人作案。

2018 年 7 月，最高人民检察院公布了第十一批指导性案例，齐某强奸、猥亵儿童案被纳入其中，这强化了对此类案件办理工作的指导。这批指导性案例所涉及的许多问题，都是实践中亟须统一认识的问题，其中既包括证据审查认定的问题，也包括如何正确适用法律的问题。针对性侵未成年人犯罪案件证据的审查，要根据未成年人的身心特点，按照有别于成年人的标准予以判断。根据经验和常识，对于未成年人合乎情理、合乎逻辑的陈述及符合其认知和表达能力的细节描述，均应当采纳。这批指导性案例的公布，有利于统一办案标准，指导依法准确办理此类案件，有力惩治侵害未成年人犯罪。本案的指导意义在于能够让教师等对儿童负有教育、看护等职责的人深刻认识到保护未成年人所应当承担的责任，为了维护未成年人的身心健康，应当德法兼修，履行好职业道德，认真遵守法律，成为未成年人成长道路上的领路人。同时也能督促各级检察机关依法履行法律监督职责，提高执法办案水平，各级检察院可以通过适时提出检察建议的方式进一步推动校园安全建设，预防侵害未成年人合法权益特别是性侵、虐待未成年人违法犯罪案件的发生。2018年10月，最高人民检察院向教育部发送的《中华人民共和国最高人民检察院检察建议书》明确指出需要健全完善预防性侵害幼儿园儿童和中小学学生的制度机制，加强对校园预防性侵害相关制度落实情况的监督检查，依法严肃处理有关违法违纪人员。该检察建议得到了教育部的高度重视。

对待性侵未成年人案件的态度代表着一个社会的良知和底线，如果我们避之不谈、不予理会，也会成为间接的施暴者。齐某强奸、猥亵儿童案入选2018年度全国十大影响性诉讼案件，促使全社会进一步关注未成年人这个特殊群体，其判决结果对于预防和严惩性侵未成年人犯罪具有十分重要的意义。

五、问题拓展讨论

1. 谈谈你对故意伤害罪中"轻伤"的理解。

2. 结合非法拘禁罪与绑架罪，谈谈你对索债型非法拘禁行为的理解。

3. 转化型抢劫适用的场合有哪些？

4. 针对侵犯公民人身权利、民主权利犯罪提起的附带民事诉讼应当如何把握？

5. 被害人过错对于侵犯人身权利犯罪的具体认定有哪些影响？

6. 谈谈拐卖妇女、儿童罪的既遂标准。

7. 你认为哪些情形符合《刑法》第 236 条第 3 款第 1 项 "情节恶劣" 的规定？

8. 在性侵案件中，未成年被害人的陈述是否具有可采性？你的理由是什么？

9. 在拐卖妇女过程中，奸淫被拐卖的妇女应当如何定罪量刑？

10. 涉及未成年人保护的法律规范有哪些？请列举几个。

👍 六、阅读文献推荐

1. 张明楷：《刑法学》（第六版），法律出版社，2021 年。

2. 陈兴良：《准强奸罪的定性研究》，《政治与法律》2022 年第 6 期。

3. 向燕：《论性侵未成年人案件的证据运用》，《青少年犯罪问题》2020 年第 5 期。

4. 何莉、赵俊甫：《〈最高人民法院、最高人民检察院关于办理强奸、猥亵未成年人刑事案件适用法律若干问题的解释〉的理解与适用》，《中国应用法学》2023 年第 3 期。

5. 向燕：《综合型证明模式——性侵未成年人案件的证明逻辑》，《中国刑事法杂志》2021 年第 5 期。

6. 周光权：《刑法修改的规模定位与制度设计》，《法学》1997 年第 1 期。

7. 陈兴良：《"刑罚世轻世重"是符合司法规律的用刑之道》，《中国司法》2008 年第 7 期。

8. 王永茜：《论现代刑法扩张的新手段——法益保护的提前化和刑事处罚的前置化》，《法学杂志》2013 年第 6 期。

9. 白建军：《犯罪圈与刑法修正的结构控制》，《中国法学》2017 年第 5 期。

10. 陈洪兵：《拐卖妇女、儿童罪的实行行为只有"拐卖"》，《辽宁大学学报（哲学社会科学版）》2012 年第 4 期。

11. 周光权：《被害人受欺骗的承诺与法益处分目的错误——结合检例第 140 号等案例的研究》，《中国刑事法杂志》2022 年第 2 期。

侵犯财产罪

案例 19：易扬锋、连志仁等三十八人诈骗案①

⚠ 一、知识点提要

保护公私财产是发展社会主义基本经济制度的必然要求。改革开放以来，我国基本形成了归属清晰、权责明确、保护严格、流转顺畅的现代产权制度和产权保护法律框架，全社会产权保护意识不断增强。然而，在信息化时代，侵犯财产犯罪案件依旧屡禁不绝，给社会和公众造成了极大的损失。为了有效规制侵犯财产类犯罪，必须加快完善保护制度，依法有效保护各种所有制经济组织和公民的财产权，增强人民群众财产财富安全感，维护社会公平正义，保证经济社会持续健康发展和国家长治久安。

（一）侵犯财产罪的概念

侵犯财产罪是指以非法占有为目的，非法取得公私财物，或者挪用单位财物、故意毁坏公私财物及拒不支付劳动报酬的行为。

（二）侵犯财产罪的种类

侵犯财产罪被规定在刑法分则第五章，包含 15 个具体罪名，涵盖《刑法》第 263 条至第 276 条之一。依据故意内容的不同进行划分，可以分为以下四种类型：（1）占有型，包括抢劫罪、盗窃罪、诈骗罪、抢夺罪、聚众哄抢罪、贪污罪、侵占罪、职务侵占罪、敲诈勒索罪。（2）挪用型，包括挪用

---

① 《人民法院依法惩治电信网络诈骗犯罪及其关联犯罪典型案例》，中华人民共和国最高人民法院官网，https://www.court.gov.cn/zixun/xiangqing/371131.html，访问日期：2023 年 7 月 3 日。

公款罪、挪用资金罪、挪用特定款物罪。（3）毁损型，包括故意毁坏财物罪、破坏生产经营罪。（4）不履行债务型，包括拒不支付劳动报酬罪。

（三）侵犯财产罪的构成特征

1. 犯罪客体

侵犯财产罪侵害的客体是公私财产的所有权。这里的公私财产表现为各种具体财物，不包括无主物、赃款赃物、走私物品、赌资等。

2. 犯罪客观方面

侵犯财产罪的客观方面表现为非法占有、挪用、毁坏公私财物的行为。

3. 犯罪主体

侵犯财产罪的多数犯罪由一般主体构成，少数犯罪由特殊主体构成，如职务侵占罪和挪用资金罪的主体必须是公司、企业或者其他单位的人员。另外，根据《刑法》第17条第2款的规定，已满14周岁不满16周岁的人实施抢劫行为，也应当负刑事责任。

4. 犯罪主观方面

侵犯财产罪的主观方面只能是出于故意，除故意毁坏财物罪、破坏生产经营罪外，均具有非法占有的目的。

（四）侵犯财产罪的刑罚

侵犯财产犯罪主要以侵犯财产的数额为量刑的标准，我国刑法按照罪刑相适应原则，根据各种犯罪的本质特征分别确定不同的定罪数额，准确区分"数额较大""数额巨大""数额特别巨大"，从而设置不同的量刑幅度，以体现行为人的社会危害性须达到相当程度才具有应受刑罚惩罚性。侵犯财产的数额是认定侵犯财产犯罪的重要标准，但不是唯一标准。实践中，除根据侵犯财产数额外，犯罪的其他具体情节及犯罪嫌疑人的认罪态度和悔罪表现等对定罪量刑均有影响。

（五）从严规制网络诈骗犯罪

诈骗犯罪历来是刑事犯罪中的高发犯罪，近年来案发势头尤为明显，随着互联网技术的发展，网络诈骗犯罪层出不穷，并且呈现手段越来越专业化、覆盖面越来越广、社会危害越来越严重的趋势，给国家、社会、公民造成了十分重大的财产损失。为此，第十三届全国人民代表大会常务委员会第三十六次会议于 2022 年 9 月 2 日通过了《中华人民共和国反电信网络诈骗法》，意在预防、遏制和惩治电信网络诈骗活动，加强反电信网络诈骗工作，保护公民和组织的合法权益，维护国家安全和社会稳定。

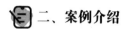 二、案例介绍

（一）基本案情

2018 年 8 月初，被告人易扬锋偷渡到缅甸，随后在缅甸创建"远峰集团"，采取公司化运作模式，编写话术剧本，开展业务培训，配备作案工具，制定奖惩制度，形成组织严密、结构完整的犯罪集团。易扬锋作为诈骗犯罪集团的"老板"，组织、领导该集团实施跨国电信网络诈骗，纠集被告人连志仁加入该集团并逐步成为负责人，二人系诈骗集团的首要分子。被告人林炎兴担任主管，负责管理组长，进行业务培训指导；被告人闫斌、伏培杰、秦榛、黄仁权等人担任代理或组长，招募管理组员并督促、指导组员实施诈骗；被告人易肖锋为实施诈骗提供技术支持。2018 年 8 月至 2019 年 12 月，该集团先后招募、拉拢多名中国公民频繁偷越国境，往返于我国和缅甸之间，通过"杀猪盘"的诈骗方法实施诈骗：第一步，伪装成成功人士通过微信等网络社交软件寻觅、物色中国境内的年轻女性，精心编制话术剧本，以交朋友、谈恋爱名义骗取对方信任；第二步，向被害人推荐博彩网站、赌博App，编造有内幕消息、投资就能稳赚不赔等信息，甚至先提供账户让被害人帮忙管理和进行体验，诱导被害人投注；第三步，前台组员与后台客服人员相互配合，通过后台修改数据控制游戏输赢，一开始刻意让被害人获取小额返利，继而通过各种手段，诱使被害人追加充值；第四步，待被害人投入大额资金后，通过后台修改数据让被害人全部亏空或无法提现。该犯罪集团通过上述诈骗手段骗取被害人侯某某、王某某、黄某等 81 名被害人钱财共计 1820 余万元。

（二）争议焦点

本案的争议焦点在于：（1）本案是否构成共同犯罪；（2）其他被告人属于主犯还是从犯。

（三）裁判结果

本案由江西省抚州市中级人民法院一审，江西省高级人民法院二审，现已发生法律效力。法院认为，以被告人易扬锋、连志仁为首的犯罪集团以非法占有为目的，采取虚构事实、隐瞒真相的方法，骗取他人财物，数额特别巨大，其行为均已构成诈骗罪。易扬锋、连志仁还多次组织他人偷越国境，且自身亦偷越国境，其行为构成组织他人偷越国境罪、偷越国境罪。易扬锋、连志仁系诈骗集团首要分子，按照集团所犯的全部罪行处罚。被告人林炎兴、闫斌、伏培杰、秦榛、黄仁权、易肖锋等人是诈骗集团的骨干分子，系主犯，按照其所参与的或组织、指挥的全部犯罪处罚。根据各被告人的犯罪事实、犯罪性质、情节和社会危害程度，以诈骗罪、组织他人偷越国境罪、偷越国境罪判处被告人易扬锋无期徒刑，剥夺政治权利终身，并处没收个人全部财产；以诈骗罪、组织他人偷越国境罪、偷越国境罪判处被告人连志仁有期徒刑十六年，并处罚金人民币 58 万元；以诈骗罪、偷越国境罪等判处被告人林炎兴等主犯十三年二个月至十年二个月不等有期徒刑，并处罚金。

三、案例分析

（一）诈骗罪的理解与适用

1. 诈骗罪的含义

诈骗罪是指以非法占有为目的，用虚构事实或者隐瞒真相的方法，骗取数额较大的公私财物的行为，该罪的设立目的在于保护公私财产的所有权。

2. 诈骗罪的认定

本罪的逻辑结构为：行为人实施欺骗行为→对方产生认识错误→对方基于认识错误处分财物→行为人取得财物→被害人遭受损失。即行为人通过虚构事实、隐瞒真相等方式，使被害人陷入处分财产的认识错误中，如果被害人基于认识错误处分财物，使得行为人或者第三人取得财物，则行为人成立诈骗罪既遂。

（1）欺骗行为

行为人的欺骗方式可以是明示也可以是默示，可以是作为也可以是不作为，只要达到足以使对方产生认识错误的程度即可，不要求足以使一般人陷入认识错误。

（2）认识错误

对方产生认识错误是行为人的欺诈行为所致，即使对方在判断上有一定的错误，也不妨碍欺诈行为的成立。同时，产生认识错误的人须为具有财产处分权的人，即具有一定的行为能力。当被害人基于认识错误处分财产时，既可以处分财物的所有权，也可以处分财物的占有权。

（3）因果关系

成立诈骗罪要求行为人或者第三人取得财物与被害人实际遭受损失之间具有因果关系。

3. 诈骗罪的量刑规则

诈骗罪的刑罚轻重以数额和情节进行区分，根据《刑法》第266条规定，诈骗公私财物，数额较大的，处三年以下有期徒刑、拘役或者管制，并处或者单处罚金；数额巨大或者有其他严重情节的，处三年以上十年以下有期徒刑，并处罚金；数额特别巨大或者有其他特别严重情节的，处十年以上有期徒刑或者无期徒刑，并处罚金或者没收财产。针对诈骗罪的数额立案标准，最高人民法院、最高检察院于2011年4月发布的《关于办理诈骗刑事案件具体应用法律若干问题的解释》第1条做了补充规定："诈骗公私财物价值三千元至一万元以上、三万元至十万元以上、五十万元以上的，应当分别认定为刑法第二百六十六条规定的'数额较大'、'数额巨大'、'数额特别巨大'。"并且规定各省、自治区、直辖市高级人民法院、人民检察院可以结合本地区经济社会发展状况，在前款规定的数额幅度内，共同研究确定本地区执行的具体数额标准，报最高人民法院、最高人民检察院备案。

（二）争议焦点分析

1. 本案是否构成共同犯罪

所谓共同犯罪，是指二人以上共同故意犯罪。首先，主体必须是二人或二人以上。其次，要求各共同犯罪人主观上必须具有共同的犯罪故意，各共同犯罪人知道在自己实施犯罪行为的同时有其他人配合共同实施犯罪，且明知共同犯罪行为必然或可能造成危害社会的后果，但仍希望或放任这种危害结果的发生。在本案中，易扬锋、连志仁、林炎兴、闫斌、伏培杰、秦榛、黄仁权、易肖锋等人在缅甸共同实施诈骗行为，符合共同犯罪的主体要求。

易扬锋作为诈骗犯罪集团的"老板",纠集连志仁加入该集团并逐步成为负责人,后由被告林炎兴担任主管,被告闫斌、伏培杰、秦榛、黄仁权等人担任代理或组长,被告易肖锋则为实施诈骗提供技术支持,几人联合起来实施诈骗行为,具有共同诈骗的故意。因此,法院结合共同犯罪的构成要件和本案中几名罪犯的具体犯罪行为,认定他们具有共同实施网络诈骗的故意,并且共同实施了网络诈骗行为,侵害了被害人的财产所有权,构成共同犯罪,应当对其参与期间共同犯罪的全部后果承担刑事责任。

2. 其他被告人属于主犯还是从犯

在共同犯罪中,应当根据各罪犯在共同犯罪中所起作用的大小区分主从犯,给予不同的量刑,具体可以从是否是犯意提起者、组织策划者、指挥者及对犯罪结果的作用大小等方面进行考量。本案中,几名罪犯事前通谋,具有共同的诈骗故意,在实施诈骗的具体过程中,易扬锋属于犯罪活动的组织者、领导者,他纠集连志仁加入该集团并逐步成为负责人,二人系诈骗集团的首要分子,而被告林炎兴、闫斌、伏培杰、秦榛、黄仁权、易肖锋等人在诈骗过程中虽然仅承担一部分的工作,但对于电信诈骗犯罪目的的实现具有积极的促进作用,均系主犯,应当按照其所参与的或组织、指挥的全部犯罪处罚。

综上,江西省高级人民法院二审认为,以被告人易扬锋、连志仁为首的犯罪集团以非法占有为目的,采取虚构事实、隐瞒真相的方法,骗取他人财物,数额特别巨大,其行为均已构成诈骗罪,均应依法惩处。在共同犯罪过程中,易扬锋、连志仁系诈骗集团的首要分子,林炎兴、闫斌、伏培杰、秦榛、黄仁权、易肖锋等人系诈骗集团的骨干分子,均系主犯,应当结合各被告人的犯罪事实、犯罪性质、情节和社会危害程度进行定罪量刑。

(三) 电信网络诈骗可能涉及的其他犯罪类型

电信网络诈骗催生了一系列黑灰产业链,也使得与诈骗行为相关的其他犯罪行为有被追责的可能。实践中并非所有的犯罪行为都会被认定为诈骗罪,相反,盗窃罪,掩饰、隐瞒犯罪所得、犯罪所得收益罪,帮助信息网络犯罪活动罪等也成为打击的重点。此处仅就这三类犯罪进行简要分析。

1. 盗窃罪

根据《刑法》第 264 条的规定,盗窃罪是指以非法占有为目的,秘密窃取他人占有的数额较大的财物,或者多次盗窃、入户盗窃、携带凶器盗窃、扒窃的行为。盗窃手段往往表现为秘密窃取，诈骗则采用虚构事实、隐瞒真相的手段。实践中，行为人实施欺骗行为并且取得财物并不必然成立诈骗罪，行为人是否采取欺骗手段并不是区分盗窃罪和诈骗罪的唯一要素。如果行为人在取得财物时使用了欺骗手段，但是这种欺骗手段并没有使被害人陷入认识错误而主动交付财物，仍然只是触犯了盗窃罪，并不成立诈骗罪。概言之，诈骗罪中的欺骗行为必须具有使他人产生认识错误，并且导致其基于认识错误而自愿处分或者交付财物给他人的作用。凡是在行为人同意之下而终局性地转移财物的，构成诈骗罪；相反地，违背被害人意志而采用平和手段终局性地转移财物的，则构成盗窃罪。如果行为人的主观目的是诈骗，但是采取了盗窃的辅助手段，仍然应当认定为诈骗。

2. 掩饰、隐瞒犯罪所得、犯罪所得收益罪

根据《刑法》第 312 条的规定，行为人明知是犯罪所得及其产生的收益而予以窝藏、转移、收购、代为销售或者以其他方法掩饰、隐瞒的，构成掩饰、隐瞒犯罪所得、犯罪所得收益罪。掩饰、隐瞒犯罪是事后的销赃行为，是下游罪名，须以盗窃、抢劫、诈骗、抢夺等上游犯罪事实的成立为前提。掩饰、隐瞒犯罪所得、犯罪所得收益罪的认定条件之一为"明知"，行为人明知其掩饰、隐瞒的是上游犯罪所得及其产生的收益，但不必然与上游犯罪分子有通谋的意思表示，如果行为人事前与盗窃、抢劫、诈骗、抢夺等犯罪分子通谋，则以盗窃、抢劫、诈骗、抢夺等犯罪的共犯论处。依照罪责刑相适应原则，在涉及帮助掩饰、隐瞒犯罪所得及其产生的收益的实务案件中，如对于法益侵害程度相对较小，适用掩饰、隐瞒犯罪所得、犯罪所得收益罪，可以避免入罪范围过大或处罚过重的问题。

3. 帮助信息网络犯罪活动罪

根据《刑法》第 287 条之二的规定，行为人明知他人利用信息网络实施犯罪，为其犯罪提供互联网接入、服务器托管、网络存储、通讯传输等技术支持，或者提供广告推广、支付结算等帮助的，构成帮助信息网络犯罪活动罪（以下简称"帮信罪"）。实践中，通过收买、租借他人银行卡、支付宝账户等为电信网络诈骗犯罪提供支付结算帮助是当下电信网络诈骗等关联犯罪的显著特点，但在行为定性时仍然存在争议。帮信罪的主观方面是"明知"，即要求行为人确切地知道他人实施信息网络犯罪，这也就意味着不明知或者可能知道他人实施信息网络犯罪而提供帮助的中立帮助行为会被排除在法律适用范围之外。帮信罪是《刑法修正案（九）》新增设的罪名，针

对帮信罪的理解，理论界存在"帮助行为正犯化"① 和"帮助犯量刑规则"② 两种争议。帮信罪的单独立法意味着该罪具有独立认定的价值，帮信罪的设立和适用是从严打击电信网络诈骗犯罪的必然趋势。如果为信息网络犯罪活动提供帮助的行为符合法条的全部构成要件，则具有可罚性。本罪的设立旨在打击帮助行为，无论从哪种理论视角来对帮信罪进行性质定位，其最终目的在于不得不当扩张刑事处罚的范围，不得使其成为一项兜底罪名。

4. 关联罪名之间的适用问题

依照最高人民法院刑事审判第三庭、最高人民检察院第四检察厅、公安部刑事侦查局发布的《关于"断卡"行动中有关法律适用问题的会议纪要》规定，在办理涉"两卡"（手机卡、银行卡）犯罪案件中，存在如何准确界定诈骗罪、帮信罪和掩饰、隐瞒犯罪所得、犯罪所得收益罪的问题，实践中应当根据行为人的主观明知内容和实施的具体犯罪行为，确定其行为性质，即：

（1）明知他人实施电信网络诈骗犯罪，参与到诈骗活动中，与诈骗团伙之间形成较为稳定的配合关系，并且长期为他人提供信用卡或者转账取现的，可以诈骗罪论处。

（2）行为人向他人出租、出售信用卡后，在明知是犯罪所得及其收益的情况下，又代为转账、套现、取现等，或者为配合他人转账、套现、取现而提供刷脸等验证服务的，可以掩饰、隐瞒犯罪所得、犯罪所得收益罪论处。

（3）明知他人利用信息网络实施犯罪，仅向他人出租、出售信用卡，未实施其他行为，达到情节严重标准的，可以帮助信息网络犯罪活动罪论处。

四、课程思政解读

"易扬锋、连志仁等三十八人诈骗案"所涉及的课程思政元素体现在以下几个方面：（1）个人信息保护；（2）"杀猪盘"案件的认定；（3）依法从严打击跨境电信网络诈骗犯罪；（4）跨境协作的制度优化。

① 张明楷：《论帮助信息网络犯罪活动罪》，《政治与法律》2016年第2期，第2-16页。
② 陈洪兵：《帮助信息网络犯罪活动罪的限缩解释适用》，《辽宁大学学报（哲学社会科学版）》2018年第1期，第109-117页。

（一）个人信息保护

侵犯公民个人信息罪的客观行为方式为非法获取、提供、出售，受这些行为方式决定，侵犯公民个人信息罪中个人信息并不包括已公开的个人信息。实践中，电信网络诈骗行为实施者获取到的个人信息往往来源于婚恋网站和其他公开平台，从理论上来说，属于已公开个人信息，不存在对其进行非法获取、提供、出售的情形，任何人都可能或有权利获取已公开的个人信息，由于获取或提供已公开的个人信息的行为并不会违反国家有关规定，相关行为也就不可能具有非法性。然而，实施电信网络诈骗的行为人如果滥用个人信息，也能构成侵犯公民个人信息罪。滥用个人信息不必然以非法获取他人信息为前置条件，刑法理应将合法获取但非法使用个人信息的行为归入侵犯公民个人信息罪的行为方式之中。[1]

尽管我国个人信息保护力度在不断加大，但是收集、违法获取、过度使用、非法买卖个人信息，利用个人信息侵扰人民群众生活安宁、危害人民群众生命健康和财产安全等问题仍十分突出。在信息化时代，个人信息保护已成为广大人民群众最关心的问题之一。2021 年出台的《中华人民共和国个人信息保护法》，回应了广大群众对于个人信息保护的迫切需要。该法的出台不仅意味着监管部门、网络平台要加强个人信息保护工作的落实，履行管理职责，也督促公民增强个人信息保护的意识，防范滥用个人信息的行为，营造和谐、安全的社会环境和网络环境。

（二）"杀猪盘"案件的认定

2022 年 5 月 11 日，公安部公布了五类高发电信网络诈骗案件，分别是刷单返利、虚假投资理财、虚假网络贷款、冒充客服、冒充公检法。而"杀猪盘"案件是近年来较为流行的新型电信诈骗犯罪。在"杀猪盘"案件中，行为人往往伪装成成功人士通过微信等网络社交软件或者社交网站寻觅、物色被害人，以交友、谈恋爱名义骗取对方的信任。后续则向被害人推荐博彩网站、赌博 App，编造有内幕消息、投资就能稳赚不赔等信息，甚至通过先提供账户让被害人帮忙管理和进行体验的方式，诱导被害人投注。待被害人

---

[1] 刘宪权、王哲：《侵犯公民个人信息罪刑法适用的调整和重构》，《安徽大学学报（哲学社会科学版）》2022 年第 1 期，第 89 页。

投入大额资金后，再通过后台修改数据让被害人全部亏空或无法提现。此类诈骗行为往往会造成巨大的财产损失，且难以追回。

在"杀猪盘"案件中，行为人的诈骗目的昭然若揭，但其实施诈骗行为的同时也触犯了另一个罪名——开设赌场罪。从发端至今，中国司法实务中审结的"杀猪盘"案件并不少，但是"杀猪盘"犯罪案件应当如何进行定性和处罚，司法实务中仍存在争议。支持风俗法益学说的学者指出，"从表面上看，赌博犯罪常常造成参赌者的财产损失，但实质上赌博犯罪最主要的危害在于对社会安全和善良风俗的破坏，所以赌博犯罪是带有财产危险的侵害社会法益的风俗犯罪，其侵害的同类客体应为社会管理秩序，直接客体为社会主义社会风尚"①。赌博者在参与赌博时仅仅存在个人财产的营利和损失，其营利的取得以他人财产损失为前提。赌博行为同时也破坏了社会公共秩序和善良风俗，因此赌博行为本身为社会所不允，从而被规定为犯罪。随着网络技术的发展，网络赌博的出现打破了传统赌场的场所限制，只要具备条件，任何网民都可以成为赌博网站的潜在"客户"，随时随地参与网络赌博。根据最高人民法院、最高人民检察院发布的《关于办理赌博刑事案件具体应用法律若干问题的解释》中明确指出："以营利为目的，在计算机网络上建立赌博网站，或者为赌博网站担任代理，接受投注的，属于刑法第三百零三条规定的'开设赌场'。"这也就意味着只要行为人建立赌博网站或者为赌博网站担任代理、接受投注的行为实施完毕，就会为网民创设财产损失的危险，从而侵犯刑法所保护的法益。

诈骗罪以被害人基于认识错误交付财物为特征，其本质是一种财产型犯罪。只要被害人基于认识错误处分财物，无论财物是否由行为人取得，都成立诈骗罪。相较而言，开设赌场罪则属于行为犯，二者是不同性质的犯罪。在"杀猪盘"案件中，建立赌博网站并接受投注是手段，诈骗是目的，但根据相关规定，诈骗行为与开设赌场之间并不具有通常性特征，缺乏关联性，因而不能认定为牵连犯，不能择一重罪论处，而应当数罪并罚。因此，在司法实践中须充分判断案件事实，审慎认定犯罪行为，准确区分此罪与彼罪，这样才能有助于保障人权、保护社会，避免量刑失衡。

---

① 袁汉兴：《"杀猪盘"犯罪案件的定性与处罚——同案不同判引发的思考》，《北京社会科学》2021年第2期，第89页。

(三) 依法从严打击跨境电信网络诈骗犯罪

以电信网络诈骗为代表的新型网络犯罪已经成为当前的主流犯罪，并且在世界各地呈现迅猛增长的态势。现如今，刷单返利、"杀猪盘"、虚假投资理财、冒充客服退款等电信网络诈骗案件高发，总体上呈现出以下特征：(1) 涉及领域广，非接触式诈骗手段层出不穷，更具隐蔽性和迷惑性；(2) 组织严密、分工明确，形成跨境犯罪集团，催生众多黑灰产业链；(3) 涉案数额巨大；(4) 跨境认定和取证较难。官方数据显示，目前电信网络诈骗犯罪境外作案占比高达80%。随着打击力度的不断加大，大批电信网络诈骗犯罪窝点转移至境外，侦查难、取证难、认定难、追赃难等问题严重影响侦办案件的效率，使得跨境实施的电信网络诈骗犯罪成为全球性的治理难题。

跨境电信网络诈骗犯罪是指跨越国境、边境、地区或法域的犯罪，是电信网络诈骗的一种特殊形式。其主要特征是跨境性，社会危害性极大，是各国从严打击的重点。本案中，以被告人易扬锋、连志仁为首的电信网络诈骗犯罪集团利用公司化运作模式实施诈骗，集团内部层级严密，分工明确，组织特征鲜明。该诈骗集团将作案窝点设在境外，从国内招募人员并组织偷越国境，对我境内居民大肆实施诈骗，被骗人数众多，涉案金额特别巨大。法院对该诈骗集团首要分子易扬锋、连志仁分别判处无期徒刑和有期徒刑十六年，对其余骨干成员均判处十年以上有期徒刑，充分体现了依法从严惩处的方针，最大限度彰显了刑罚的功效。同时，为了有效打击电信网络诈骗犯罪，最高人民法院还会同最高人民检察院、公安部先后制定发布了《关于办理电信网络诈骗等刑事案件适用法律若干问题的意见》和《关于办理电信网络诈骗等刑事案件适用法律若干问题的意见 (二)》，明确在境外实施电信网络诈骗的应当从重处罚，还对通过国际、区际警务合作、司法协助等方式收集境外证据材料做了规定，即可以作为证据使用，体现了对跨境电信网络诈骗犯罪从严惩处的精神。

(四) 跨境协作的制度优化

在电信网络诈骗活动中，行为人为躲避国内刑事侦查与追诉，通常会潜伏在境外借助通信工具或网络技术等手段实施犯罪行为。现如今，打击跨境电信网络诈骗犯罪所面临的困境在于各国主权所制定和实施的国内刑法在应对跨境犯罪时缺乏有效性。在跨境电信网络诈骗犯罪的治理中，国家疆界成为我国规制境外电信网络诈骗活动的客观壁垒，也成为境外电信网络诈骗团伙逃避国内法律制裁的"屏障"，形成了跨境电信网络诈骗治理需要与主权治理独立性之间的矛盾。① 各国刑事立法的限定使得国内法难以跨管辖领域对罪犯进行追责，即便是网络发达的国家也面临国内法打击网络犯罪的局限性。但是随着跨境电信网络诈骗犯罪的日益肆虐，为保障相关国家、社会、公共的财产安全及群众的生命利益，保障相关国家金融业、电信业等行业的安全，维护中国与其他国家的合作大局，跨境联合打击电信网络诈骗犯罪极为必要。

治理跨境电信网络诈骗犯罪，须从国内立法和跨境协助两方面同时着手。在此基础上，我国出台了《中华人民共和国反电信网络诈骗法》，这在一定程度上打破了国内层面法律发展与犯罪技术手段不同步的治理困境。针对跨境电信网络诈骗犯罪的治理，各国可以通过情报共享、电子取证、跨境执法等措施共同打击跨境电信网络诈骗犯罪。对于国际刑事司法协助中的某些非强制性措施可以适当突破双重犯罪地原则，必要时可以达成双边甚至多边协助协议，从而便于各国之间的协作。打击跨境电信网络诈骗犯罪任重而道远，需要联合各方势力，将藏匿在各地的电信网络诈骗犯罪分子绳之以法，解救被拐被骗被困人员，减少电信网络诈骗案件的发生。

五、问题拓展讨论

1. 结合民法理论，谈谈对侵犯财产犯罪中"占有"的认定。

2. 试分析"虚拟财产"的财产属性，并谈谈比特币能否成为盗窃罪、诈骗罪的对象。

3. 结合侵犯财产罪的内涵，谈谈侵犯财产罪如何认定，有哪些实用方法。

4. 实践中，被害人与受骗者不一致情况下的诈骗罪如何认定？是否有必要考虑被害人的主观因素？

5. 谈谈诈骗犯罪与民事欺诈的界限。

---

① 陈颖洪：《电信网络诈骗跨境治理的国界壁垒及制度应对》，《中共福建省委党校（福建行政学院）学报》2023 年第 2 期，第 116 页。

6. 案发前已追回的诈骗款，是否计入犯罪数额？

7. 诈骗近亲属财物的，是否构成诈骗罪？

👍 六、阅读文献推荐

1. 江溯：《网络刑法原理》，北京大学出版社，2022 年。

2. 张明楷：《共同犯罪的认定方法》，《法学研究》2014 年第 3 期。

3. 陈烨：《特殊财产犯罪对象问题的研究窘境及破解》，《政治与法律》2015 年第 6 期。

4. 车浩：《占有概念的二重性——事实与规范》，《中外法学》2014 年第 5 期。

5. 王昭武：《共犯最小从属性说之再提倡——兼论帮助信息网络犯罪活动罪的性质》，《政法论坛》2021 年第 2 期。

6. 陈兴良：《网络犯罪的类型及其司法认定》，《法治研究》2021 年第 3 期。

7. 刘宪权、王哲：《侵犯公民个人信息罪刑法适用的调整和重构》，《安徽大学学报（哲学社会科学版）》2022 年第 1 期。

8. 郝艳兵：《财产性利益视角下盗窃罪和诈骗罪的重释》，《安徽大学学报（哲学社会科学版）》2021 年第 5 期。

9. 刘仁文、雷达：《帮助犯因果关系认定的路径选择——以电信网络诈骗犯罪为切入》，《中国政法大学学报》2023 年第 3 期。

10. 王肃之：《网络犯罪国际立法的模式之争与中国方案》，《南大法学》2021 年第 5 期。

妨害司法罪

案例 20：金某某伪证、故意伤害案①

⚠ 一、知识点提要

（一）妨害司法罪的概念

妨害司法罪是指违反法律规定，使用各种方法妨害国家司法机关正常诉讼活动，破坏国家司法权的行使，情节严重的行为。

（二）妨害司法罪的种类

妨害司法罪具体包括打击报复证人罪，扰乱法庭秩序罪，窝藏、包庇罪，拒绝提供间谍犯罪证据罪，掩饰、隐瞒犯罪所得、犯罪所得收益罪，拒不执行判决、裁定罪，非法处置查封、扣押、冻结的财产罪，等等。

（三）妨害司法罪的构成特征

1. 犯罪客体
妨害司法罪的犯罪客体是国家的司法秩序。

2. 犯罪客观方面
妨害司法罪的客观方面表现为对证据的伪造、破坏，对法庭秩序的扰乱，对监管秩序的破坏，对犯罪人的隐藏、资助或者对犯罪所得的掩饰、隐瞒等的行为。

---

① 案号：（2015）信刑终字第 208 号。

3. 犯罪主体

本类犯罪的主体既有一般主体，也有特殊主体。前者如扰乱法庭秩序罪，拒不执行判决、裁定罪等；后者如伪证罪、脱逃罪等。除掩饰、隐瞒犯罪所得、犯罪所得收益罪外，其他犯罪均为自然人主体犯罪。

4. 犯罪主观方面

本类犯罪在主观方面都是出于故意，过失不能构成本类犯罪。

（四）重点罪名及其犯罪构成

1. 伪证罪

伪证罪，是指在刑事诉讼中，证人、鉴定人、记录人、翻译人对与案件有重要关系的情节，故意作虚假证明、鉴定、记录、翻译，意图陷害他人或者隐匿罪证的行为。

伪证罪的犯罪构成：（1）本罪的客体是司法机关的正常活动和司法公正。(2) 本罪在客观方面表现为证人、鉴定人、记录人、翻译人在刑事诉讼中，对与案件有重要关系的情节，故意作虚假证明、鉴定、记录、翻译，意图陷害他人或者隐匿罪证的行为。所谓"刑事诉讼中"，是指从立案到终审裁判生效的侦查、起诉、审判活动。所谓证人，是指知道案件情况，并向司法机关作出陈述的人；鉴定人，是指由司法机关指定，对案件中的某些专门性问题进行鉴定，并作出鉴定结论的人；记录人，是指在司法机关办理刑事案件的过程中，为调查、搜查、询问等活动担任文字记录的人；翻译人，是指在刑事诉讼中，受司法机关指派或聘请，担任外国语、民族语或哑语翻译的人。所谓与案件有重要关系的情节，是指与犯罪嫌疑人、被告人是否构成犯罪、此罪与彼罪、轻罪与重罪、一罪与数罪、法定量刑情节及酌定量刑情节有关联的情节。所谓作虚假证明，是指证人违背事实，提供不实证言；作虚假鉴定，是指鉴定人不依据客观事实，作出错误的鉴定结论；作虚假记录和翻译，是指记录人、翻译人背离诉讼参与人表述的真实原意，进行不实记录和翻译。（3）本罪的主体为特殊自然人，限于刑事诉讼中的证人、鉴定人、记录人、翻译人。(4) 本罪主观方面系故意，目的是陷害他人或者包庇罪犯。所谓陷害他人，是指使无罪的人受追诉，或使罪轻的人受重罪追诉。所谓包庇罪犯，是指使有罪的人不受追诉，或使罪重的人受轻罪追诉。

2. 辩护人、诉讼代理人毁灭证据、伪造证据、妨害作证罪

辩护人、诉讼代理人毁灭证据、伪造证据、妨害作证罪，是指在刑事诉

讼中，辩护人、诉讼代理人毁灭、伪造证据，帮助当事人毁灭、伪造证据，威胁、引诱证人违背事实改变证言或者作伪证的行为。

辩护人、诉讼代理人毁灭证据、伪造证据、妨害作证罪的犯罪构成：（1）本罪的客体是司法机关的正常活动，如果采取暴力、威胁方法，还涉及侵犯他人的人身权利。（2）本罪在客观方面表现为在刑事诉讼中，辩护人、诉讼代理人毁灭、伪造证据，帮助当事人毁灭、伪造证据，威胁、引诱证人违背事实改变证言或者作伪证的行为。本罪必须发生在刑事诉讼中，对"刑事诉讼中"的理解应与前述伪证罪中的理解相同。本罪客观方面有三种表现：一是直接毁灭、伪造证据；二是帮助当事人毁灭、伪造证据；三是威胁、引诱证人违背事实改变证言或者作伪证。所谓毁灭证据，是指使证据的物理存在形态发生变化，如焚毁或粉碎物证、书证、视听资料，清除犯罪现场的血迹、脚印、指纹，将被害人的尸首肢解、沉溺等。所谓伪造证据，包括无中生有、凭空捏造出"新"证据，以及改头换脸、对真实的证据进行改制和变造，从而使证据的证明内容、方向发生变化。所谓威胁、引诱证人违背事实改变证言，是指通过暴力、胁迫方法逼使证人，或者以财物、色情等利益利诱证人对已经作出的证言予以改变。所谓威胁、引诱证人作伪证是指通过上述手段使证人作出虚假的证言。上述行为无须达到情节严重程度方构成犯罪。（3）本罪的主体为特殊自然人，即刑事案件的辩护人、诉讼代理人，但不限于律师。所谓辩护人，是指犯罪嫌疑人、被告人委托的，或者由人民法院指定的为犯罪嫌疑人、被告人提供法律帮助的人，可以是律师，也可以是犯罪嫌疑人、被告人的监护人、亲友，还可以是人民团体或犯罪嫌疑人、被告人所在单位推荐的人。所谓诉讼代理人，是指受公诉案件的被害人及其法定代理人、近亲属或者自诉案件的自诉人及其法定代理人，以及刑事附带民事诉讼的当事人及其法定代理人的委托而代为参加诉讼的人，可以是律师，也可以是其他人。从实践来看，触犯本罪的人主要是律师。（4）本罪主观方面系故意，动机可以是包庇犯罪嫌疑人、被告人，也可以是对其进行陷害。

3. 妨害作证罪

妨害作证罪，是指以暴力、威胁、贿买等方法阻止证人作证或者指使他人作伪证的行为。

妨害作证罪的犯罪构成：（1）本罪的客体是司法机关的正常活动，如果采取暴力、威胁方法，还侵犯到他人的人身权利。（2）本罪在客观方面表现为以种种手段阻止证人作证或者指使他人作伪证的行为。妨害作证行为在刑事诉讼、民事诉讼和行政诉讼中均可出现。所谓阻止证人作证，是指通过暴力、威胁、贿买等方法使了解案情的证人不能作证、不敢作证或不愿作证，实质是不让证人作证。所谓指使他人作伪证，是指通过暴力、威胁、贿买等方法使不了解案情的人向司法机关作伪证，或者使了解案情的人向司法机关作伪证，实质是让他人作假证。(3) 本罪的主体为自然人一般主体，通常是与案件有利害关系的人。(4) 本罪主观方面系故意。

4. 打击报复证人罪

打击报复证人罪，是指以各种方式对证人进行打击报复的行为。

打击报复证人罪的犯罪构成：(1) 本罪的客体是司法机关的正常活动与证人的人身权利及其他权利。报复对象是刑事诉讼、民事诉讼或者行政诉讼的证人，对证人的亲友进行打击报复的，也视为打击报复证人。(2) 本罪客观方面表现为以各种方式对证人进行打击报复的行为。所谓打击报复，是指对已在诉讼中如实提供证言的证人及其亲友事后进行打击报复陷害的行为，如骚扰、非法拘禁、殴打、伤害、杀害、侮辱、诽谤及利用职权对其降级、降薪、开除等。采取伤害的方法打击报复证人的，如果造成轻伤及其以下结果，仍定本罪，若造成重伤甚至杀害的，定故意伤害罪（重伤）或故意杀人罪。以非法拘禁、侮辱、诽谤、故意毁坏财物、诬告陷害等方法打击报复证人并构成犯罪的，属本罪与相应之罪的想象竞合，应择重处断。(3) 本罪主体为自然人一般主体。(4) 本罪主观方面表现为直接故意。

5. 扰乱法庭秩序罪

扰乱法庭秩序罪，是指以特定方式扰乱法庭秩序，情节严重的行为。

扰乱法庭秩序罪的犯罪构成：(1) 本罪的犯罪客体为正常的司法秩序。(2) 本罪在客观方面表现为如下四种行为：聚众哄闹、冲击法庭的；殴打司法工作人员或者诉讼参与人的；侮辱、诽谤、威胁司法工作人员或者诉讼参与人，不听法庭制止，严重扰乱法庭秩序的；有毁坏法庭设施，抢夺、损毁诉讼文书、证据等扰乱法庭秩序行为，情节严重的。前两种行为，本身就具有严重的社会危害性；后两种行为，必须达到严重程度方能入罪。(3) 本罪的主体为一般自然人，通常为诉讼参与人及相关人。(4) 本罪主观方面系故意。

6. 窝藏、包庇罪

窝藏、包庇罪，是指明知是犯罪的人而为其提供隐藏处所、财物，帮助其逃匿或者作假证明包庇的行为。

窝藏、包庇罪的犯罪构成：（1）本罪的犯罪客体是司法机关的刑事追诉和刑罚执行活动。（2）本罪在客观方面表现为为犯罪人提供隐藏处所、财物，帮助其逃匿或者作假证明包庇的行为。本罪的犯罪人是广义的犯罪人，包括未决犯和已决犯。未决犯是指犯罪后畏罪潜逃的，被司法机关依法拘留、逮捕、关押后又脱逃的犯罪人。所谓窝藏，是指为犯罪人提供隐藏处所、财物，帮助其逃匿，比如将其藏匿于家中、洞穴、地窖等隐蔽处，为其指示逃亡路线、提供躲藏地址或出谋划策，为其提供钱财、衣物、食物、交通工具或者其他物品，以便其逃匿等。所谓包庇，常见的如在司法机关调查时，行为人通风报信、谎报犯罪人的逃跑路线以妨碍、误导侦查之行为等。（3）本罪主体为一般自然人，实践中多为犯罪人的亲友。（4）本罪主观方面系故意，以明知对方是犯罪人为前提，包括确知和可能知晓两种情形。

7. 脱逃罪

脱逃罪是指依法被关押的罪犯、被告人、犯罪嫌疑人逃脱监管的行为。

脱逃罪的犯罪构成：（1）本罪的客体是监管机关对犯罪人的正常监管秩序。（2）本罪在客观方面表现为从羁押场所脱逃的行为，具体包括暴力性脱逃与非暴力性脱逃、秘密脱逃与公开脱逃、单独脱逃与合伙脱逃等形式。（3）本罪的主体为自然人特殊主体，即依法被关押的罪犯、被告人和犯罪嫌疑人，包括已决犯和未决犯两类。但不能忽视的是，被司法机关错误羁押的人实施逃离行为的，不构成本罪。（4）本罪主观方面系故意。

二、案例介绍

2011 年 11 月 10 日，固始县观堂乡观堂村居民王某某家建房施工时，同村居民胡某某阻止施工，双方发生争吵、相互撕扯。王某某在施工现场受伤，经医院诊断其左耳外伤性鼓膜穿孔。2011 年 11 月 25 日，固始县公安局物证鉴定室鉴定认为王某某左耳损伤程度属轻伤。2011 年 12 月 2 日，固始县公安局经决定对胡某某涉嫌故意伤害王某某立案侦查。在公安机关侦查胡某某涉嫌故意伤害案件过程中，被告人金某某以证人身份，接受侦查人员询问，两次作出虚假证言，声称自己看见了胡某某往王某某脸上殴打两拳。当时在施工现场的郑某某、李某某、陈某某、赵某某等施工工人在接受侦查人员询问时，却证明胡某某没有殴打王某某或者没有看见胡某某殴打王某某。

2011 年 12 月 2 日，胡某某被刑事拘留。2011 年 12 月 15 日，固始县人民检察院认为胡某某涉嫌故意伤害犯罪，决定对其批准逮捕。2011 年 12 月 16 日，胡某某被执行逮捕。2011 年 12 月 23 日，固始县公安局对胡某某变更逮捕措施，变更为监视居住，胡某某于当日被释放。胡某某涉嫌故意伤害案移送审查起诉后，金某某在接受检察机关询问时，对其之前称看见胡某某殴打王某某的事实予以否认，并承认在侦查机关对其询问时作了虚假言辞。次日，侦查机关以证据不足撤销了胡某某涉嫌故意伤害案。案发后，金某某如实供述自己的有罪事实，有较好的认罪态度。公诉机关以金某某犯伪证罪，提起公诉。一审法院判决后，被告人金某某不服，以一审法院量刑过重为由，提起上诉。

一审法院判决：被告人金某某犯伪证罪，判处有期徒刑六个月。二审法院裁定：驳回上诉，维持原判。

三、案例分析

（一）本案解析

在本案中，行为人系刑事诉讼案件中的证人，在接受侦查机关的询问时，对与案件有重大影响的情节故意作虚假陈述，意图陷害他人或使他人受刑事追究，其对虚假作证的行为及该行为产生的危害后果具有直接故意，构成伪证罪。

根据《刑法》第 305 条的规定，伪证罪是指在刑事诉讼中，证人、鉴定人、记录人和翻译人对与案件有重要关系的情节，故意作虚假证明、鉴定、记录、翻译，意图陷害他人或者隐匿罪证的行为。认定行为人的行为是否构成伪证罪，应当注意以下几点：（1）从犯罪的客观方面进行分析。伪证罪在客观方面表现为在刑事侦查、起诉、审判中，对与案件有重要关系的情节，作虚假证明、鉴定、记录、翻译的行为，或者隐匿罪证的行为。上述行为应当包括证人作了虚假的证明，鉴定人作出了不符合事实真相的鉴定意见，记录人作了不真实的记录，翻译人作了歪曲原意的翻译。隐匿罪证则是指将应该提供的证据予以隐匿，以掩盖、歪曲事实真相、毁灭证据。至于情节是否与案件存在重要关系，则应通过该情节对构成犯罪、犯罪的性质及罪行的轻重是否具有重大影响来进行判断。若行为人作出的伪证对案件事实无关紧要，则不能以伪证罪论处。（2）从犯罪的主观方面进行分析。伪证罪的犯罪主观方面应当系直接故意，即行为人明知其虚假陈述的内容是与案件有重要关系的情节，但为了陷害他人或者隐匿罪证仍为之。若行为人仅因粗心大意、工作疏忽、业务水平不足而导致了鉴定意见、记录内容和翻译内容出现错误，则不能认为行为人存在陷害他人或隐匿罪证的故意，在主观方面也就不符合伪证罪的构成要件。（3）从犯罪主体的角度进行分析。伪证罪的犯罪主体为特殊主体，即只能是刑事诉讼中的证人、鉴定人、记录人和翻译人。刑事诉讼中的证人是指根据司法机关的要求，陈述自己所知道的案件情况的人；鉴定人，是指司法机关为鉴别案件中某些情节的真伪和事实真相而指派或聘请的具有专业知识或者特殊技能的人；记录人，是指为案件的调查取证，询问证人、被害人或审问犯罪嫌疑人、被告人等作记录的人；翻译人，是指司法机关指派或聘请的为案件中的外籍、少数民族或聋哑人等诉讼参与人充当翻译的人员，包括为案件中的法律文书或者证据材料等有关资料作翻译的人员。此外，从前述分析可知，伪证罪要求行为人主观上存在陷害他人或隐匿罪证的意图，故民事诉讼中的上述人员不能作为伪证罪的犯罪主体。

（二）伪证罪的认定

1. 罪与非罪的界限

首先，在刑事诉讼中，对与案件无重要关系的情节作虚假证明、鉴定、记录、翻译的，不构成本罪。其次，证人由于记忆不全或不清作了与事实不符的证言，鉴定人、记录人、翻译人由于业务能力不足、工作疏忽等原因作了错误的鉴定结论，错记、漏记或者错译、漏译的，不构成本罪。

2. 本罪与诬告陷害罪的区别

两罪主要区别如下：（1）主体不同。本罪是特殊主体，后罪是一般主体。（2）行为表现不同。本罪表现为对与案件有重要关系的情节，作虚假证明、鉴定、记录、翻译，后罪表现为凭空捏造他人的犯罪事实，并向有关机关作虚假告发。（3）发生时间不同。本罪发生于刑事诉讼过程中，后罪发生于刑事诉讼开始之前。（4）目的不同。本罪目的具有双向性，包括陷害他人和包庇犯罪的人，后罪目的具有单向性，即陷害他人。

四、课程思政解读

（一）打击妨害司法罪，维护司法公正

司法是维护社会公平正义的最后一道防线。但近年来，妨害司法的行为屡见不鲜，严重影响了人民法院的正常诉讼秩序，损害了相关当事人的合法利益，破坏了法治社会和诚信社会的建设，国家对此也加大了惩治力度。

首先，刑法分则第六章第二节规定了妨害司法罪，该罪不是一个具体的罪名，而是指违反法律规定，使用各种方法妨害国家司法机关正常诉讼活动，破坏国家司法权的行使，情节严重的行为。具体包括伪证罪、虚假诉讼罪、扰乱法庭秩序罪和拒不执行判决、裁定罪等。

其次，我们要认识到妨害司法罪的危害性。司法公正是法治社会的基石，而妨害司法罪的存在和发展严重阻碍了司法公正的实现。妨害司法罪不仅会导致无辜者受到不公正的判决，还会使犯罪分子逍遥法外，破坏社会秩序，损害人民群众的利益。因此，打击妨害司法罪是维护司法公正和建设法治社会的重要任务。

再其次，我们要了解妨害司法罪的法律后果。根据我国刑法规定，妨害司法罪的犯罪分子将面临严厉的刑事处罚。根据犯罪的性质和情节的严重程度，犯罪分子可能被判处拘役，甚至有期徒刑。同时，对于妨害司法罪的犯罪分子，司法机关还将追究其刑事责任以外的法律责任，如追缴违法所得、没收违法财物等。

最后，我们要加强对妨害司法罪的预防和打击。预防和打击妨害司法罪需要全社会的共同努力。第一，司法机关应当加强自身建设，提高办案质量和效率，减少妨害司法罪的发生。第二，公民应当自觉遵守法律，不要以任何方式干扰司法机关的正常工作。同时，公民还应当积极参与到打击妨害司法罪的行动中，如提供线索、举报违法行为等。第三，媒体和社会组织应当加强对妨害司法罪的宣传，提高公众对妨害司法罪的认识和警惕，形成全社会共同打击妨害司法罪的合力。

综上所述，妨害司法罪是一种严重危害司法公正和法治社会的犯罪行为。我们应当加强对妨害司法罪的普法宣传，提高公众对妨害司法罪的认识和警惕，共同维护司法公正和法治社会的稳定。同时，我们也要加强对妨害司法罪的预防和打击，提高司法机关的办案质量和效率，减少妨害司法罪的发生，形成全社会共同打击妨害司法罪的合力。只有这样，我们才能建设一个公正、和谐的法治社会。

（二）维护法庭秩序，尊重司法权威

法庭是人民法院代表国家依法审判各类案件的专门场所，人民法院依法公正、高效地审理案件，必须确保良好的法庭秩序。维护法庭秩序，就是维护法律权威、司法权威。法官在法庭上的主导地位是确保诉讼活动正常进行的制度依靠，法庭设施、诉讼材料是开展案件审理工作的物质基础。进入法庭的一切人员均负有尊重司法人员、遵守法庭规则、听从法官指挥的义务。实践中，一些诉讼参与人和旁听人员蓄意违反法庭规则，拒不服从法官指挥，有的故意破坏法庭设施、损毁诉讼材料，甚至公然挑战法律尊严，暴力侵犯他人的人身安全，不仅导致正常的审理工作无法进行，还严重破坏了公共安全秩序。为此，《刑法修正案（九）》将一些严重扰乱法庭秩序的行为增列为犯罪，强化了对法庭秩序的法律保障力度。《人民法院落实〈保护司法人员依法履行法定职责规定〉的实施办法》第11条规定，各级人民法院应当依法维护庭审秩序。本次刑法修正之前，《刑法》第309条规定的扰乱法庭秩序罪只是将聚众哄闹、冲击法庭，或者殴打司法工作人员，严重扰乱法庭秩序的行为规定为犯罪。近些年来，司法实践中时有诉讼参与人受到殴打甚至伤害、法庭设施受到损坏、诉讼文书和诉讼证据等被抢夺或损毁的恶性事件发生。为了确保正常的法庭秩序不受干扰破坏，确保诉讼参与人能够安全行使权利，《刑法修正案（九）》对《刑法》第309条进行了修改。较之于修改前的条文，其修改后的特点在于：在原扰乱法庭秩序罪的基础上，将殴打诉讼参与人，侮辱、诽谤、威胁司法工作人员或者诉讼参与人，不听法庭制止，毁坏法庭设施，抢夺、损毁诉讼文书、证据等情节严重的扰乱法庭秩序行为纳入刑法规制的范围。在修改讨论过程中，有观点认为：上述规定在实践中可能被滥用，不利于建立平等的控辩关系，应当赋予辩护律师在法庭上的言论刑事豁免权。笔者认为恰恰相反，此一修改不仅不会妨碍律师正当行使辩护权，反而进一步强化了对国家司法审判秩序的保护，也更为有力地保护了包括律师在内的所有诉讼参与人的合法权益。

（三）打击虚假诉讼，维护司法秩序

司法秩序与他人的合法权益是虚假诉讼罪的选择性保护法益，司法秩序是本罪保护的核心法益。司法权威是司法秩序的保障，没有司法权威就不可能有真正优良的司法秩序。司法权威是司法公信力的体现，是实现社会公平正义的重要前提条件。

对当事人而言，有维护司法秩序的义务，一是不得滥用司法程序，二是必须履行司法裁判。虚假诉讼罪的设置，表明虚假诉讼的行为人应受到国家强制力的拘束。对于虚假诉讼行为何时具有侵害法益的紧迫性，有两种观点。第一种观点认为，捏造证据事实、恶意串通的行为已经具备妨害司法秩序的紧迫性；第二种观点认为，需以司法机关作出裁判为界限（因为无裁判就无强制力，无强制力就更无侵害），而之前的捏造串通行为皆是一种预备行为。

一般认为，虚假诉讼罪中所要保护的法益核心是司法秩序，而司法秩序的核心在于司法机关，尤其是在审判机关。虚假诉讼极容易滋生在法院对案件的审判执行过程中，因为法院是审判的业务机关，其侦查甄别精力有限，这一点在民事案件中最为突出。因为民事案件数量多，办理压力大，法官的调查取证难度大，民事法官获得证据的成本过高，所以法院在立案庭的立案、民事审判庭的受理、审判过程，包括最后的执行中是很难发现虚假诉讼的，法院有时就成了虚假诉讼的"聚集地"。①

《中华人民共和国民事诉讼法》规定：原告向法院提起诉讼后，法院依法进行刑事审查，不符合起诉条件的，裁定不予受理。受理后发现不符合条件的，裁定驳回起诉。经实体审理发现其诉讼请求不能得到支持的，判决驳回诉讼请求。虽然在民事诉讼法的范畴之内，行为人的"捏造事实提起诉讼"没有使得第三人的合法权益受到侵害或者导致法院制作出错误的裁判文书，但是虚假诉讼行为也妨害了自立案登记至受理环节的司法秩序，这样是足以消耗司法资源的，而且至少是妨害了立案登记制度的司法秩序。虚假诉讼行为的发生时间应从法院立案时起计算，此时该行为妨害司法秩序的可能性增加，行为人的行为具有一定的危险性，或者说从一定程度上间接具有社会危害性。

① 邵栋豪：《虚假诉讼罪的教义学分析》，《湖南社会科学》2022年第4期，第105-112页。

五、问题拓展讨论

1. 如何理解伪证罪的司法认定？
2. 如何理解扰乱法庭秩序罪？
3. 如何看待虚假诉讼罪？
4. 伪证罪的认定标准如何？
5. 论述虚假诉讼罪的司法证明问题。

六、阅读文献推荐

1. 刘仁海：《虚假诉讼罪研究》，上海人民出版社，2017年。

2. 贺红强：《司法权威视域的刑事庭审秩序研究》，法律出版社，2020年。

3. 陈兴良：《为辩护权辩护——刑事法治视野中的辩护权》，《法学》2004年第1期。

4. 陈洪兵：《虚假诉讼罪相关问题研究》，《杭州师范大学学报（社会科学版）》2020年第1期。

5. 徐翕明：《我国妨害司法罪立法的反思与完善》，《社会科学家》2019年第4期。

6. 何挺、杨林：《法庭秩序视域下的法律职业共同体——基于法官与律师认知差异的考察》，《国家检察官学院学报》2020年第5期。

危害公共卫生罪

案例 21：罗某某非法行医案①

⚠ 一、知识点提要

（一）危害公共卫生罪的概念

危害公共卫生罪是一种严重侵犯社会公共健康的犯罪行为，近年来受到全球的广泛关注。特别是在面对突发公共卫生事件，如传染病暴发或疫情流行时，该罪行的危害性更加显著。本类犯罪有的个罪具有跨国性，譬如妨害国境卫生检疫罪、逃避动植物检疫罪，在国际经贸往来日益频繁的背景下具有治理的紧迫性和艰巨性。有的个罪与人民群众的身心健康联系密切，如非法组织卖血罪、医疗事故罪、非法行医罪等，需要慎重对待和严肃治理。

（二）危害公共卫生罪的种类

该罪具体包括：妨害传染病防治罪；传染病菌种、毒种扩散罪；妨害国境卫生检疫罪；非法组织卖血罪；强迫卖血罪；非法采集、供应血液、制作、供应血液制品罪；医疗事故罪；非法行医罪；非法进行节育手术罪；妨害动植物防疫、检疫罪；等等。

（三）危害公共卫生罪的构成特征

危害公共卫生罪属于妨害社会管理秩序罪，除具有妨害社会管理秩序罪

① 《检察机关依法惩治医疗美容领域违法犯罪典型案例》，中华人民共和国最高人民检察院官网，https：// www. spp. gov. cn/xwfbh/wsfbt/202012/t20201222＿490159. shtml＃2，访问日期：2023 年8 月28 日。

的一般特征外，也具有其自身特有的法律特征。本类犯罪的客体是公共卫生管理秩序及人民群众的身体健康安全。就犯罪形态而言，有的个罪属行为犯，有的属危险犯或结果犯。本类犯罪既有自然人犯罪主体，也有单位犯罪主体。本类犯罪主要为故意犯罪，也有少量过失犯罪。

1. 犯罪客体

该罪侵犯的客体是卫生管理秩序。卫生管理秩序特指由国家所规定，由法律所维护的正常的卫生秩序，是国家对社会管理的活动之一，是国家卫生行政机关在社会的卫生管理活动中逐步建立起来的，体现了国家和人民的意志，是保护人民身体健康，防止疾病蔓延和传播，为社会发展所必需的管理程序和规则。危害公共卫生罪即侵犯了这一特定管理秩序。当然，有的犯罪侵犯的是复杂客体，除侵犯国家卫生管理秩序外，还侵犯公民的生命健康权等。

2. 犯罪客观方面

该罪的犯罪客观方面表现为实施了违反国家进行卫生管理的法律规定，妨害国家进行卫生管理的行为。本罪在客观方面表现为实施的行为违反了国家有关卫生管理的法律、法规，如《中华人民共和国传染病防治法》《药品管理法》《食品安全法》等。这些法律、法规明确禁止了一些对人体的生命健康有害或者可能有害的行为，凡是违反这些法律法规的行为都是国家所禁止的，任何人不得为之。任何违反行为超出一定的限度，都可能构成犯罪。在犯罪行为上，既可以是作为，也可以是不作为。所谓作为，就是积极行为，法律禁止做某种行为而偏要做。如法律规定传染病病人、病原携带者和疑似传染病病人不得从事国务院卫生行政部门规定禁止从事的易使该传染病扩散的工作，而违反这一规定，就是准许或者纵容传染病病人、病原携带者和疑似传染病病人从事这类工作。所谓不作为，就是指消极行为，即应当履行某种特定义务而不去履行。这是以负有某种特定义务为前提的。如应该执行卫生防疫机构依法提出的传染病预防、控制措施而拒绝执行，造成传染病传播、蔓延。

3. 犯罪主体

该罪的犯罪主体可以是一般主体，也可以是特殊主体，既有自然人构成犯罪主体，也有单位构成犯罪主体。一般主体，就是任何达到法定责任年龄，具有完全刑事责任能力的个体。如妨害传染病防治罪，妨害国境卫生检疫罪，非法组织卖血罪，强迫卖血罪，非法采集、供应血液、制作、供应血液制品罪，非法行医罪等。特殊主体，就是除达到以上一般主体所具备的条件外，还需要具备一些特殊的条件。如医疗事故罪，其犯罪主体就是医务人员；传染病菌种、毒种扩散罪的主体就是从事实验、保藏、携带、运输传染病菌、毒种的人员。单位构成犯罪主体，就是在有些犯罪行为中，单位成为犯罪主体。如妨害传染病防治罪，采集、供应血液、制作、供应血液制品事故罪，妨害国境卫生检疫罪，妨害动植物防疫、检疫罪等。

4. 犯罪主观方面

该罪的犯罪主观方面大多数为故意犯罪，少数为过失犯罪。犯罪的故意是指行为人明知自己的行为会发生危害社会的后果，并且希望或者放任这种结果发生的一种心理态度，包括直接故意和间接故意。如强迫卖血罪，主观方面只能是故意，即行为人为追求非法的利益，非法组织他人出卖血液，并且行为人知道这种行为将会给社会造成怎样的危害。所谓犯罪的过失，是指行为人应当预见自己的行为可能发生危害社会的结果，由于疏忽大意没有预见，或者已经预见而轻信能够避免的一种心理态度，包括过于自信的过失和疏忽大意的过失。如采集、供应血液、制作、供应血液制品事故罪，行为人对工作不负责任，抱着侥幸心理，违反血液操作规定，危害他人健康的后果不是行为人所希望的。也有混合状态的，即行为人在犯罪过程中兼有故意和过失两种心理态度，如非法行医罪，非法行医者明知自己没有得到有关卫生行政部门的许可，而从事为他人诊治疾病的工作，这是一种故意，但对其所造成的损害他人健康的危害结果是出于过失。

二、案例介绍

2019 年 3 月至 2021 年 1 月，被告人罗某某在未取得《医师执业证书》《医疗机构执业许可证》的情况下，非法从事医疗美容活动，为李某某等 7 名被害人进行隆胸、隆鼻、割双眼皮等医疗美容外科手术，致上述被害人身体遭受不同程度损伤，非法获利 10.6 万余元。其中，被告人罗某某多次对被害人李某某实施抽取腿部脂肪隆胸手术，致李某某腿部麻木肿胀，行走困难。经云南省红河州第一人民医院诊断，李某某左下肢形成深静脉血栓，左髂静脉受压。经云南红河明诚司法鉴定所鉴定，被害人李某某左下肢形成深静脉血栓，经手术治疗后，遗留左肢浅静脉中断闭塞，影响其正常功能。基于以上情况，鉴定所将李某某的伤残等级认定为十级伤残。

2022 年 7 月 26 日，云南省个旧市人民检察院以非法行医罪对被告人罗某某提起公诉。2022 年 8 月 29 日，个旧市人民法院以非法行医罪判处被告人罗某某有期徒刑二年十个月，并处罚金 6000 元。一审宣判后，被告人罗某某未上诉，判决已生效。

侦查阶段：检察机关和当地卫健部门就罗某某非法行医行为定性与案件移送等问题进行会商，经研判认为该案已涉嫌刑事犯罪，检察机关遂建议当地卫健部门将案件移送公安机关处理。检察机关同时督促公安机关及时立案并网上追逃罗某某。为夯实定罪量刑证据，检察机关建议公安机关全面收集证据，加大力度寻找其他被害人核实了解情况，并及时对被害人李某某进行人体损伤鉴定。在此基础上，检察机关对罗某某以涉嫌非法行医罪批准逮捕，并建议公安机关进一步补充、完善证据，证实被害人李某某伤情结果系罗某某实施抽脂手术造成，排除遗传、自身身体状况导致血栓的可能性；同时，证实 2014 年罗某某所经营的 A 美容院曾因无证开展医疗美容活动被卫生行政主管部门行政处罚 8000 元。

审查起诉阶段：检察机关受理公安机关移送审查起诉的罗某某涉嫌非法行医案后，迅速开展全面审查。一是积极开展自行补充侦查，进一步完善证据。核实李某某被实施腿部抽脂手术至其到医院就诊期间的活动情况、购药记录等证据材料，排除在此期间有其他因素介入导致李某某伤残的可能性。二是积极开展追赃挽损，切实维护被害人合法权益。检察机关到罗某某家中实地走访调查，了解其家庭经济状况，并对罗某某进行释法说理，督促其退赔各被害人的损失。同时，做好被害人的安抚工作，建议其提起刑事附带民事诉讼，及时向法庭提交遭受损失的证据材料，并引导其确定合理的赔偿预期。三是充分发挥公益诉讼检察职能，促进社会综合治理。本案罗某某非法行医持续的时间较长、涉及的人员较多，带来的社会危害和造成的经济损失较大，反映出行政主管部门在监管上存在漏洞。对此，检察机关刑事检察部门及时与公益诉讼检察部门进行沟通对接，移送公益诉讼线索。

三、案例分析

在本案中，被告人罗某某对起诉书指控的犯罪事实、罪名及量刑建议无异议。辩护人提出被告人罗某某实施的医疗美容诊疗行为与被害人李某某的损害后果不存在因果关系，被害人明知被告人没有执业医师资格，仍到被告人处就医，系被害人自身存在重大过错，被告人主观恶性较小，社会危害性较小，建议在有期徒刑一年以下量刑，并适用缓刑。公诉人答辩指出，一是在案证据可以证实李某某在罗某某处抽取腿部脂肪进行隆胸手术后腿部不适，罗某某先带李某某到小诊所就医，后转至医院就诊，在此期间并无其他因素介入，州市两级医院均诊断李某某的左腿系静脉血栓，被告人非法行医抽脂的行为直接导致被害人腿部静脉血栓，两者间具有刑法意义上的直接因果关系。二是李某某是否明知罗某某不具有《医师执业证书》《医疗机构执业许可证》，不影响被告人行为性质的认定。三是被告人罗某某未取得执业医师资格从事医疗美容活动，因非法行医被行政处罚后仍多次作案，且涉及多名被害人，情节严重，社会影响恶劣，被告人罗某某主观恶性较深，依法不应适用缓刑。法院依法采纳了检察机关的量刑建议，同时支持了被害人的合理民事赔偿诉求。

处理此类案件应当注意以下几点：

1. 应当正确区分医疗事故罪与医疗意外事故

医疗意外事故，是指医务人员不能预见或者因不可抗拒的原因而导致就诊人死亡或严重损害就诊人身体健康的事故。在这种情况下，医务人员主观上没有过失，故不能认定为医疗事故罪。下列情形，不属于医疗事故：（1）在紧急情况下为抢救垂危患者生命而采取紧急医疗措施造成不良后果的；（2）在医疗活动中由于患者病情异常或者患者体质特殊而发生医疗意外的；（3）在现有医学科学技术条件下，发生无法预料或者不能防范的不良后果的；（4）无过错输血感染造成不良后果的；（5）因患方原因延误诊疗导致不良后果的；（6）因不可抗力造成不良后果的。

2. 应当正确区分医疗事故罪与一般医疗事故

这里所说的一般医疗事故，是指医务人员虽然有不负责任的行为，也造成了一定的结果，但没有造成刑法所规定的致人死亡或严重损害人身健康的情况。一般医疗事故因为不符合医疗事故罪的结果要件，故不成立犯罪。正确区分责任人员的责任程度。（1）要区分直接责任人员与间接责任人员。前者是指责任人的行为与病员的不良结果之间有直接的因果关系，是对不良后果起决定作用的人员。后者是指责任人的行为与病员的不良结果之间有着间接的联系，是造成不良结果的条件，不是起决定作用的人员。（2）在复合原因造成的结果中，要分清主要责任人员和次要责任人员，分别根据他们在造成不良结果过程中所起的作用，确定其所负责任的大小。（3）要区分具体实施人员的直接责任与指导人员的直接责任。如果是具体实施人员受命于指导人员实施的行为，或在实施中实施人员提出过纠正意见，未被指导人员采纳而造成不良结果的，由指导人员负直接责任。如果实施人员没有向指导人员如实反映病人情况或拒绝执行指导人员的正确意见造成不良后果的，由实施人员负直接责任。如果是具体实施人员提出了违反有关法规（含规章制度）的主张、做法，由于指导人员轻信，同意实施或者具体实施人员明知受命于指导人员所实施的行为违反有关法规，但不向指导人员反映，仍然继续实施而造成不良结果的，则具体实施人员和指导人员都要负直接责任。（4）要分清职责范围与直接责任的关系。如果事故责任不属于责任人法定职责或特定义务范围，责任人对其不良后果不负直接责任。如果分工不清、职责不明，又无具体制度规定，则以其实际工作范围和公认的职责作为认定责任的依据。如无特殊需要责任人无故擅自超越职责范围，造成事故的，也应追究责任。（5）如果在非职责范围和职责岗位，包括业余或离退休人员，无偿为他人进行诊疗护理活动，或于紧急情况下抢救危重病员而发生失误造成不良后果的，一般不应追究责任。

四、课程思政解读

（一）健康中国与危害公共卫生罪

2019年6月24日，国务院印发《国务院关于实施健康中国行动的意见》，从全方位干预健康影响因素、维护全生命周期健康、防控重大疾病三个方面提出了15项行动，并对组织实施作出具体部署。该文件明确要求："完善相关法律法规体系，开展健康政策审查，保障各项任务落实和目标实现。"良法善治是实现健康中国战略的重要保障，而基于刑事法治在法治体系中的重要地位，刑事法治在加快推进健康中国建设进程中的保障功能和重要作用更加凸显。

保障社会主义建设事业的顺利进行，是我国刑事法治的重要任务。习近平总书记强调："没有全民健康，就没有全面小康。"推进健康中国建设，是全面建成小康社会、基本实现社会主义现代化的重要基础，是中国特色社会主义事业的重要任务。因此，在推进健康中国建设的进程中，刑事法治应当主动担当、勇于作为，通过刑事法治治理体系的不断完善，着力提高服务健康中国建设的能力和水平，保障健康中国建设的顺利推进。

（二）打击非法行医，建设平安中国

近年来，非法行医问题在社会中日益凸显，危害了人民群众的生命安全，破坏了正常的医疗秩序。非法行医者既没有医疗机构执业证，也没有取得医务人员资质，没有接受过专门的医疗培训。他们非法从事诊疗活动，对社会造成的危害是不容忽视的。

1. 非法行医的危害

（1）威胁人民群众的健康和生命安全

非法行医造成的最直接、最严重的后果就是威胁人民群众的身心健康和生命安全。非法行医者往往没有医学知识和临床经验，开展诊疗活动的场所、人员、设备和技术水平都不符合要求，无法保证医疗质量。为了谋取不当利益，他们使用从非正规渠道购进而未经注册的药品，甚至是过期、失效或对身体有害的药品。他们由于缺乏专业知识和经验，容易出现贻误病情、误诊和误治的情况。同时，非法行医场所通常缺乏必备的抢救设施和人员，一旦出现意外情况，可能导致患者伤残甚至死亡。此外，非法行医中的传染病感染风险也很高，不符合消毒要求的器械可能导致患者感染乙肝、丙肝、艾滋病等传染病。

（2）破坏诊疗秩序，扰乱医疗服务市场

生命安全是人民群众最基本的权益，国家始终将人民健康放在优先发展的战略地位。然而，非法行医行为破坏了正常的医疗秩序。一些非法行医者冒充医务工作者，为谋取经济利益，夸大诊疗效果，诱导、误导患者，扰乱了医疗服务市场。这些行为不仅损害了人民群众的权益，也影响了医务人员的形象。非法行医者无视法律，骗取钱财，严重扰乱了国家对医疗秩序的管理，破坏了合理的区域卫生资源配置结构，扰乱了正常的医患关系。

（3）损害医务人员形象，影响医患关系

广大医务工作者一直以来都践行着"敬佑生命、救死扶伤、甘于奉献、大爱无疆"的新时期职业精神。然而，一些非法行医者的行为却损害了医务人员的形象。非法行医者为了谋取不当利益，置他人生命健康于不顾，假冒医务工作者，让人们对国家管理的医疗行业产生了疑虑。这不仅给正常的医疗机构和医务人员带来了不公平的竞争，也给患者带来了不应有的痛苦和伤害。这种情况严重影响了医患关系的和谐发展，损害了医务人员队伍的行业形象。

2. 非法行医难治理的原因

（1）非法行医流动性强，违法成本较低

受经济利益的驱动，有的非法行医者在暂时停止非法行为后换一个地点重操旧业。有的非法行医者在执法检查时摘除诊所标志和户外宣传灯箱，有的租民房简化诊室设施，有的共同出资雇佣"探子"，守在执法人员必经的路口，打探消息。执法人员查处某些黑诊所，惩处的措施可能就是没收违法所得，处以罚款，罚款的金额也比较低，处罚的威慑力不足。非法行医违法成本较低，导致非法行医猖獗。

（2）监督打击难度大，监督执法人员的人身安全常常受到威胁

国家、省、市在打击非法行医过程中出台了一些法律法规、文件，对部门职责也做了一些原则性规定，但存在基层实际操作难的问题。非法行医可能存在社会的各个角落，在宾馆、居民楼、美容院、公司、研究机构等场所都有分布。基层卫生监督员执法力度严重不足，无法及时有效发现。非法行医案件查处后死灰复燃的情况较为突出。

（3）在打击非法行医中如何妥善安置乡村医生尚待解决

依据《医疗机构管理条例实施细则》第13条第1款规定，在城市设置诊所的个人，必须取得《医师执业证书》。随着我国经济的发展，原有的乡村变成了城市，部分乡村医生进入城市后无《医师执业证书》，是否还有行医资格？在打击非法行医中该如何合法、合情地正确对待乡村医生群体，一直困扰着监督执法者。

（4）缺少信用体系制度，处罚后仍然时常发生

有些单位因非法行医被行政处罚后，还能换个地方继续申请美容院、公司等开业，没有信用体系制度的约束，对从业准入没有限制，导致其还能继续实施非法行医行为。

（三）严格医疗事故罪认定标准，恪守医生职业道德

如果不厘清医疗事故与医疗事故罪的边界问题，将医疗过失侵权认定为刑事医疗过失，可能会促使医生为求自保而进行防御性医疗，这不仅不利于疾病的治愈，也会阻碍医学发展与创新，使医患矛盾进一步激化。同样，如果将刑事医疗过失认定为医疗过失侵权，则会导致医疗事故罪形同虚设，不利于保障患者的人身法益。医疗事故与医疗事故罪实际是民事侵权与刑事犯罪的问题，两者并不是泾渭分明的，存在许多交叉模糊地带。医疗事故属于医疗

过失侵权，医疗事故罪属于刑事医疗过失，二者在主体、行为、结果的范围里部分交叉重合，而在损害事实、违法行为、主观过错的程度方面有所区分。

通过检索中国裁判文书网全国范围 2023 年 6 月 1 日前的以"医疗事故罪"为案由的案例，有关医疗事故罪案由的案例文书有 220 篇。对 220 篇裁判文书进行统计（排除同一案件不同审判阶段案件文书、未公开文书）发现，医疗事故罪公诉案件数量为 65 件，自诉案件数量为 65 件，数量相当。其中，自诉案件结果全部为：不予受理或驳回起诉。公诉案件中，包含缓刑的案件有 26 件，占比 40%；免予刑事处罚的案件有 7 件，占比 10.8%；无罪案件有 6 件，占比 9.2%。

综合上述案例检索情况可知，医疗事故罪案件相较于其他类型的刑事犯罪案件来说数量不多，大部分案例存在输液药品使用不规范、输血管理不规范、医生超越资质进行诊疗等严重不负责任情形。

虽然医疗事故罪总体来说并不多，但近年来时有医疗事故罪的相关报道，且民事赔偿并不一定能完全免除刑事责任。根据《中华人民共和国医师法》第 17 条"医师注册后有下列情形之一的，注销注册，废止医师执业证书：……（二）受刑事处罚"之规定，一旦构成医疗事故罪，则会对医生的职业生涯甚至个人发展产生严重影响。

通常从事业务的人因具有相应的专业知识与业务能力，相比普通人应负有更高的注意义务，对危害结果的发生应有较常人更高的预见性，所以理应接受较为严厉的法律制裁，因而医疗事故罪的刑罚配置应比普通过失人身伤害犯罪更重。在我国，医疗事故罪的法定刑却明显轻于普通的过失犯罪。人们对疾病的认识具有滞后性，疾病成因具有复杂性，医疗行为在实施过程中存在很多不确定因素，导致医务人员对于自己的诊疗行为所产生的结果也存在很多的不确定性，故立法者的初衷是在保障医患双方合法权益的同时，又不妨碍医疗行为正常开展、阻碍医学技术进步。

💬 五、问题拓展讨论

1. 如何理解医疗事故罪的司法认定？
2. 如何理解非法行医罪？
3. 谈谈妨害传染病防治罪与危害公共安全罪的区别。
4. 医疗事故罪屡引争议，应该取消吗？

👍 六、阅读文献推荐

1. 欧阳本祺：《妨害传染病防治罪客观要件的教义学分析》，《东方法学》2020 年第 3 期。

2. 冯军：《危害公共卫生行为的刑法防治——以〈刑法修正案（十一）〉的相关规定为中心》，《法学》2021 年第 2 期。

3. 霍俊阁：《人工智能视域下医疗事故罪的适用嬗变与调适》，《中国人民公安大学学报（社会科学版）》2023 年第 2 期。

4. 姚诗：《非法行医罪"情节严重"的解释立场与实质标准》，《政治与法律》2012 年第 4 期。

5. 郝冠揆：《妨害传染病防治罪的罪过分析——"过失说"的困境与突破》，《中国人民公安大学学报（社会科学版）》2022 年第 3 期。

6. 袁林、白星星：《妨害传染病防治罪——澄清、辩护与设想》，《南昌大学学报（人文社会科学版）》2022 年第 1 期。

破坏环境资源保护罪

案例 22：左勇、徐鹤污染环境刑事附带民事公益诉讼案①

⚠️ 一、知识点提要

（一）破坏环境资源保护罪的概念

破坏环境资源保护罪的犯罪客体是环境资源保护秩序。自然环境和生态系统是人类一切生产生活的基石，土地、水体、大气、动物资源、植物资源、矿产资源等皆为完整生态圈不可或缺的组成部分，对上述要素造成严重侵害的行为将触犯刑律。从客观方面而言，本类犯罪主要表现为对环境、资源的破坏。从犯罪形态上讲，有的犯罪属行为犯，如非法狩猎罪等，有的属结果犯，如破坏性采矿罪等。从罪过上讲，本类个别犯罪属过失犯罪，以特定危害结果为入罪条件，如污染环境罪，而大多数犯罪乃故意犯罪。从犯罪主体来看，自然人和单位都可以构成本类犯罪。

（二）破坏环境资源保护罪的种类

破坏环境资源保护罪有污染环境罪，非法处置进口的固体废物罪，擅自进口固体废物罪，非法捕捞水产品罪，危害珍贵、濒危野生动物罪，非法猎捕、收购、运输、出售陆生野生动物罪，非法占用农用地罪，破坏自然保护地罪，非法采矿罪，破坏性采矿罪，危害国家重点保护植物罪，盗伐林木罪，等等。

---

① 案号：（2019）苏 0830 刑初 534 号。该案为 2023 年中华人民共和国最高人民法院官网公布的指导性案例 203 号。

（三）破坏环境资源保护罪的构成特征

1. 犯罪客体

该类罪名在刑法犯罪意义上属于一大类罪名，因此该类罪名的客体一般属于同类客体。正是因为该项罪名属于一个大类的罪名，因此对于具体的犯罪客体而言，众说纷纭，学术界存在多种不同的看法。首先，从制度层面看，破坏环境资源保护罪最先破坏的是我国在立法中关于环境资源保护的相关法律和制度规定。其次，分析该类环境资源保护制度可以发现，其所保护的法益就是国家对于水资源、国土资源及大气资源等众多环境资源的立法制度保护。从该角度思考，又可以认定破坏环境资源保护罪所保护的具体客体就是这些实际存在的环境资源。我国在立法过程中主要采用的就是该种观点，主要原因在于：第一，从字面意思的表达可以发现，破坏环境资源保护罪的字面意思直接指向的就是犯罪行为对于环境资源的破坏，客体则当然是环境资源。法律调整人与人之间的社会关系，同时也调整人与自然之间的社会关系。通过法律制度规范将对于该种自然社会关系的调整上升至法律层面，是为了减少和避免人类滥用环境资源，对于环境资源进行肆意破坏的行为，对于人类认识自然、开发自然资源的相关行为起到国家法律制度约束作用。国家是管理者，制定本罪名是通过立法手段对人类与环境资源的冲突进行调整的表现，因此触犯本罪首先破坏的是我国制定的环境资源保护制度。第二，本罪名和制度的规定内容，针对的是具体的大气资源、土壤资源及海洋资源等环境资源的保护问题，因此犯罪分子如果采用不法行为犯了破坏环境资源保护罪，破坏的具体表现是对相关环境资源的破坏，这种关系可以概括为人与自然之间的关系。这种关系通过法律制度的约束可以上升为法律制度关系，并通过法律制度进行规范和调整，从而使得人类与自然能够和谐相处，保护环境资源，为人类的生存创造更好的环境和生存条件。

2. 犯罪客观方面

从侵犯的客体角度进行分析，破坏环境资源保护罪所侵犯的客体主要概括为两大类，第一类是对于生态环境的侵害和破坏，第二类则是对于自然资源的破坏和践踏。在我国刑事法律相关规定中，对于破坏环境资源的行为有许多的具体描述，只要行为人触犯了其中一种行为即可构成本罪。在行为方式方面，主要分为两种，分别是举动犯和结果犯。首先，举动犯是指只要实施了刑法所规定的相关行为即可构成本罪，不论结果如何。刑法对于该罪的一些行为的具体规范，只要行为人触犯了刑法所列举或者这些被列举的同类行为都属于该种犯罪，对于该行为所造成的结果并没有相关规定，对于该类犯罪主要针对的是相关的犯罪行为，忽视结果的表现。第二种是结果犯，强调的是此罪的犯罪结果，行为人施行犯罪行为，实际造成了危害社会和环境资源的结果才构成本罪，这是对于犯罪结果的规制。这两种犯罪行为方式的规范各有侧重，但都存在一定的漏洞，为此，笔者认为日后如果有可能的话，应该在犯罪行为方式方面增加对于危险犯的规定，更加严谨地规范犯罪行为。

3. 犯罪主体

就犯罪的自然人主体而言，根据我国刑法规定是指在年龄方面达到刑事责任年龄，在责任能力方面具有刑事责任能力的自然人。已满 16 周岁的人犯破坏环境资源保护罪的，应当负刑事责任。未满 14 周岁的人实施破坏环境资源保护犯罪行为的，不负刑事责任。已满 14 周岁未满 16 周岁的未成年人实施破坏环境资源保护犯罪行为的，也不负刑事责任。针对犯罪的单位主体分析表明，单位犯罪主体是指实施了破坏环境资源保护犯罪行为的，依法应当承担刑事责任的公司或者团体等。成立破坏环境资源保护罪的单位犯罪需要达到三个条件：首先，破坏环境资源的决定是出于单位的整体意志，并非单位一员的个人决定；其次，破坏环境资源保护罪的行为人是单位直接负责的主管人员和其他直接责任人员；最后，破坏环境资源保护罪的行为人是为了单位的利益而实施的犯罪。

4. 犯罪主观方面

就破坏环境资源保护方面的犯罪而言，目前我国的相关法律都未规定无过失责任，而以故意或过失为构成犯罪的主观要件。这一规定不仅与"无罪过即无犯罪"的原则相契合，同时也比较符合我国的国情。在法律规定的领域有一个准则十分重要，贯穿立法的始终，即主客观相一致。虽然我国并没有将该准则写入刑法条文，但其作为一项原则性的规定一直存在，因此我国始终坚持主客观相一致的原则。主客观相一致原则反对仅就犯罪结果对行为人定罪量刑，而要同时考虑行为人的主观心理状态，坚持主客观相一致的准则科学定罪量刑。破坏环境资源保护犯罪虽然具有一定的特殊性，但并不能违背我国刑法的基本准则，依旧要坚持主客观相一致的基本原则。

二、案例介绍

自 2018 年 6 月始，被告人左勇在江苏省淮安市淮安区车桥镇租赁厂房，未经审批生产铝锭，后被告人徐鹤等人明知左勇无危险废物经营许可证，仍在左勇上述厂房中筛选铝灰生产铝锭，共计产生约 100 吨废铝灰。2019 年 4 月 23 日，左勇、徐鹤安排人员在淮安市淮安区车桥镇大兴村开挖坑塘倾倒上述废铝灰。在倾倒 20 余吨时，因废铝灰发热、冒烟被群众发现制止并报警。

2019 年 4 月 24 日，淮安市淮安区原环境保护局委托江苏新锐环境监测有限公司司法鉴定所对坑塘内废铝灰进行取样鉴定，委托淮安翔宇环境检测技术有限公司对涉案坑塘下风向的空气与废气进行取样检测。4 月 28 日，经淮安翔宇环境检测技术有限公司检测，涉案坑塘下风向氨超标。4 月 29 日，经江苏新锐环境监测有限公司司法鉴定所鉴定，涉案倾倒的废铝灰 13 个样品中，有 4 个样品氟化物（浸出毒性）超出标准值，超标份样数超出了《危险废物鉴别技术规范》（HJ/T 298-2007）中规定的相应下限值，该废铝灰为具有浸出毒性特性的危险废物。《国家危险废物名录》（2021 版）规定再生铝和铝材加工过程中，废铝及铝锭重熔、精炼、合金化、铸造熔体表面产生的铝灰渣及其回收铝过程产生的盐渣和二次铝灰属于危险废物。

同年 4 月 27 日，淮安市淮安区车桥镇人民政府组织人员对上述燃烧的废铝灰用土壤搅拌熄灭，搅拌后的废铝灰与土壤的混合物重 453.84 吨。

2019 年 11 月，江苏省环境科学研究院受淮安市淮安区车桥镇人民政府委托，编制应急处置方案认为：涉案废铝灰与土壤的混合物因经费及时间问题未进行危险废物属性鉴别工作，根据《国家危险废物名录》（2016 版）豁免管理清单第 10 条规定，建议采用水泥窑协同处置方式进行处置。该院对此次事件进行生态环境损害评估认为：本次污染事件无人身损害，存在财产损害，费用主要包括财产损害费用、应急处置费用和生态环境损害费用。财产损害费用为清理过程中造成农户的小麦、油菜、蚕豆、蔬菜损失，共计 3400 元；应急处置费用包括应急监测费用 7800 元（实收 7200 元）、废铝灰与土壤的混合物的清理费用 76161 元、处置费用因暂未处置暂按 1000 元/吨估算；生态环境损害费用 18000 元（坑塘回填恢复，即填土费用）。

2020 年 3 月 18 日，淮安市淮安区车桥镇人民政府委托南京中联水泥有限公司对废铝灰与土壤的混合物按照危险废物进行处置，处置单价为

2800 元/吨，该价格含税、含运费。此外还产生江苏新锐环境监测有限公司鉴定费用 80000 元、江苏省环境科学研究院应急处置方案费用 70000 元及生态环境损害评估费用 250000 元，合计 400000 元。

关于本案应急处置的相关问题，江苏省环境科学研究院出庭鉴定人明确，应急处置方案针对的是已经清挖出的废铝灰与土壤的混合物，该混合物不能直接判定为危险废物，按照豁免程序处理可提高经济性和实操性，本案受污染的土壤采用水泥窑协同处置的价格为 1000 元/吨。出庭的鉴定专家认为，铝灰不会大面积燃烧，只需用土壤将明火掩盖即可，20 吨废铝灰经土壤混合搅拌后，清理出的混合物应在 60 吨至 120 吨范围内，否则属于过度处置。

淮安市淮安区人民检察院提起刑事附带民事环境公益诉讼，指控被告人左勇、徐鹤犯污染环境罪，请求判令被告左勇、徐鹤共同赔偿污染环境造成的财产损害费用 3400 元、应急处置费用 1431788 元、生态环境损害费用 18000 元及检验、鉴定等其他合理费用 400000 元，合计 1853188 元；判令被告左勇、徐鹤在淮安市级媒体上向社会公众公开赔礼道歉。

江苏省盱眙县人民法院于 2021 年 6 月 24 日以（2019）苏 0830 刑初 534号刑事附带民事判决，认定被告人左勇犯污染环境罪，判处有期徒刑二年，并处罚金人民币 5 万元；被告人徐鹤犯污染环境罪，判处有期徒刑二年，并处罚金人民币 5 万元；责令被告人左勇退缴违法所得人民币 13000 元，上缴国库；被告人左勇、徐鹤连带赔偿财产损害费用人民币 3400 元、应急处置费用人民币 156489 元、生态环境损害费用人民币 18000 元、鉴定评估等事务性费用等人民币 400000 元，合计人民币 577889 元，于判决生效后十五日内履行；责令被告人左勇、徐鹤在淮安市级媒体上向社会公众公开赔礼道歉；驳回刑事附带民事公益诉讼起诉人淮安市淮安区人民检察院的其他诉讼请求。宣判后，被告人左勇、徐鹤没有上诉，检察机关亦未抗诉，判决已生效。

三、案例分析

法院生效裁判认为：被告人左勇、徐鹤违反国家规定，共同倾倒危险废物，严重污染环境，其行为均已构成污染环境罪。二被告人的行为造成了生态环境损害，损害了社会公共利益，除应受到刑事处罚外，还应依法承担相应的民事责任，包括赔偿损失和赔礼道歉，被告人左勇、徐鹤依法应对造成的生态环境损害后果承担连带赔偿责任。为维护国家利益和社会公共利益，刑事附带民事公益诉讼起诉人主张二被告人承担生态环境损害赔偿责任，应予以支持，但生态环境损害数额的确定应当遵循合理、必要原则。检察机关在提起公益诉讼时，更应当基于社会公共利益目的、公平正义立场和节约资源、保护生态环境原则，合理提出诉求、准确审查证据。即环境污染事故发生后，行政机关采取应急处置措施应当以必要、合理、适度为原则。必要、合理、适度的处置费用，应当作为追究被告人刑事责任、被告人承担生态环境损害赔偿责任的依据。但明显超出必要、合理、适度范围的处置费用，不应当认定为环境污染事故造成的公私财产损失，不能将此不合理处置费用作为追究被告人刑事责任的依据，也不能将此作为被告人承担生态环境损害赔偿责任的依据。本案的焦点在于应急处置措施是否超出了必要、合理、适度的限度。

1. 关于用 400 余吨土壤覆盖 20 余吨废铝灰的应急处置措施是否必要、合理、适度的问题

污染环境事故发生后，行政机关为消除危险、清除污染、防止损害后果进一步扩大所采取的应急处置手段和方式应当予以认可，但在条件允许的前提下，仍应以必要、合理、适度为基本处置原则。本案中，相关行政机关接到报警赴现场勘查后已经确定倾倒的物质系废铝灰。废铝灰不会大面积燃烧，即使局部燃烧只需用土壤将明火掩盖即可。对废铝灰的处置技术即泥土覆盖技术相对简单且具有普适性，本案应急处置与污染事件发生间隔几天，时间上已经不具有紧迫性，应急处置人员有充足的时间研究、制订更加合理的方案。行政机关组织人员采用土壤混合搅拌的措施虽然具有可行性，能够达到应急的效果，但使用的泥土量应当在必要、合理、适度范围内，否则既会造成受污染的土壤过多，消耗国家资源，也会增加相应的处置费用。本案实际清挖出的混合物数量是专家建议最高值的近 4 倍，差距较大，此次环境污染事件使用土壤搅拌后清理出混合物 453.84 吨，属于处置过当。根据适度处置、节约资源的原则并结合专家意见酌定，此污染事件清理出混合物合理必要的数量为 120 吨。

2. 关于将废铝灰与土壤的混合物直接按照危险废物以 2800 元/吨价格委托处置是否合理的问题

江苏省环境科学研究院编制的应急处置方案载明，涉案废铝灰混合物转移和处置可以根据《国家危险废物名录》（2016 版）豁免管理清单第 10 条规定，不按危险废物进行管理，并建议采用水泥窑协同处置方式进行处置，

处置费用估算为 1000 元/吨（含运费）。故该混合物的处置、利用可以不按危险废物进行管理，直接以受污染的土壤 1000 元/吨的价格送交处置更加合理。但本案处置价格过高，对超出 1000 元/吨的部分，法院不予认定。

3. 关于生态环境损害评估报告中未列入，但已实际发生的装车列支费用与运输费用是否应当计入应急处置费用的问题

经查，应急处置人员在实际处置废铝灰与土壤的混合物时，产生了混合物装车列支费用与运输费用。到庭的鉴定专家明确表示生态环境损害评估报告中 1000 元/吨的处置费用包含运输费用但不包含装车列支费用，故实际处置中额外支付的运输费用，属于不合理、不必要范围，故不予支持；但装车列支费用属于《最高人民法院关于审理环境民事公益诉讼案件适用法律若干问题的解释》第 19 条规定的"原告为停止侵害、排除妨碍、消除危险采取合理预防、处置措施而发生的费用"，法院予以支持。

4. 关于公私财产损失数额认定及附带民事公益诉讼赔偿数额认定的问题

经查，本案的公私财产损失既包括污染环境行为直接造成的财产损失、减少的实际价值，亦包括污染场地回填等为防止污染扩大、消除污染而采取必要、合理措施所产生的费用，以及处置突发环境事件的应急监测费用。依据江苏省环境科学研究院评估，结合实际处置情况，认定被告人左勇、徐鹤污染环境行为造成的公私财产损失数额如下：（1）财产损害费用 3400 元，即清理过程中造成农户的小麦、油菜、蚕豆、蔬菜损失共计 3400 元。（2）应急处置费用 156489 元，包括：① 应急监测费用 7200 元；② 清理费用 20137 元；③ 处置费用 129152 元。（3）生态环境损害费用 18000 元。坑塘经过应急清理后已基本消除污染，但需要进行回填恢复，填土费用 18000 元。以上费用共计 177889 元，即公私财产损失数额应当认定为 177889 元，但未达到司法解释规定的 1000000 元，不属于后果特别严重情节。附带民事公益诉讼起诉人主张赔偿的生态环境损害数额不仅包括上述公私财产损失数额，同时还包括生态环境损害赔偿鉴定及评估费用、应急方案编制费用，共计 400000 元。综上，被告人左勇、徐鹤应当承担的生态环境损害赔偿数额共计 577889 元。

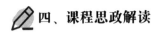 **四、课程思政解读**

(一) 保护青山绿水, 严厉打击破坏环境资源保护犯罪

　　绿水青山就是金山银山, 改善生态环境就是发展生产力。党的十八大以来, 习近平总书记多次调研生态环境保护工作, 并就生态环境保护与建设作出重要指示。生态环境保护与建设工作事关人类存续与发展, 是可持续发展的必经之路, 要将生态环境保护工作纳入法治保障范畴。党的二十大报告指出, 要深入推进环境污染防治, 打好蓝天、碧水、净土保卫战。这在环境保护方面对作为市场主体的企业提出了更高的要求, 需要有污染排放、自然资源利用的企业承担更多社会责任。

　　自然生态环境是人类赖以生存的根本, 具有不可替代性, 失之难存。然而, 现实生活中, 一些人为了一己私利, 不惜以牺牲环境为代价过度攫取矿产资源、违法侵占耕地等, 肆意破坏绿水青山。值得警惕的是, 此类违法犯罪可能带来的利益, 让一些地方黑恶势力也瞄向了自然资源领域。相对于一般的环境违法犯罪, 涉及自然生态环境的黑恶势力犯罪因其具有一定的组织性, 危害性更大, 不仅严重破坏了自然生态环境, 还严重威胁群众生命财产安全, 扰乱地方经济秩序。

　　无论是美丽中国建设, 还是平安中国建设, 都要求依法严厉打击自然资源领域的各类犯罪。2021 年 5 月, 中共中央办公厅、国务院办公厅印发的《关于常态化开展扫黑除恶斗争巩固专项斗争成果的意见》明确要求, 对自然资源、生态环境等领域存在的突出问题和乱象进行标本兼治。对"沙霸""矿霸"等自然资源领域黑恶犯罪展开专项整治, 在法治的轨道上坚持对黑恶犯罪穷追猛打、除恶务尽, 并着眼于标本兼治进行"打财断血""打伞破网", 建立长效机制, 坚决铲除自然资源领域黑恶犯罪滋生的土壤。

　　绿水青山就是金山银山, 绝不容抹"黑"。推动经济社会高质量发展, 守护绿水青山, 需要雷霆动作, 需要久久为功。执法司法机关需进一步发挥职能作用, 总结经验、巩固成果, 始终保持对自然资源领域黑恶犯罪打早打小、露头就打的高压态势。同时, 全社会都需积极参与生态环境保护工作, 共同守护良好自然生态环境, 让天更蓝、山更绿、水更清。

（二）打击非法占用耕地犯罪，严守耕地红线

粮食安全是国家安全的重要基础，耕地是粮食生产的命根子，保护耕地就是保住老百姓的饭碗。农田就是农田，而且必须是良田，保护耕地，人人有责，必须以"零容忍"的态度遏制违法占用耕地行为的发生。荒山、荒地是农村集体的土地，土地遭到破坏，却很少有村民过问，原因有五：一是村民觉得没有直接损害到个人利益；二是荒山、荒地利用价值低，未引起村民的注意；三是通过租赁荒山、荒地能获取一些收益；四是多一事不如少一事，不愿为村集体的事得罪人；五是环境资源保护意识不强。村民世代生活在土地上，村民是土地最好的监管人，依靠群众保护耕地是最好的管理办法。为有效遏制非法占用农用地行为的发生，要深入持久地开展环境资源保护法治宣传，充分利用电视、广播、网络、报刊等媒体，大力宣传国家对环境资源的法律政策，深入乡村，送法下乡，使群众真正明白金山银山不如绿水青山的道理，唤起群众的生态意识、法治意识，让广大群众自觉抵制破坏环境行为。在保护耕地方面应该做到以下几个方面。

第一，形成执法工作合力。检察机关与环保局、国土资源局等行政执法机关要建立健全行政执法与刑事司法相衔接的工作机制，有效解决行政执法机关与司法机关工作脱节的问题，环保局、国土资源局、农林水务局在具备专业知识的同时可以借助公安机关的强制手段推进监管，公安机关利用自身的强制手段可以及时介入行政执法案件的查办，检察机关负责监督行政执法机关将相关案件移送公安机关办理，确保在"两法"衔接工作中取得良好的执法效果。检察机关要积极发挥协调作用，进一步促进行政执法与刑事司法有效衔接，优势互补、强力推进，形成打击合力。

第二，严格执法，加大查处力度。检察机关要通过办理破坏环境资源犯罪案件，积极探寻案件背后的问题症结，有针对性地向有关行政职能部门提出预防犯罪、完善管理措施的检察建议，推动相关部门建立巡察制度，做到早发现、早上报、早制止、早处理。此外，要做好"两法"衔接工作，使检察机关第一时间掌握巡察动态，对相关法律问题予以指导，巩固提升执法效果。

第三，多措并举，注重实效。检察机关要积极履行批捕、起诉职能，对涉嫌破坏环境资源犯罪的，要依法快捕、快诉；对给国家、集体财产造成损失的，要依法提起刑事附带民事诉讼。对于阻挠环保局、国土资源局依法查

处违法行为涉嫌犯罪案件的，要严肃惩治，坚定支持行政执法机关依法履职。积极探索开展公益诉讼工作，依法履行督促起诉、支持起诉等职能，切实把资源破坏的损害结果降到最低程度。

非法占用农用地，导致耕地破坏，资源浪费，其危害后果已有目共睹。检察机关在此项工作中，要充分发挥检察职能，在重拳打击，有效震慑非法占用农用地犯罪行为的同时，与行政职能部门相互配合，强化监督管理，并对群众因势利导，群防群治，治标治本，形成打击非法占用农用地违法犯罪行为的合力，保护珍贵的土地资源。

五、问题拓展讨论

1. 如何理解污染环境罪的司法认定？
2. 如何理解非法占用农用地罪？
3. 环境公益诉讼在破坏环境资源保护罪中可以发挥哪些作用？
4. 实践中非法占用农用地行为特征及司法治理策略有哪些？

六、阅读文献推荐

1. 冯军、李永伟等：《破坏环境资源保护罪研究》，科学出版社，2012 年。

2. 赵天红：《妨害司法罪·破坏环境资源保护罪立案追诉标准与疑难指导》，中国法制出版社，2022 年。

3. 樊建民：《污染环境罪司法适用的困境及其破解》，《法商研究》2022 年第 3 期。

4. 杨迪：《污染环境罪司法样态透视——基于刑事判决的实证分析》，《国家检察官学院学报》2020 年第 2 期。

5. 侯艳芳：《非法采矿罪的法教义学展开》，《华南师范大学学报（社会科学版）》2023 年第 1 期。

6. 喻海松：《林权制度改革背景下伐木犯罪的调整思路》，《法学评论》2022 年第 5 期。

7. 金燚：《污染环境罪中的违法所得没收——现实困境与路径指引》，《苏州大学学报（法学版）》2022 年第 3 期。

走私、贩卖、运输、制造毒品罪

案例 23：马某某走私、贩卖毒品案①

⚠ 一、知识点提要

走私、贩卖、运输、制造毒品罪包括所有的毒品犯罪，与走私、贩卖、运输、制造毒品罪个罪的范围不同，除走私、贩卖、运输、制造毒品罪个罪外，还包含非法持有毒品罪，包庇毒品犯罪分子罪，窝藏、转移、隐瞒毒品、毒赃罪，非法生产、买卖、运输制毒物品、走私制毒物品罪，非法种植毒品原植物罪等罪名。

（一）走私、贩卖、运输、制造毒品罪的构成特征

毒品是指鸦片、海洛因、甲基苯丙胺（冰毒）、吗啡、大麻、可卡因，以及国家规定管制的其他能够使人形成瘾癖的麻醉药品和精神药品。麻醉药品和精神药品，是指列入麻醉药品目录、精神药品目录的药品和其他物质。精神药品分为第一类精神药品和第二类精神药品。

1. 犯罪客体

毒品犯罪的客体是国家对毒品的管理制度和公众健康。国家对毒品的管制，主要表现在对有关毒品的管理法规上。至于某些具体的毒品犯罪，侵害的可能是复杂客体，例如，走私毒品既侵害了国家对毒品的管制，又侵犯了国家对海关的管制。

毒品犯罪的对象根据法律的规定大致可以分为两大类：一类是毒品，如

---

① 《第三十七批指导性案例》，中华人民共和国最高人民检察院官网，https：// www. spp. gov. cn/ spp/jczdal/202206/t20220624_560874. shtml，访问日期：2023 年 8 月 28 日。

走私、贩卖、运输、制造毒品罪，非法持有毒品罪，窝藏、转移、隐瞒毒品、毒赃罪；另一类是与毒品有关的人或物，如非法种植毒品原植物罪，包庇毒品犯罪分子罪，引诱、教唆、欺骗他人吸毒罪，强迫他人吸毒罪，非法生产、买卖、运输制毒物品、走私制毒物品罪，非法买卖、运输、携带、持有毒品原植物种子、幼苗罪等。

2. 犯罪客观方面

毒品犯罪的客观方面是指行为人违反毒品管理法规，从事各种具体的毒品犯罪活动的行为。具体的毒品犯罪活动包括毒品的种植活动、毒品的生产活动、毒品的流通活动、毒品的消费活动。

3. 犯罪主体

毒品犯罪的主体包括自然人和单位。有些毒品犯罪的主体是一般主体，即凡达到刑事责任年龄、具有刑事责任能力的人均可构成。有些毒品犯罪的主体是特殊主体。如非法提供麻醉药品、精神药品罪，只能由依法从事生产、运输、管理、使用国家管制的麻醉药品和精神药品的人构成。所谓单位毒品犯罪，是指单位直接负责的主管人员和其他直接责任人员，在执行职务中，以单位的名义，为单位的利益实施的依法应受刑法处罚的毒品犯罪行为。

4. 犯罪主观方面

毒品犯罪的主观方面只能是故意，并且通常是直接故意，过失不能构成毒品犯罪，即行为人明知自己违反国家毒品管制的行为会导致危害社会的结果发生，并且希望这种结果发生。

(二) 走私、贩卖、运输、制造毒品罪的种类

1. 走私、贩卖、运输、制造毒品罪

走私、贩卖、运输、制造毒品罪是指自然人或者单位，故意走私、贩卖、运输、制造毒品的行为。本罪是选择性罪名，不以行为实施的先后、毒品数量或者危害大小排列，一律以刑法条文的表述定罪。

2. 非法持有毒品罪

非法持有毒品罪是指明知是毒品而非法持有且数量较大的行为。持有要求行为人对毒品存在事实上的支配，但不要求物理上握有，也不要求行为人是毒品的“所有者”“占有者”，持有是一种持续行为。本罪的责任形式为故意，行为人必须明知是毒品而非法持有，但不要求明知毒品的具体种类。

3. 包庇毒品犯罪分子罪，窝藏、转移、隐瞒毒品、毒赃罪

包庇毒品犯罪分子罪，是指包庇走私、贩卖、运输、制造毒品的犯罪分子的行为。窝藏、转移、隐瞒毒品、毒赃罪，是指为走私、贩卖、运输、制造毒品的犯罪分子窝藏、转移、隐瞒毒品或者犯罪所得的财物的行为。

4. 非法生产、买卖、运输制毒物品、走私制毒物品罪

本罪是指违反国家规定，非法生产、买卖、运输醋酸酐、乙醚、三氯甲烷或者其他用于制造毒品的原料、配剂，或者携带上述物品进出境，情节较重的行为。制毒物品除《刑法》第 350 条列举的几种物品外，还包括其他可能用于制造毒品的原料、配剂，具体品种范围按照国家关于易制毒化学品管理的规定确定。

5. 非法种植毒品原植物罪

本罪是指明知是罂粟、大麻等毒品原植物，非法种植且数量较大（种植罂粟 500 株以上不满 3000 株或者其他毒品原植物数量较大）或者经公安机关处理后又种植，或者抗拒铲除的行为。

6. 非法买卖、运输、携带、持有毒品原植物种子、幼苗罪

本罪是指非法买卖、运输、携带、持有未经灭活的罂粟等毒品原植物种子或者幼苗，数量较大的行为。

7. 引诱、教唆、欺骗他人吸毒罪

本罪是指引诱、教唆、欺骗他人吸食、注射毒品的行为。引诱、教唆、欺骗未成年人吸毒的，从重处罚。

8. 强迫他人吸毒罪

本罪是指违背他人意志，迫使他人吸食、注射毒品的行为。强迫未成年人吸食、注射毒品的，从重处罚。

9. 容留他人吸毒罪

本罪是指为他人吸食、注射毒品提供场所的行为。容留，是指允许他人在自己管理的场所吸食、注射毒品或者为他人吸食、注射毒品提供场所的行为。

10. 非法提供麻醉药品、精神药品罪

本罪是指依法从事生产、运输、管理、使用国家管制的麻醉药品、精神药品的单位和人员，违反国家规定，明知他人是吸食、注射毒品的人，而向其提供国家规定管制的能够使人形成瘾癖的麻醉药品、精神药品的行为。

11. 妨害兴奋剂管理罪

妨害兴奋剂管理罪，是指引诱、教唆、欺骗运动员使用兴奋剂参加国内、国际重大体育竞赛，或者明知运动员参加上述竞赛而向其提供兴奋剂，情节严重的行为。组织、强迫运动员使用兴奋剂参加国内、国际重大体育竞赛的，依照规定从重处罚。

（三）走私、贩卖、运输、制造毒品罪罪名的确定

走私、贩卖、运输、制造毒品罪是选择性罪名，对同一宗毒品实施了两种以上犯罪行为的，应当按照所实施的犯罪行为的性质并列确定罪名，毒品数量不重复计算，不实行数罪并罚。对同一宗毒品可能实施了两种以上犯罪行为，但相应证据只能认定其中一种或者几种行为，认定其他行为的证据不够确实充分的，则只按照依法能够认定的行为的性质定罪。对不同宗毒品分别实施了不同犯罪行为的，应对不同行为并列确定罪名，累计计算毒品数量，不实行数罪并罚。罪名不以行为实施的先后、毒品数量或者危害大小排列，一律以刑法条文规定的顺序表述。

走私、贩卖、运输、制造毒品的犯罪人，都会非法持有毒品，如果行为人为了走私、贩卖、运输、制造毒品而非法持有毒品，应认定为走私、贩卖、运输、制造毒品罪，不能数罪并罚。

二、案例介绍

（一）基本案情

被告人马某某，男，1996 年出生，原系某社区卫生服务中心药剂师。2020 年 8 月 16 日，马某某在网络上发布信息，称有三唑仑及其他违禁品出售。2021 年 4 月 16 日，马某某通过网络向境外卖家求购咪达唑仑，并支付人民币 1100 元。后境外卖家通过快递将一盒咪达唑仑从德国邮寄至马某某的住处，马某某以虚构的"李某英"作为收件人领取包裹。

2021 年 4 月 20 日至 25 日，马某某以名为"李医生"的 QQ 账号，与"阳光男孩"等多名 QQ 用户商议出售三唑仑、咪达唑仑等精神药品。然而，马某某尚未卖出上述药品即于同年 7 月 15 日被民警抓获。民警在其住处查获透明液体 12 支（净重 36mL，经鉴定，检出咪达唑仑成分）、蓝色片剂

13 粒 (净重 3.25mg, 经鉴定, 检出三唑仑成分)、白色片剂 72 粒 (净重 28.8mg, 经鉴定, 检出阿普唑仑成分) 等物品。

(二) 争议焦点

本案争议焦点有两个: 一是马某某的行为是否符合毒品犯罪的犯罪构成。马某某的辩护人向检察机关提出意见认为, 国家管制的麻醉药品和精神药品种类繁多, 马某某案发时并不明知其所购买的咪达唑仑、三唑仑等精神药品属于国家管制名录中的毒品, 马某某的行为不构成毒品犯罪。检察机关认为, 涉案毒品均已列入向社会公布的《精神药品品种目录》, 马某某作为药学专业毕业生和药剂师, 具备专业知识, 对于精神药品属性具有认知能力。据马某某供述, 其明知涉案药物不能在市面上随意流通和购买, 只能通过翻墙软件、借助境外网络聊天工具购买, 并假报姓名作为收货人, 通过隐秘手段付款, 将精神药品走私入境。后马某某又在网上发布出售广告, 称相关药品可用于非法用途, 与多名买家商谈价格和发货方式。可见, 马某某的行为构成走私、贩卖毒品罪。

二是马某某的行为是否构成既遂。辩护人认为马某某未贩卖成功, 也未实际使用, 属于贩卖毒品未遂。马某某以贩卖为目的走私入境咪达唑仑等毒品, 后又在网上发布出售毒品的信息, 且与多名买家商谈交易事宜, 根据相关司法解释性文件的规定, 其行为已构成贩卖毒品罪既遂。

(三) 裁判结果

2022 年 2 月 18 日, 广州市中级人民法院作出一审判决, 采纳检察机关的指控意见和量刑建议, 以走私、贩卖毒品罪判处被告人马某某有期徒刑八个月, 并处罚金人民币 5000 元。马某某未上诉, 判决已生效。

三、案例分析

(一) 被告人马某某主观上是否明知所贩卖的产品为毒品是案件的争议焦点之一

涉麻醉药品、精神药品类新型毒品案件存在主观明知认定难等办理难点, 判断行为人能否认识到麻醉药品或精神药品属于毒品, 不能仅凭其本人供述，还应坚持主客观一致原则，借鉴金融犯罪穿透式审查思维，注意收集和审查证明主观明知的证据，结合其认知能力、学历和从业背景、是否曾有同类药物服用史、是否使用虚假身份交易、是否采用隐蔽手段支付及寄递、是否获取不同寻常的高额利润等证据进行综合判断，准确分析认定行为人的主观心理状态。本案毒品均已列入向社会公布的《精神药品品种目录》，马某某具有大学本科药学学位、取得药学初级卫生专业技术资格，案发时为某社区卫生服务中心药剂师，具备医药方面的专业知识，对于精神药品属性具有认知能力。马某某明知三唑仑、咪达唑仑等药物属于国家严格管控的精神药品，不能在市面上随意流通和购买，只能通过翻墙软件、借助境外网络聊天工具购买，并假报姓名作为收货人，通过隐蔽手段付款，将精神药品走私入境，证明其主观明知走私该类药物入境的违法性。马某某与卖家和买家的网络聊天记录、发布的网页广告等电子证据显示，其曾在网上发布出售广告，称相关药品可用于非法用途，又与多名买家商谈价格和发货方式，可见其走私、购买上述药物并非用于安神、催眠等医疗用途，而是用于贩卖或其他非法用途。基于被告人药剂师的身份，其对精神药品应该具备认知能力，结合被告人在贩卖过程中实施了隐秘付款等行为，足以推定其具备主观上的故意。①

（二）被告人马某某的行为是否为既遂是本案的另一争议焦点

贩卖毒品罪的既遂标准在理论界和实务中一直存在不同的见解，理论界主流观点认为，贩卖毒品罪应以"毒品交付"（交付说）为既遂标准。如张明楷教授主张，贩卖毒品以毒品实际转移给买方为既遂。周光权教授也持类似观点。

"交付说"认为，基于词义，"贩"有"买进"和"卖"两种意思，"贩卖"的核心在"卖"。在刑法条文中，涉及"贩卖"的相关条款将"收购""收买"等词与"贩卖"并立，表明"贩卖"并不包含"买入"，以毒品的实际交付作为犯罪既遂的认定标准符合"贩卖"一词的语言学释义，也与刑法体系解释的基本立场相统一。行为犯要求犯罪行为必须具有终结性，贩卖毒品是一个交易行为，只有实际交付完成，才表明交易行为的终结，而

---

① 李学东、黄洁梅：《走私、贩卖麻醉药品、精神药品案件办理实务》，《中国检察官》2022 年第 18 期，第 12-14 页。

且也只有真正转移毒品控制权，贩卖毒品罪的法益才真正遭受现实的侵害。

然而，与理论界的主张有所不同，司法实务中较为普遍地赞同"买入即既遂"的观点，只要行为人以贩卖为目的而买入毒品，即成立贩卖毒品罪的既遂。在 2008 年 9 月 23 日至 24 日召开的全国部分法院审理毒品犯罪案件工作座谈会上，形成的会议纪要明确指出："毒品交易双方约定交易地点后尚未见面，在路途中即被抓获的，对于卖方，仍应按以上原则（有利于依法严惩犯罪的原则）认定为犯罪既遂，因为他是为卖而买到毒品的，或者为卖而通过走私、制造获得了毒品，如其毒品是祖上传下来的，尚未出手即被查获，也可认定为贩卖毒品未遂；对于买方，因其尚未与卖方进行实际交易，应认定为犯罪未遂。"《关于办理毒品犯罪案件适用法律若干问题的指导意见》第 19 条第 1 款第 1 项、第 2 项规定："以贩卖毒品为目的，已经买进了毒品，应以既遂论处"，"正在进行毒品交易时被人赃并获，不论是否交易成功，对卖方和以贩卖为目的的买方均应以既遂论处"。①

贩卖毒品罪的既遂与未遂争议源自对"贩卖"一词的理解分歧，"以贩卖为目的"的购买毒品行为属于该罪的预备行为还是实行行为成为争议的焦点。若从"贩卖"一词本源含义出发，贩卖行为并不当然地具备买与卖两个环节，然而从目的犯立法特点出发，刑法需要对贩卖毒品的行为进行实质化解释。以贩卖为目的购毒行为一经完成即认定为犯罪既遂，是实现保护法益早期化与预防毒品犯罪提前化的必然结果，这也是刑法规制贩卖毒品罪的原本立法目的。同时，"期待结果出现说"也为判断故意犯罪的既遂与未遂提供了新的参考。实践中，购买毒品通常为出售毒品的前置环节，二者结合成为完整的贩毒行为。行为人以贩卖为目的的购毒行为一经完成，已导致行为人所期待的最终结果部分出现，可认定犯罪既遂。②

按照"交付说"，被告人的行为符合未遂的特征，但从贩卖的词义射程范围来看，被告人完全符合贩卖毒品罪的特征，被告人以贩卖为目的，走私毒品，并且在网络上发布售卖信息，即已经实施了贩卖的行为，至于是否从贩卖行为中获利不应该作为贩卖的考量因素，因此，本案的犯罪形态被认定为贩卖毒品罪既遂。

① 徐前、舒登维：《贩卖毒品罪应否以"交付说"为既遂认定标准》，《人民法院报》2013 年 1 月 12 日，第 5 版。
② 张汝铮：《贩卖毒品罪既遂标准的审视与重构》，《河北法学》2019 年第 12 期，第 191 页。

✎ 四、课程思政解读

"马某某走私、贩卖毒品案"所涉及的课程思政元素至少体现在以下几个方面。

(一) 打击毒品犯罪有利于维护社会秩序

毒品犯罪的社会危害性极大，毒品贩卖为吸食毒品者提供便利，吸毒者不仅仅自身会遭受严重的身体疾病困扰，更会在自我毁灭的同时，对其家庭造成毁灭性打击，使家庭陷入经济困难，严重者甚至家破人亡。此外，贩卖毒品会扰乱社会治安，诱发各种违法犯罪活动，造成社会财富的巨大损失和浪费。对毒品犯罪的嫌疑人、被告人严格定罪量刑，有利于打击毒品犯罪，减少毒品对社会造成的不良危害。

毒品犯罪对社会和个人的危害不容忽视。为了打击贩毒，全社会需要共同努力，从法律、教育、宣传等多方面入手，形成合力。法律的严明与执行的公正是打击毒品犯罪的基础，毒品管理法的完善和刑法的配套措施将为打击毒品犯罪提供强有力的法律武器。同时，我们要重视预防，通过加强对公众的法律教育和宣传，增强公众的法律意识和自我保护意识，让每个人都能认识到毒品犯罪的危害，积极参与到打击毒品犯罪的行动中来。国际合作也是打击跨国毒品犯罪的关键，我们要加强与其他国家和地区的执法合作，共同打击毒品犯罪，维护国际社会的共同安全。我们应有效打击贩毒行为，保障公共安全，营造安全、和谐、稳定的社会环境，为实现社会的长治久安和可持续发展、构建和谐繁荣的社会作出积极的贡献。

(二) 打击毒品犯罪有利于树立正确的价值观

当代青少年一部分由于急功近利、缺乏思想教育，走上贩卖毒品的道路。这对青少年自身产生了深远的危害，也给社会带来了很大的负面影响。例如，2023年山西省高级人民法院发布的典型案例中有一起在校大学生贩卖毒品案备受社会关注。被告人张某闯为在校大学生，因经济窘迫，在网上浏览快速赚钱帖时加了一个QQ号码。与对方联系后，对方告知张某闯快速赚取高额费用的方式是给他人取藏有毒品的快递并送到指定地点。2020年8月11日，张某闯通过QQ沟通接受毒品卖家的安排，从江西省宜春市出发，乘高铁、飞机、汽车辗转前往山西省原平市。次日，张某闯按毒品卖家指示前往原平市邮政局取了一个从云南省临沧市发来的快递,后在携带该快递与毒品买家接头时被公安机关抓获。公安机关在该快递中查获毒品吗啡 1000.99 克。山西省忻州市中级人民法院经审理认为,被告人张某闯为获取非法利益,违反国家对毒品的管制规定,帮助他人运输毒品吗啡 1000.99 克,数量大,其行为已构成运输毒品罪。遂以被告人张某闯犯运输毒品罪,一审判处有期徒刑十五年,并处没收个人财产人民币 10 万元。随着互联网技术和物流业的发展,犯罪分子利用网络、物流并寻找第三人取送包裹来完成贩卖毒品的犯罪逐渐增多,毒品交易更加隐蔽。在本案中,毒贩引诱、利用在校学生完成藏毒包裹的取送,涉毒数量大,将在校学生拽入毒品犯罪的深渊,毁灭的不仅仅是在校学生的学业、人生,更是其家庭的希望与支撑。本案的判决警示学生们引以为戒,增强法律意识,不要贪图一时之利,谨慎防范毒犯诱惑。[①]大学生贩卖毒品的原因是多方面的,既有利益的诱惑,也有对法律后果的无知。通过本案例,学生能认识到贩卖毒品的社会危害性及其可能带来的法律后果,对大学生起到教育警示作用,发挥法的一般教育价值。

(三) 发挥刑事审判惩治功能,严厉打击毒品犯罪

禁毒工作事关国家安危、民族兴衰、人民福祉,厉行禁毒是党和政府的一贯立场与主张。各级人民法院始终高度重视禁毒工作,特别是近年来,人民法院充分发挥刑事审判职能,认真贯彻落实习近平总书记关于禁毒工作的重要指示精神和中央禁毒决策部署,理念进一步更新,举措更加多元,工作更加规范,禁毒工作明显呈现出高质量发展的良好态势,取得了突出的成绩。当前,我国毒情呈现整体向好态势,毒品滥用得到有效控制,毒品犯罪案件数量大幅下降。但同时,国内外毒情也在不断出现新情况、发生新变化,毒品犯罪呈现出新的趋势和特点。为了持续推进人民法院禁毒工作高质量发展,更好地服务国家禁毒工作大局,要重视以下几个方面的工作。

一是着力完善人民法院参与禁毒综合治理机制。毒品问题是复杂的社会问题,对毒品问题的治理应立足于其生成机理,采取理性和科学的态度。毒品犯罪与毒品滥用相伴而生,一般而言,毒品滥用问题严峻,毒品犯罪的整体形势就会严峻,毒品犯罪的有效治理应立足于毒品犯罪的生成规律。禁毒

---

① 《省高院发布 2023 年十大毒品犯罪典型案例》,山西省高级人民法院官网,https://sxgy. shanxify. gov. cn/article/detail/2023/06/id/7367227. shtml,访问日期:2023 年 8 月 30 日。

法明确规定，禁毒工作实行预防为主，综合治理，禁种、禁制、禁贩、禁吸并举的方针。这些年，人民法院一直致力于探索参与禁毒综合治理机制，比如完善常态化禁毒宣传机制，重视与其他禁毒职能部门的密切合作，以案件办理为契机，积极以司法建议推动构建严密的禁毒防控体系等。毒品问题涉及社会治理的多个层面和方面，整体而言，国家和社会需要重视惩罚、预防和医疗三者机制的参与和协调关系。对毒品违法犯罪分子，要重视依法惩治；对社会民众特别是青少年，要重视禁毒教育与预防，避免其走近毒品；对于毒品滥用者，则需要重视通过医疗等手段积极对其戒治。一个国家的禁毒机制是否科学合理，与惩罚、预防和医疗三者之间的结构和比例密切相关，我国也不例外。在各级禁毒委员会的组织协调下，近些年，人民法院一直重视参与禁毒综合治理，对毒品犯罪始终坚持打击与治理并重。当前，党中央高度重视全面贯彻新发展理念，加快构建新发展格局，着力推动高质量发展，这为各级人民法院进一步参与禁毒综合治理指明了方向，也提供了政策和制度保障。各级人民法院应立足于刑事审判工作，进一步完善人民法院参与禁毒综合治理机制，能动司法，积极探索禁毒合作共治的新举措，推进人民法院禁毒工作现代化。

二是重视贯彻宽严相济刑事政策。宽严相济刑事政策是我国基本刑事政策，毒品犯罪治理中当然应贯彻。囿于过去一段时期我国毒情的严峻形势和毒品犯罪严重的社会危害性，国家对毒品犯罪整体采取的是依法从严打击的立场。宽严相济刑事政策的核心要义在于对犯罪处理要根据案件具体情况区别对待，办案人员有必要充分理解依法从严只是毒品犯罪惩治的整体立场和主基调，并非意味着不论毒品种类和犯罪行为的类型、情节、数量及行为人的具体情况，对毒品犯罪惩治一概从严。只有坚持宽严相济和区别对待，才能实现对毒品犯罪的准确认定和精准打击。当前，要继续确保对于源头性毒品犯罪，大宗毒品犯罪，具有严重情节和主观恶性深、人身危险性大的毒品犯罪从严打击的力度；要重视和加大对新型毒品犯罪、侵害青少年毒品犯罪的打击力度。与此同时，要继续严格控制毒品犯罪死刑的适用；对于初犯、偶犯、未成年犯，特别是数量小的毒品犯罪，要注意以宽济严；对于涉麻精药品违法犯罪行为是否构成毒品犯罪及处罚，要注意刑法与行政法的衔接，准确认定行为性质，避免简单地动用刑法惩治。

三是重视对涉案财产的查处与追缴。犯罪的有效治理应立足于犯罪的特点，毒品犯罪具有明显的贪利性特征，所以，对于毒品犯罪的有效惩治必须充分重视财产刑适用，加大对涉毒资产的没收追缴力度，依法惩治涉毒洗钱违法犯罪活动。近年来，人民法院越来越重视通过加重对犯罪的经济上的制裁以确保对犯罪的有效惩治，这是我国犯罪治理更为科学、全面和现代化的鲜明体现。但在毒品犯罪惩治中，还存在"重抓人、轻查处涉毒资产"的现象。为了确保毒品犯罪惩治的质效，包括人民法院在内的办案机关有必要进一步认识涉毒资产查处的重大意义，针对当前信息网络社会重大毒品犯罪涉毒资产查处的难题，立法或司法机关有必要对涉毒资产及其查处作出专门的、新的规定，以适应毒品犯罪新特点及对其惩治的需要。

五、问题拓展讨论

1. 走私、贩卖、运输、制造毒品罪是选择性罪名，对同一宗毒品实施了两种以上犯罪行为，应当如何确定罪名？是否实行数罪并罚？

2. 以贩养吸的被告人，毒品数量如何计算？

3. 有证据证明行为人不以牟利为目的，为他人代购仅用于吸食的毒品，是否构成贩卖毒品罪？

4. 代购毒品的行为如何定性？

5. 非法持有毒品罪的主观认定面临哪些难题？如何破解？

6. 引诱、教唆、欺骗不满14周岁的人吸食、注射毒品的行为是否可以认定为强迫他人吸毒罪？

六、阅读文献推荐

1. 祁亚平：《毒品案件中的证据理论与证据实践》，中国政法大学出版社，2019年。

2. 邓立军：《程序法视野下的控制下交付》，中国政法大学出版社，2019年。

3. 张洪成：《毒品犯罪刑事政策之反思与修正》，中国政法大学出版社，2017年。

4. 高巍：《中国禁毒三十年——以刑事规制为主线》，上海社会科学院出版社，2016年。

5. 金伟峰：《中国禁毒法律制度研究》，上海社会科学院出版社，2016年。

6. 张军：《刑法（分则）及配套规定新释新解》，人民法院出版社，2011 年。

7. 王登辉、罗倩：《贩卖毒品罪若干基础理论辨正》，《中国刑事法杂志》2016 年第 2 期。

8. 张建、俞小海：《贩卖毒品罪未遂标准的正本清源》，《法学》2011 年第 3 期。

9. 何荣功：《毒品代购与代购牟利的行为定性》，《法学》2022 年第 9 期。

10. 李立众：《贩卖毒品罪中"买入毒品即既遂说"之反思》，《华东政法大学学报》2020 年第 1 期。

贪污贿赂罪

案例 24：丁某某受贿案①

⚠ 一、知识点提要

贪污贿赂罪的本质在于以公权谋私利，进行权钱交易，其社会危害性不仅表现在侵犯了公共财产所有权，而且表现在严重破坏了公务行为的廉洁性，损害了国家工作人员人民公仆的形象，玷污了党和政府的声誉。贪污贿赂罪具有贪利性犯罪和渎职性犯罪的双重特点。

（一）贪污贿赂罪的概念

贪污贿赂罪，是指行为人贪污、挪用、私分公共财物，索取、收受贿赂，破坏公务行为的廉洁性，或者以国家工作人员、国有单位为对象进行贿赂，收买公务行为的一类犯罪的总称。

（二）贪污贿赂罪的构成特征

1. 犯罪客体

贪污贿赂罪的客体主要是国家工作人员公务行为的廉洁性，多数犯罪同时也侵犯了公共财产或国有资产的所有权；少数犯罪如贿赂罪属于典型的权钱交易型犯罪，行为人在中饱私囊、亵渎公务行为廉洁性的同时，也间接侵犯了公共财产或他人财产的所有权。

---

① 上海市第二中级人民法院（2013）沪二中刑终字第 116 号刑事判决书。

2. 犯罪客观方面

贪污贿赂罪的客观方面一般表现为国家工作人员利用职务上的便利，贪污、挪用、私分公共财物或国有资产，收受或者索取贿赂，谋取非法利益，亵渎公务行为的廉洁性的行为。少数犯罪如行贿罪、介绍贿赂罪，虽非国家工作人员利用职务之便实施，却是以国家工作人员的公务行为为收买对象，与国家工作人员实施的受贿罪具有对合性或关联性。在行为形态上多数由作为构成，如贪污罪、挪用公款罪等。

3. 犯罪主体

贪污贿赂犯罪的多数犯罪主体是国家工作人员，如贪污罪、挪用公款罪、受贿罪、巨额财产来源不明罪等，少数犯罪主体是一般主体，如行贿罪和介绍贿赂罪。贪污贿赂犯罪的大多数犯罪只能由自然人实施，少数犯罪只能由单位实施，如单位受贿罪、单位行贿罪、私分国有资产罪等，行贿罪则既可以由自然人实施，也可以由单位实施。

4. 犯罪主观方面

贪污贿赂犯罪的主观方面只能由直接故意构成，间接故意和过失都不能构成犯罪。其中，贪污罪要求以非法占有为目的，行贿罪的犯罪目的是谋取不正当利益。

(三) 贪污贿赂罪的种类

1. 贪污罪

贪污罪是指国家工作人员以非法占有为目的利用职务上的便利，侵吞、窃取、骗取或者以其他手段非法占有公共财物的行为。

2. 挪用公款罪

挪用公款罪是指国家工作人员利用职务上的便利，挪用公款归个人使用，进行非法活动的，或者挪用公款数额较大、进行营利活动的，或者挪用公款数额较大、超过三个月未还的行为。本罪的法益是公款的占有权、使用权、收益权及职务行为的廉洁性。

3. 私分国有资产罪、私分罚没财物罪

私分国有资产罪，是指国家机关、国有公司、企业、事业单位、人民团体，违反国家规定以单位名义将国有资产集体私分给个人，数额较大的行为。

私分罚没财物罪，是指司法机关、行政执法机关违反国家规定，将应当上缴国家的罚没财物，以单位名义集体私分给个人的行为。

4. 巨额财产来源不明罪

巨额财产来源不明罪是指国家工作人员的财产、支出明显超过合法收入，国家工作人员不能说明来源的行为。行为主体只限于国家工作人员。国家工作人员退休或者辞职后，检察机关发现其有巨额来源不明的财产，行为人不能说明来源的，由于其不具有国家工作人员身份，不能以本罪论处。行为人由非国家工作人员转为国家工作人员后，检察机关发现其拥有巨额财产，要求其说明来源，行为人不能说明来源的，则应以本罪论处。

5. 隐瞒境外存款罪

隐瞒境外存款罪，是指国家工作人员在境外的存款数额较大，违反应当申报的规定，隐瞒不报的行为。其中，"存款"不限于现金，还包括有价证券。

6. 受贿罪

受贿罪，是指国家工作人员利用职务上的便利，索取他人财物，或者非法收受他人财物，为他人谋取利益的行为。

7. 单位受贿罪

单位受贿罪是指国家机关、国有公司、企业、事业单位、人民团体，索取、非法收受他人财物，为他人谋取利益，情节严重的行为。

8. 利用影响力受贿罪

国家工作人员的近亲属或者其他与该国家工作人员关系密切的人，通过该国家工作人员职务上的行为，或者利用该国家工作人员职权或者地位形成的便利条件，通过其他国家工作人员职务上的行为，为请托人谋取不正当利益，索取请托人财物或者收受请托人财物，数额较大或者有其他较重情节的，以及离职的国家工作人员或者其近亲属及其他与其关系密切的人，利用该离职的国家工作人员原职权或者地位形成的便利条件实施上述行为的，构成利用影响力受贿罪。

9. 对有影响力的人行贿罪

自然人或者单位为谋取不正当利益，向国家工作人员的近亲属或者其他与该国家工作人员关系密切的人，或者向离职的国家工作人员或者其近亲属及其他与其关系密切的人行贿的行为。本罪与利用影响力受贿罪是对向关系。

10. 行贿罪

行贿罪是指为谋取不正当利益，给予国家工作人员以财物的行为。行贿罪的保护法益是国家工作人员职务行为的不可收买性。

11. 对单位行贿罪

对单位行贿罪，是指个人或者单位为谋取不正当利益，给予国家机关、国有公司、企业、事业单位、人民团体以财物，或者在经济往来中，违反国家规定给予各种名义的回扣、手续费的行为。被认定为单位犯罪的，须是为单位谋取不正当利益，行贿取得的利益须归单位所有；如果为了个人利益而以单位名义行贿，或者因行贿取得的利益归个人所有的，则应认定为自然人犯罪。

12. 单位行贿罪

单位行贿罪，是指单位为谋取不正当利益而给予国家工作人员以财物，或者违反国家规定，给予国家工作人员以回扣、手续费，情节严重的行为。

13. 介绍贿赂罪

介绍贿赂罪是指向国家工作人员介绍贿赂，情节严重的行为。

(四) 贪污贿赂罪的罪数问题

国家工作人员帮助他人骗取补偿款的行为，大多同时触犯数个罪名，其中有的应当实行数罪并罚，有的应当按想象竞合处理。当国家机关工作人员滥用职权发放补偿款给他人时，是滥用职权罪与贪污罪（诈骗罪）的想象竞合，应当认定为数罪，但只能从一重罪处罚。此外，具有处分权限的国家工作人员违规决定将补偿款发放给他人，进而收受贿赂的，即使没有分赃，也应按贪污罪与受贿罪实行数罪并罚。不具有处分权限的国家工作人员利用职权帮助他人骗取补偿款，同时索取收受贿赂的，则应按受贿罪与诈骗罪实行数罪并罚。

国家工作人员所实施的为他人谋取利益的行为构成犯罪时，除刑法有特别规定的以外，应当认定为数罪，实行并罚。受贿罪的法益是职务行为的不可收买性，而"为他人谋取利益"的最低要求是只要许诺为他人谋取利益即可，而且包含一定的虚假许诺，所以，客观上为他人谋取利益的犯罪行为，是超出受贿罪构成要件之外的行为。受贿罪是比较严重的犯罪，而其法定刑主要是根据受贿数额与情节设定的。国家工作人员收受贿赂为他人谋取利益的行为所构成的犯罪，都属于罪质严重的渎职犯罪，对之实行并罚，有利于实现罪刑相适应。

275

📑 二、案例介绍

(一) 基本案情

被告人丁某某，男，1977 年 7 月 6 日出生于上海市，汉族，大专文化，原系上海市嘉定区马陆镇社区卫生服务中心办公室信息管理员，住本市嘉定工业区南苑五村××号××室。2011 年 5 月 24 日、2012 年 5 月 25 日因涉嫌犯受贿罪被上海市嘉定区人民检察院取保候审，2012 年 11 月 2 日被上海市嘉定区人民法院取保候审。

被告人丁某某在担任上海市嘉定区马陆镇社区卫生服务中心办公室信息管理员期间，利用负责构建、维护计算机网络及日常信息统计工作的便利，于 2006 年至 2011 年间收受非洛地平片、伤湿止痛膏等医药销售代表许某给予的好处费人民币 27600 元，2007 年下半年至 2011 年 3 月、4 月间收受浙江海力生制药公司医药销售代表张某球给予的好处费 18000 元，并向上述医药销售代表提供医院药品使用情况；2008 年至 2010 年间，收受电脑设备供应商上海银兵贸易有限公司负责人吴某兵给予的价值 2000 元的礼券、消费卡。上述收取的好处费共计 4.7 万余元。

(二) 争议焦点

本案的争议焦点是被告人丁某某是否属于国家工作人员。上海市嘉定区人民法院认为，被告人丁某某原系上海市嘉定区马陆镇社区卫生服务中心办公室信息管理员，具有构建、维护计算机网络及日常信息统计工作职责，其向医药销售代表提供该院相关药品使用情况，系利用了不具有职权内容的工作便利，不具有从事公务的性质，对其不应以国家工作人员论，其行为构成非国家工作人员受贿罪，应依法惩处。上海市嘉定区人民检察院提出抗诉，认为一审判决定性错误，量刑明显不当。上海市嘉定区马陆镇社区卫生服务中心系国有事业单位，丁某某系该单位事业编制人员。丁某某作为办公室信息管理员，其工作职责具有技术和管理相结合的双重特征，其中丁某某对医院内用药数据等信息管理、监控、保密的职责实质上是履行对公共事务的管理、监督职责。丁某某具有从事公务的行为，一审判决仅注意到信息管理工作技术属性的一面，忽略了其公共事务管理属性的另一面。医药销售代表之所以给丁某某钱财，系在于丁某某提供的相关用药数据，可使医药销售代表在市场竞争中获得优势地位，本质上属于通过非正当手段获取经济利益。丁某某利用医院赋予的职权提供相关用药数据，收受钱款，为医药销售代表谋取利益，符合受贿罪的本质。

（三）裁判结果

上海市嘉定区人民法院以非国家工作人员受贿罪判处被告人丁某某有期徒刑一年九个月，缓刑一年九个月，违法所得予以没收。2013 年 5 月 17 日，上海市第二中级人民法院作出终审判决：（1）维持上海市嘉定区人民法院（2012）嘉刑初字第 1117 号刑事判决的第二项，即违法所得予以没收；（2）撤销上海市嘉定区人民法院（2012）嘉刑初字第 1117 号刑事判决的第一项，即被告人丁某某犯非国家工作人员受贿罪，判处有期徒刑一年九个月，缓刑一年九个月；（3）原审被告人丁某某犯受贿罪，判处有期徒刑三年，缓刑三年。

三、案例分析

本案的争议焦点在于被告人丁某某是否属于国家工作人员，应该如何定性。

受贿罪的主体是国家工作人员，包括：（1）国家机关中从事公务的人员，包括中国共产党的各级机关、中国人民政治协商会议的各级机关中从事公务的人员。（2）国有公司、企业、事业单位、人民团体中从事公务的人员。国有公司是指公司财产属于国家所有的公司及国家控股的股份有限公司。国有企业是指财产属于国家所有的从事生产、经营活动的企业。国有事业单位是指国家投资兴办管理的科研、教育、文化、卫生、体育、新闻、广播、出版等单位。人民团体是指各民主党派、各级工会、共青团、妇联等群众性组织。（3）国家机关、国有公司、企业、事业单位委派到非国有公司、企业、事业单位、社会团体中从事公务的人员。只要他们在其中从事公务，不论被委派前是否具有国家工作人员的身份，都以国家工作人员论。社会团体是指各种依法成立的学会、协会、基金会等社会团体。（4）其他依照法律从事公务的人员。从事公务，是指在国家机关、国有公司、企业、事业单位、人民团体、社会团体中履行组织、领导、监督、管理等职责的人员。中国共产党基层组织的组成人员的职务活动也属于从事公务活动。在上属单位中直接从事生产劳动或者服务性劳动的人员，如国家机关中的工勤人员、工厂的工人、商店的售货员、宾馆的服务员、部队战士、司机、收款员、售票员、购销员等，不属于从事公务的人员。

受贿罪在客观上是行为人具有利用职务上的便利，向他人索取财物，或者收受他人财物并为他人谋取利益的行为。利用职务之便可以分为以下两种情况：（1）利用职务上的便利，即利用职权。"职权"是指国家机关及其公职人员依法作出一定行为的资格，是权力的特殊表现形式，具体是指利用本人职务范围内的权力，也即利用本人在职务上直接处理某项事务的权利。"利用职务上的便利"，既包括利用本人职务上主管、负责、承办某项公共事务的职权，也包括利用职务上有隶属、制约关系的其他国家工作人员的职权。（2）利用与职务有关的便利条件。利用与职务有关的便利，即不是直接利用职权，而是利用本人职权或地位形成的便利条件，本人从中向请托人索取或者非法收受财物的行为。这里的"利用本人职权或者地位形成的便利条件"，是指行为人与被其利用的国家工作人员之间在职务上虽然没有隶属、制约关系，但是行为人利用了本人职权或者地位的影响和一定的工作联系，如单位内不同部门的国家工作人员之间，上下级单位没有职务上隶属、制约关系的国家工作人员之间，有工作联系的不同单位的国家工作人员之间等。

从客观行为来看，受贿罪有两种具体表现形式：其一，行为人利用职务上的便利，向他人索取财物；其二，行为人利用职务上的便利，收受他人贿赂而为他人谋取利益。国家工作人员在经济往来中，违反国家规定，收受各种名义的回扣、手续费，归个人所有的，以受贿罪论处。

丁某某是国有事业单位上海市嘉定区马陆镇社区卫生服务中心的事业编制人员，作为办公室信息管理员，工作职责包括监控信息数据库使用情况，管理用户权限，协助相关部门进行医保数据的统计、传输等信息管理工作，并对数据的真实性、准确性和安全性负责。这些信息是国有事业单位医院对医疗业务进行管理、监督、决策的重要依据。丁某某管理、监控医院用药数据等医保信息，是履行公共事务管理、监督等职责，从事的活动具有公务性质，故其应以国家工作人员论。丁某某利用信息管理的职权私自向药商提供数据，收受钱款，符合受贿罪钱权交易的特征，其还利用具有单位电脑采购建议权的职务便利，在计算机网络日常维护管理工作中，收取电脑设备供应商的礼券、消费卡，相关金额应与前述收取医药销售代表的贿赂款累计，一并以受贿罪论处。①

综上所述，在国有医疗机构中，从事医疗数据统计、传输、维护等信息管理工作的事业编制人员，其统计、传输、维护的信息和数据系国有医疗机构对医疗业务进行管理、监督、决策的重要依据，属于医保信息，工作内容具有公务性质，该类人员系国有事业单位中从事公务的人员，应以国家工作人员论。该类人员利用从事信息管理的职务便利，非法收受医药营销人员财物，向其提供本医疗机构药品使用情况统计数据等信息，为相关药品生产、销售企业以不正当手段销售药品提供便利的行为，应当依照受贿罪定罪处罚。

四、课程思政解读

"丁某某受贿案"涉及的课程思政元素至少体现在以下几个方面。

（一）反腐败是最彻底的自我革命

习近平总书记明确指出："腐败是党内各种不良因素长期积累、持续发酵的体现，反腐败就是同各种弱化党的先进性、损害党的纯洁性的病原体作斗争。""反腐败斗争关系民心这个最大的政治，是一场输不起也决不能输的重大政治斗争。"党的二十大报告强调："腐败是危害党的生命力和战斗力的最大毒瘤，反腐败是最彻底的自我革命。"这些都充分揭示了反腐败斗争的长期性、复杂性、艰巨性，要求我们将其作为一场攻坚战、持久战来部署。

"反腐败是最彻底的自我革命"与腐败的巨大危害相称。中国共产党作为始终同人民在一起、为人民利益而奋斗的马克思主义政党，同腐败水火不相容是党的性质所决定的，反对腐败是党一贯坚持的鲜明政治立场。习近平总书记强调："人民群众最痛恨腐败现象，腐败是我们党面临的最大威胁"，"腐败问题对我们党的伤害最大"，"要铲除腐败这个最致命的'污染源'"。这些"最"字充分体现了腐败危害的巨大性乃至毁灭性。由此不难理解，习近平总书记不断强调伟大自我革命和反腐败斗争的重大意义，以及通过零容忍、刮骨疗毒、壮士断腕、猛药去疴、重典治乱、刀刃向内等词语表达了我们党反腐败的鲜明态度。

---

① 上海市第二中级人民法院（2013）沪二中刑终字第116号刑事判决书。

"反腐败是最彻底的自我革命"与自我革命的巨大难度相称。胜人者有力，自胜者强。革命难，自我革命更难，主动自我革命更是难上加难。腐败问题由来已久，不是一个时期、一个政党、一个社会的特殊问题。反腐败斗争极其复杂、极其艰难，容不得丝毫退让妥协，必须始终保持正视问题的自觉和刀刃向内的勇气，坚决割除毒瘤、清除毒源、肃清流毒，以党永不变质确保红色江山永不变色。

"反腐败是最彻底的自我革命"是对新时代反腐败与自我革命相互关系的准确把握。勇于自我革命是中国共产党区别于其他政党的显著标志。党的十八大以来，以习近平同志为核心的党中央把反腐败斗争摆到更加突出的位置，以"得罪千百人、不负十四亿"的使命担当祛疴治乱，"打虎""拍蝇""猎狐"多管齐下，反腐败斗争取得压倒性胜利并全面巩固，消除了党、国家、军队内部存在的严重隐患。事实证明，我们党的反腐败斗争不是看人下菜的"势利店"，不是争权夺利的"纸牌屋"，也不是有头无尾的"烂尾楼"，而是最彻底的自我革命。

(二) 贪污贿赂犯罪治理是一项民心工程

公共资源是社会共同拥有的资源，掌握公共资源的个人收受贿赂后，不再以公共利益为出发点，而是以个人私利为出发点分配公共资源，导致公共资源流向少数人，其他大多数人的可期待利益受到损失，社会公众丧失对管理者的信赖，最终造成社会治理失序。

在一些领域和行业中，商业贿赂已成为市场交易的"潜规则"，一些企业为避免在竞争中失去市场机会，不得不加入行贿的行列，形成商业贿赂的社会环境。这一环境形成以后，行贿企业之间不得不贿赂竞争，贿赂的成本越来越大，用于产品研发或技术革新的资金越来越少，市场价值规律和市场竞争规律无法正常发挥作用，严重影响生产技术、服务水平提高及产业结构提升。

掌握公共资源的个人贪污受贿后，将资金用于个人消费、生活挥霍或携带出国，严重败坏社会风气。当少数人因贪污受贿获利时，社会所付出的成本不仅是资源的浪费，还包括公平观念的倾覆、公正生态的损害。贿赂违背和谐社会"民主法治、公平正义、诚信友爱、充满活力、安定有序、人与自然和谐相处"的基本特征和要求，容易激化社会矛盾，破坏政府的公信力。对贪污贿赂罪零容忍，是维护公共利益、保障公平公正的选择。

(三) 在全社会塑造廉洁道德文化观

贪污贿赂犯罪与错误的价值观紧密相关，行为主体一旦形成特定的价值观念，就会表现出相应的行为选择。随着社会生活水平的不断提高，人民的生活质量普遍得到改善，部分国家公职人员的合法收入不能满足物质生活需求的提高，就将索取收受他人贿赂作为补偿自身劳动价值的一种手段。有些国家公职人员把国家赋予的权力转化成为自己谋取利益、发家致富的手段。根据 2022 年最高人民检察院工作报告，检察院共受理各级监委移送职务犯罪 8.8 万人，已起诉 7.8 万人，其中原省部级以上干部 104 人。检察机关提前介入职务犯罪案件数量从 2018 年 1470 件增至 2022 年 1.1 万件，自行补充侦查案件数量从 19 件增至 2913 件，起诉行贿犯罪 1.4 万人。贪污贿赂犯罪在严刑峻法下仍然不断攀升，与不当追求享乐紧密相关，为了满足自己的需求，这些犯罪人将手中的权力变成谋求个人福祉的手段，不断为自己谋取利益。

广西中医学院原院长王乃平在担任广西中医学院院长和正厅级调研员期间，利用职务之便，收受贿赂 170 万元人民币、4 万澳元、2 万美元及一套价值 1.78 万元的北京奥运纪念币。经广西壮族自治区检察院南宁铁路运输分院提起公诉，南宁铁路运输中级法院一审以受贿罪判处广西中医学院原院长王乃平有期徒刑十二年，并处没收财产人民币 50 万元。王乃平受贿犯罪的背后是错误价值观的支配，他曾提出了著名的"贿金体现价值论"："哪个受贿者是因为太穷才受贿的？受贿固然可以使生活水平得以提高，但体现所谓的'价值'恐怕才是受贿的真正原因！因为有权有势，别人才会给你送钱，送钱越多，自己的'价值'才越高。"[1]

还有些国家公职人员认为自己为国家、社会作出了突出贡献，受贿是对其个人贡献的一种补偿，不属于犯罪。错误的价值观导致错误的行为，走向犯罪的道路。价值观具有稳定性和持久性、主观性等特点，一旦形成，很难改变。本案例的研讨有利于为社会输出正确的金钱观、价值观。特别是对于当代大学生而言，大学期间是价值观形成的关键时期，大学生群体在进入社会工作以后，很多人会成为国家工作人员，从事公共事务管理工作。通过案

---

[1] 子非木：《一个正厅级高官的"价值"错位——广西中医学院原院长王乃平受贿案解读》，《企业与法》2012 年第 1 期，第 78—79 页。

例讲解，学生对受贿罪的构成建立深刻认识，并对受贿罪的量刑建立认知，有利于其树立正确的人生观、价值观，在进入工作岗位后自觉抵制不当利益的诱惑。

（四）让权力真正进入"笼子里"，一体推进"三不腐"

腐败的规律与反腐的经验一再告诉人们，反腐败不能只靠事后，反腐端口需要前移，要在预防环节更多发力，既要反腐更要防腐。反腐需要付出大量的成本，消耗大量的社会资源。倘若防腐环节有效，制度防腐成功，则既可节约大量的资源和成本，又能避免更多官员在诱惑面前犯罪，更为经济、有效率。

众所周知，制度防腐的关键，就在于"把权力关进制度的笼子里"。而今天我们面对的现实却是，权力软约束的问题很突出。有些官员之所以敢于肆无忌惮地进行寻租，甚至是索贿，是因为他们相信问题暴露的概率很低。这就需要补齐防止腐败的制度"短板"，比如预算制度的完善与公开，以及其他政务、党务的公开。

要想权力真正进入"笼子里"，就离不开外部的监督。如果监督不能到位，则必然会有侥幸者、漏网之鱼。监督来自具有相对独立性的司法系统和新闻媒体，当然也来自其他的监督主体。其实，每一个公民都是一份监督力量。此前民间反腐形成的威慑力，可谓有目共睹。廉洁中国的愿景，在期待中更有力量地对权力进行监督。

💬 五、问题拓展讨论

1. 为他人谋取利益是否属于受贿罪的客观要件？
2. 受贿罪中"财物"的内涵和外延是什么？
3. "利用本人职权或者地位形成的便利条件"如何理解？具体包括哪些情形？
4. 挪用公款减少了单位的确定利息或者收益时，应当如何计算挪用的数额？
5. 说说贪污罪与诈骗罪、侵占罪、盗窃罪的联系与区别。
6. 非法占有目的是否包含使第三者占有？

👍 六、阅读文献推荐

1. 张军:《刑法(分则)及配套规定新释新解》,人民法院出版社,2011 年。

2. 郑泽善:《刑法分论争议问题研究》,中国人民大学出版社,2015 年。

3. 陈磊:《贪污受贿犯罪量刑均衡机制实证研究》,中国政法大学出版社,2019 年。

4. 陈兴良:《口授刑法学》(第二版),中国人民大学出版社,2017 年。

5. 陈小雄、游北灵、陈晓琴:《贪污贿赂犯罪理论与实践》,中国政法大学出版社,2020 年。

6. 孙国祥:《贪污贿赂犯罪研究》,中国人民大学出版社,2018 年。

7. 刘仁文:《论行贿与受贿的并重惩处》,《中国刑事法杂志》2022 年第 3 期。

8. 彭新林:《我国腐败犯罪刑法立法完善建议》,《法学杂志》2021 年第 3 期。

渎职罪

案例 25：宋某某玩忽职守案①

⚠ 一、知识点提要

我国国家机关的一切权力来源于人民，国家机关工作人员在从事公务、履行管理职能的过程中，必须恪尽职守，遵纪守法，廉洁奉公，切实维护国家和人民的利益，全心全意为人民服务。国家机关工作人员滥用职权、徇私舞弊、玩忽职守，严重损害了人民对国家机关管理活动的合法性、公正性和有效性的信赖，应该受到严厉的制裁。

（一）渎职罪的概念

渎职罪，是指国家机关工作人员利用职务上的便利或者徇私舞弊、滥用职权、玩忽职守，妨害国家机关公务的合法、公正、有效执行，致使国家与人民利益遭受重大损失的行为。国家机关的公务，是指各级国家机关执行国家职能，贯彻国家法律、法规与政策的活动。国家机关工作人员犯渎职罪，侵犯了国家机关公务的合法、公正、有效执行。

（二）渎职罪的种类

根据不同的标准，渎职罪可以划分为不同的类型：根据主观内容，可以分为滥用职权型渎职罪与玩忽职守型渎职罪；根据行为主体的区别，可以分为一般国家机关工作人员的渎职罪、司法工作人员的渎职罪与特定机关工作

---

① 广东省高级人民法院（2018）粤刑再 10 号刑事判决书。

人员的渎职罪。

(三) 渎职罪的构成特征

1. 犯罪客体

渎职罪侵犯的客体是国家机关的正常管理活动。所谓国家机关的正常管理活动，是指国家机关实现其基本职能的正常工作活动。

2. 犯罪客观方面

渎职罪的客观方面表现为国家机关工作人员滥用职权、玩忽职守或者徇私舞弊，不履行或者不正确履行应当履行的职责，严重妨害国家机关的正常管理活动，损害公民对国家机关管理活动的合法性、公正性和有效性的信赖，致使国家和人民利益遭受重大损失的行为。

3. 犯罪主体

渎职罪的主体是国家机关工作人员。国家机关工作人员是指在各级各类国家机关中从事公务的人员，包括在各级国家权力机关、行政机关、司法机关、军事机关中从事公务的人员，以及在中国共产党和中国人民政治协商会议的各级机关中从事公务的人员。国家机关工作人员的范围不同于国家工作人员，不包括国有公司、企业、事业单位或者人民团体中从事公务的人员和国家机关、国有公司、企业、事业单位委派到非国有公司、企业、事业单位、社会团体从事公务的人员及其他依照法律从事公务的人员。2002年12月28日通过的《全国人民代表大会常务委员会关于〈中华人民共和国刑法〉第九章渎职罪主体适用问题的解释》中明确指出："在依照法律、法规规定行使国家行政管理职权的组织中从事公务的人员，或者在受国家机关委托代表国家机关行使职权的组织中从事公务的人员，或者虽未列入国家机关人员编制但在国家机关中从事公务的人员，在代表国家机关行使职权时，有渎职行为，构成犯罪的，依照刑法关于渎职罪的规定追究刑事责任。"可见，行为人是否属于国家机关工作人员还要根据其从事的活动具体判断。而且，不是任何国家机关的工作人员都可以成为渎职罪的主体，刑法的某些条文对国家机关工作人员的范围作出了限制。如徇私舞弊不征、少征税款罪的主体，必须是税务机关的工作人员。非国家机关工作人员也可能成为渎职罪的主体，如故意泄露国家秘密罪、过失泄露国家秘密罪的主体可以是非国家机关工作人员。

4. 犯罪主观方面

渎职罪的主观方面一般为故意，如滥用职权罪、徇私枉法罪、私放在押人员罪等，少数为过失，如玩忽职守罪，国家机关工作人员签订、履行合同失职被骗罪等。

(四) 渎职罪的罪数问题

渎职犯罪既规定了普通的滥用职权与玩忽职守犯罪，也规定了特殊的滥用职权与玩忽职守犯罪，且各种犯罪的成立标准不同。如果某种行为没有达到特殊滥用职权或玩忽职守犯罪的成立标准，却达到了普通滥用职权或玩忽职守犯罪的成立标准，应该如何定罪处罚？

对事实进行归纳时，必须以可能适用的构成要件为指导，当一个行为不符合特别法条规定的构成要件时，需要判断该行为是否符合普通法条规定的构成要件。只有排除了所有法条的适用可能性，才能得出无罪的结论。因此，对于普通条款与特殊条款的竞合问题，应当遵循《刑法》第 397 条所称"本法另有规定的，依照规定"，即如果不构成特殊滥用职权或者玩忽职守罪，但符合普通滥用职权或者玩忽职守罪的特征的，应该依据普通条款定罪，具体包括以下几种情形：（1）国家机关工作人员的渎职行为符合特殊渎职罪的犯罪构成的，按照特殊规定追究刑事责任；（2）行为主体虽然是国家机关工作人员，但不符合特殊渎职犯罪的主体要件，其行为符合普通渎职犯罪构成的，适用普通渎职犯罪定罪；（3）行为主体虽然符合特殊渎职犯罪的特殊身份，但行为方式与结果不符合，却符合普通渎职犯罪构成的，适用普通渎职犯罪条款定罪量刑；（4）如果特殊渎职犯罪法条规定的法定刑低于普通渎职犯罪的法定刑，并具有合理性，可以评价为封闭的特权条款，应宣告无罪。①

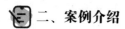 二、案例介绍

(一) 基本案情

被告人宋某某，男，1965 年 7 月 8 日出生于广东省五华县，汉族，高中

---

① 张明楷：《刑法学·下》（第六版），法律出版社，2021 年，第 1635 页。

文化，系广东省梅州市五华县棉洋镇某某服务中心原事业编制工作人员，户籍地为广东省五华县。被告人宋某某在广东省梅州市五华县棉洋镇某某服务中心林业站工作期间，负责棉洋镇桥江片区森林资源保护林业工作。2014年1月间，陈某航向湛江晨鸣林业发展有限公司惠州分公司（以下简称晨鸣公司）购买五华县棉洋镇桥江片区富强村"正坑里"山上承包种植的桉树。2014年1月30日下午至31日晚，棉洋镇富强村发生森林山火，涉案桉树过火被烧。2014年6月至8月间，陈某航在未经林业主管部门批准发放采伐林木许可证的情况下，雇工滥伐林木涉及面积185亩，合计材积247.55立方米，折合活立木蓄积392.94立方米，造成经济损失人民币79216元。在陈某航雇工滥伐林木期间，宋某某因病请假40天，严重不负责任，未发现滥伐林木行为，未认真履行职责检查、防范、制止滥伐林木行为。

（二）争议焦点

本案的争议焦点是被告人宋某某的行为是否构成玩忽职守罪。一审、二审法院认为，被告人宋某某身为林业部门的工作人员，负有森林资源保护监管职责，却严重不负责任，致使国家森林遭受严重破坏，其行为已构成玩忽职守罪。宋某某的辩护人认为被告人的行为不构成犯罪，理由如下：（1）林木被陈某航滥伐的2014年6月至8月，宋某某大部分时间因病休假，无实地巡查监管林地的职责，也未接到群众举报或护林员的报告，宋某某不存在严重不负责任，不履行或不认真履行职责的行为。（2）被滥伐的林木是陈某航向晨鸣公司购买且已烧毁的废林，滥伐并不导致公共财产、国家和人民利益受损。（3）宋某某并非滥发林木采伐许可证渎职犯罪，依照《最高人民检察院关于渎职侵权犯罪案件立案标准的规定》（以下简称《渎职侵权犯罪案件立案标准》）第2条，本案造成损失79216元未达到追诉标准，追究宋某某的刑事责任缺乏法律依据。（4）本案适用《渎职侵权犯罪案件立案标准》第18条第3款，认定宋某某构成玩忽职守罪，法院适用法律错误。

（三）裁判结果

广东省高级人民法院再审认为，原审被告人宋某某身为林业主管部门派出机构的工作人员，负有森林资源保护监管职责，严重不负责任，不认真履行职责，致使林木被滥伐，森林资源遭受严重破坏，其行为已构成玩忽职守罪。鉴于宋某某能自动投案，归案后虽对其行为性质做了辩解，但能如实供述主要犯罪事实，系自首。宋某某自首且犯罪较轻，依法可免除处罚。本案一审判决和二审裁定认定基本事实清楚，证据确实、充分，定罪准确，但量刑情节未充分考虑，予以纠正。原审被告人宋某某请求对其免予刑事处罚，广东省人民检察院建议对宋某某免予刑事处罚的出庭意见可予采纳。经广东省高级人民法院审判委员会讨论，依照《刑法》第397条第1款、第61条、第67条第1款、《全国人民代表大会常务委员会关于〈中华人民共和国刑法〉第九章渎职罪主体适用问题的解释》、《最高人民检察院关于对林业主管部门工作人员在发放林木采伐许可证之外滥用职权、玩忽职守致使森林遭受严重破坏的行为适用法律问题的批复》、《最高人民法院关于被告人对行为性质的辩解是否影响自首成立问题的批复》、《渎职侵权犯罪案件立案标准》第18条第3款、《刑事诉讼法》第256条、《最高人民法院关于适用〈中华人民共和国刑事诉讼法〉的解释》第389条第1款第3项的规定，判决如下：

（1）维持广东省五华县人民法院（2015）梅华法刑初字第186号刑事判决中对原审被告人宋某某的定罪部分。

（2）撤销广东省梅州市中级人民法院（2015）梅中法刑终字第140号刑事裁定和广东省五华县人民法院（2015）梅华法刑初字第186号刑事判决对原审被告人宋某某的量刑部分。

（3）原审被告人宋某某犯玩忽职守罪，免予刑事处罚。

三、案例分析

本案的争议焦点是被告人宋某某的行为是否构成玩忽职守罪。

玩忽职守罪的客体是国家机关的正常活动，侵犯的对象是公共财产或者公民的人身及其财产。客观上，首先必须有违反国家工作纪律和规章制度的行为，包括作为和不作为。玩忽职守的作为，是指国家工作人员不正确履行职责义务的行为；玩忽职守的不作为，是指国家工作人员不尽职责义务的行为，即对于自己应当履行的，而且也有条件履行的职责，不尽自己应尽的职责义务。其次必须具有因玩忽职守，致使公共财产、国家和人民利益遭受重大损失的结果。所谓重大损失，是指给国家和人民造成的重大物质性损失和非物质性损失。物质性损失一般是指人身伤亡和公私财物的重大损失，是确认玩忽职守犯罪行为的重要依据；非物质性损失是指严重损害国家机关的正常活动和声誉等。此外，玩忽职守行为与造成的重大损失结果之间，必须具有刑法上的因果关系。玩忽职守行为与造成的严重危害结果之间的因果关系错综复杂，构成本罪，是指玩忽职守行为与造成的严重危害结果之间有必然因果联系的行为，否则，一般不构成玩忽职守罪，而是属于一般工作上的错误问题。

玩忽职守罪的主体是国家机关工作人员。国家机关工作人员，是指在各级人大及其常委会、各级人民政府、各级人民法院和人民检察院中依法从事公务的人员。根据《全国人民代表大会常务委员会关于〈中华人民共和国刑法〉第九章渎职罪主体适用问题的解释》规定，在依照法律、法规规定行使国家行政管理职权的组织中从事公务的人员，或者在受国家机关委托代表国家机关行使职权的组织中从事公务的人员，或者虽未列入国家机关人员编制但在国家机关中从事公务的人员，在代表国家机关行使职权时，有渎职行为，构成犯罪的，依照刑法关于渎职罪的规定追究刑事责任。

本罪在主观方面由过失构成，故意不构成本罪，行为人应当知道自己擅离职守或者在职守中马虎对待自己的职责，可能会发生一定的社会危害结果，但因疏忽大意而没有预见，或者虽然已经预见到可能会发生，却凭借自己的知识或者经验而轻信可以避免，以致发生了造成严重损失的危害结果。行为人主观上的过失是针对造成重大损失的结果而言，但并不排斥行为人对违反工作纪律和规章制度或对自己的作为和不作为行为可能是故意的情形。①

宋某某的行为符合玩忽职守罪的犯罪构成：

（1）宋某某的行为符合玩忽职守罪的主体要件。宋某某于 2008 年 7 月至 2013 年 7 月在五华县棉洋镇林业站工作，是事业编制工作人员。2013 年 8 月体制改革，林业站并入五华县棉洋镇某某服务中心，宋某某在棉洋镇某某服务中心从事林业工作，履行林业站职责。2002 年颁布的《全国人民代表大会常务委员会关于〈中华人民共和国刑法〉第九章渎职罪主体适用问题的解释》规定，虽未列入国家机关人员编制但在国家机关中从事公务的人员，在代表国家机关行使职权时，有渎职行为，构成犯罪的，依照刑法关于渎职罪的规定追究刑事责任。依照上述立法解释的规定，宋某某虽是某某服务中心事业编制工作人员，不是国家机关编制人员，但在林业局派出机构林业站履行职责，是林业主管部门工作人员，符合玩忽职守罪的主体规定。

---

① 张军：《刑法（分则）及配套规定新释新解》，人民法院出版社，2011 年，第 1717-1727 页。

（2）本案符合玩忽职守罪的客观要件。宋某某作为林业主管部门派出机构工作人员，具体负责五华县棉洋镇桥江片区的森林防火、防范、制止乱砍滥伐等森林资源保护工作。本案被滥伐的林木在宋某某负责保护林业资源的片区，宋某某负有制止该片区林木被乱砍滥伐的工作职责。宋某某未能认真履职，因请病假等，在陈某航雇工滥伐林木期间，对滥伐行为不知悉未予以制止，符合不作为型玩忽职守。

（3）被告人宋某某的玩忽职守行为未造成重大经济损失，未达到 2006 年颁布的《渎职侵权犯罪案件立案标准》第一部分渎职犯罪案件第 2 条第 2 款规定的立案标准。但本案并非普通玩忽职守案件，是林业主管部门工作人员违法发放林木采伐许可证之外玩忽职守案件，依照《最高人民检察院关于对林业主管部门工作人员在发放林木采伐许可证之外滥用职权、玩忽职守致使森林遭受严重破坏的行为适用法律问题的批复》，立案标准应适用《渎职侵权犯罪案件立案标准》第一部分渎职犯罪案件第 18 条第 3 款的规定。

《渎职侵权犯罪案件立案标准》第一部分渎职犯罪案件第 18 条第 3 款规定："林业主管部门工作人员之外的国家机关工作人员，违反森林法的规定，滥用职权或者玩忽职守，致使林木被滥伐 40 立方米以上或者幼树被滥伐 2000 株以上，或者致使防护林、特种用途林被滥伐 10 立方米以上或者幼树被滥伐 400 株以上，或者致使珍贵树木被采伐、毁坏 4 立方米或者 4 株以上，或者致使国家重点保护的其他植物被采伐、毁坏后果严重的，或者致使国家严禁采伐的林木被采伐、毁坏情节恶劣的，按照刑法第 397 条的规定以滥用职权罪或者玩忽职守罪追究刑事责任。"本案被滥伐林木 247 立方米，致使森林资源遭受严重破坏，依法应追究宋某某玩忽职守的刑事责任。

四、课程思政解读

"宋某某玩忽职守案"背后反映的是国家机关工作人员承担责任与遵纪守法等价值理念。

（一）每个人都承担着认真履行工作的使命

玩忽职守罪的构成要件中高频率出现"严重不负责任"这一术语，从"责任"的三重含义出发，"严重不负责任"同时具备客观不法和主观责任的含义，即国家机关工作人员因没有实施与其法定义务相符合的行为，该行为样态达到了值得发动刑事制裁对行为人进行谴责的程度。玩忽职守型渎职罪的罪质是"不作为的重过失犯"，其中，不作为犯的认定承担着选定主体的功能，过失犯的认定则承担着确定刑事责任的有无及大小的功能。① 责任产生于社会关系中的相互承诺，在社会舞台上，每种角色都意味着一种责任，都承载着认真履行工作的使命。一个看似不起眼的工作岗位的背后所承载的社会价值可能无法用物质去衡量。不认真履行职责，不仅违反工作纪律和规章制度，还可能导致国家利益和公共利益遭到严重破坏。高校应当有效利用教育，充分挖掘创新教育中的社会责任感培育内容，优化提升社会责任感的方法，丰富实践环节，拓展大学生社会责任感提升路径，为培养有理想、有追求、有担当、有作为、有品质、有修养的时代新人贡献力量。② 新时代是中国特色社会主义发展的新征程，是实现中华民族伟大复兴的关键时期。大学生作为新时代的主力军，其社会责任感的强弱不仅关乎自身发展，而且关乎伟大事业的顺利推进，培育大学生社会责任感应成为全社会的共识。大学生社会责任感培育是中国特色社会主义现代化事业面临的重要课题，时代精神为青年一代成长提供鲜活素材。将时代精神融入大学生社会责任感培育，深刻理解时代精神内涵和时代精神融入大学生社会责任感培育的价值意蕴，从典型引导、文化宣传、实践养成三个方面，积极探索将时代精神融入大学生社会责任感培育的有效路径。③

（二）遵纪守法，保持干部队伍的先进性

每个从业人员都要遵守纪律和法律，尤其要遵守职业纪律和与职业活动相关的法律法规。遵纪守法是每个公民应尽的义务，是建设中国特色社会主义和谐社会的基石。党的形象关乎民生福祉，关乎社会各界的心理期盼。研究发现，公众对公共服务的满意度、重大事项决策是否于法有据、各类党政公职人员清廉程度、党员违规违纪行为是否被严肃问责等，是影响公众对党员遵纪守法形象评价的显著性因素。因此，必须发挥党员先锋模范、战斗堡

---

① 李世阳：《玩忽职守型渎职罪中严重不负责任与重大损害后果的因果关系》，《南大法学》2021年第6期，第152页。
② 朱晓晨：《创新创业——大学生社会责任感提升的路径》，《绥化学院学报》2023年第6期，第106页。
③ 周晶、张奔：《时代精神融入大学生社会责任感培育研究》，《武汉商学院学报》2023年第2期，第92页。

垒作用，健全社会监督体系和评价体系，加强廉政意识和遵纪守法教育等，以打造忠诚、干净、担当的党员干部队伍，不断推进党的先进性建设和党的社会形象建设。① 我国是一个法治社会，一切活动都应以法律为准则。当代大学生更要树立法律意识，遵纪守法。遵纪守法，是我们每个人都应该做到的。这不是一句空话，应该落实到我们的行动上，比如在家孝敬父母、在校遵守校规校纪、在社会上遵守法律和公德等。②

（三）政法队伍教育整顿要刀刃向内、刮骨疗毒

物必先腐，而后虫生。事物的腐烂往往从内部开始，一个政权组织的衰败也往往从内部开始。"政者，正也。""其身正，不令而行；其身不正，虽令不从。"历史表明，执政者是否清正廉洁，关系民心所向，关系事业兴衰成败。蠹众而木折，隙大而墙坏。蛀虫多了木头就会折断，裂缝大了墙就会倒塌，贪腐分子多了政权就可能会败亡。古往今来，因为腐败而人亡政息的事例不胜枚举，教训深刻。

政法队伍是人民民主专政的坚强支柱，是党和人民掌握的"刀把子"，是守护公平正义的重要力量。政法队伍在很大程度上代表着党和国家的形象，代表着法律的尊严和权威。公正司法是对政法机关的基本要求。习近平总书记曾引用英国哲学家培根的一段话强调司法公正的重要性："一次不公正的审判，其恶果甚至超过十次犯罪。因为犯罪虽是无视法律——好比污染了水流，而不公正的审判则毁坏法律——好比污染了水源。"这个比喻形象地说明了公正是司法活动的灵魂和法治的生命线。司法不公，则人民权利受损；司法不公，则社会大局不稳；司法不公，则法治荡然无存。故此，习近平总书记反复强调："政法机关要敢于刀刃向内、刮骨疗毒，坚决清除害群之马"，"要坚持从严治警不动摇，努力营造风清气正、干事创业的良好生态"，"努力建设一支信念坚定、执法为民、敢于担当、清正廉洁的政法队伍"。

开展政法队伍教育整顿是党中央从党和国家事业发展全局高度作出的重大决策部署，其目的就是全面落实从严管党治警，坚决清除政法队伍中的害

---

① 赵志远、孔凡河：《公众对党员遵纪守法的形象评价及其影响因素分析》，《南方论刊》2020年第10期，第52页。

② 李天祁、周宵鹏：《遵纪守法从我做起》，《法制日报》2020年5月31日，第5版。

群之马，彻底整治顽瘴痼疾，推动政治生态进一步优化、纪律作风进一步好转、素质能力进一步增强、执法司法公信力进一步提升。我们一定要增强政治意识、大局意识、责任意识，坚决把思想和行动统一到党中央决策部署上来，把教育整顿作为重要政治任务，增强搞好教育整顿的思想自觉、政治自觉和行动自觉，推动政法队伍教育整顿走深走实。

未来应当聚焦建章立制精准发力，推动构建更加成熟的权力监督机制和执法司法制约监督体系。深入贯彻《中国共产党政法工作条例》，加强党的领导监督，加强政治督察、执法监督、纪律作风督查巡查。紧紧围绕政法队伍内部问题多发、高发、频发的重点领域、重要岗位，完善教育管理、预警预防、监督惩处等制度措施。完善执法司法制约监督体系，深化执法司法制约监督体系改革和建设，推动完善优化协同高效的政法机构职能体系，加强执法办案流程衔接和监督，完善智能化全流程监督管理机制，完善正风肃纪长效机制，筑牢防腐拒变的制度防线。

五、问题拓展讨论

1. 玩忽职守罪与一般工作失误的界限是什么？

2. 滥用职权行为与玩忽职守行为竞合时，如何定罪？

3. 玩忽职守行为与造成的重大损失结果之间的因果关系如何认定？

4. 滥用职权罪的责任形式有哪些？是否包含过失？

5. 渎职犯罪的竞合情况及其定罪量刑规则是什么？

6. 渎职罪中的徇私舞弊是否是构成要件要素？

7. 司法工作人员与他人通谋，在他人提起虚假民事诉讼后作枉法裁判的，如何定罪处罚？

六、阅读文献推荐

1. 张军：《刑法（分则）及配套规定新释新解》，人民法院出版社，2011 年。

2. 陈兴良：《口授刑法学》（第二版），中国人民大学出版社，2017 年。

3. 刘志伟：《认定玩忽职守罪中"重大损失"的两点思考》，《河南社会科学》2010 年第 3 期。

4. 狄世深：《玩忽职守型犯罪的特点、成因及对策》，《烟台大学学报（哲学社会科学版）》2003 年第 3 期。

5. 刘军：《公共安全治理中监管过失行为的刑法规制》，《法学》2023 年第 5 期。

6. 孙涛、贾兴晨：《我国职务犯罪刑法立法解释之基本立场》，《行政与法》2022 年第 7 期。

7. 张明楷：《通过职务行为套取补偿款的行为性质》，《法学评论》2021 年第 2 期。

8. 劳东燕：《滥用职权罪客观要件的教义学解读——兼论故意·过失的混合犯罪类型》，《法律科学（西北政法大学学报）》2019 年第 4 期。